笔　端

—— 二十多年来对国际形势的观察和思考

杨成绪◎著

世界知识出版社

前 言

1994年，笔者与上海《解放日报》约定，从1995年开始，每年1月1日发表元旦国际述评。至今已经过了23个年头，年年如约，评述过去一年国际形势的变化，并对未来一年国际上可能发生的大事做出预判。

1994年是1992年苏联解体的第三年。当年笔者撰写的国际述评指出，“冷战时期的冲突根源在消除和缓解，而大国的势力范围和主导权的争夺，又孕育着新的不安和危险。”大国关系没有根本性变化，相互之间的利害冲突和依存制约并存。而美国的全球战略并没有实质性的调整，美国力图维护唯一超级大国的地位，立足于欧亚大陆之间的中东战略要地，影响欧洲，威慑亚洲。而对于中美俄三边关系判断的基本要点是：中俄往往共同对付处于优势地位的美国。中俄战略合作要远比中美和俄美战略合作更为密切。冷战结束以来，美欧等西方国家一直通过北约东扩挤压俄罗斯的战略空间，中国则面临日美加强军事同盟的压力。

在二十世纪最后几年，笔者对国际形势变化的评述，看到冷战结束，旧热点降温的一面多一些，如南非种族政权下台，安哥拉内战结束，朝美核问题也达成协议。但是与此同时新的热点不断出现。笔者在国际评述中指出，霸权国家对“失败国家”的思想渗透、外面干涉力度正在不断加强，从格鲁吉亚、乌克兰到中亚的颜色革命，从西亚北非，始于突尼斯的“茉莉花革命”到利比亚、也门和埃及的动乱，都可以看到美欧等西方国家兴风作浪，甚至出动武力干预，造成这一地区战乱不已、政权更迭、人民流离失所、伤亡惨重，有的国家至今仍处于失控之中。

过去二十多年来，南北力量对比不断发生有利于南方的变化。亚洲、非洲和拉丁美洲的发展中国家经济增长率要普遍高于发达工业国家。已往的七个工业国家首脑讨论世界政治、经济大事，不论通过任何决议对世界产生的影响都越来越少。不过在评估美国经济在21世纪初发展趋势时，笔者却作出误判。2000年笔者撰写的国际评述认为：“美国已从80年代后期占世界国内生产总值的23％，上升到2000年的30％，这一趋势将继续保持，在21世纪初期不会发生根本的变化。”这一预测显然不符合日后的发展。没有料到的是2001年发生了9·11对美国的恐怖袭击。美国出兵阿富汗、入侵伊拉克，十余年的战争造成美国经济不振、债台高筑，终酿成2008年的金融危机。

二十多年来，笔者对国际形势、各种事件的预测也不乏符合实际情况的分析。举例而言，较为引人注目的是，2001年预测，朝鲜半岛危机将“绝处逢生”，而伊拉克战争将难以避免。而2014年判断，美欧等国开始思考，将倾向于在中东地区保持力量平衡。这大体上符合实际情况。

二十多年来，笔者对国际形势的发展、国与国之间关系的变化、经济发展的起伏、政权更迭、国与国之间的战争、一国的政治动荡、武装斗争等，有预测，有分析，有研究其成因后果。今天回过头来，再看已往二十多年的历史，能够更客观，更接近事实。

期望得到读者的批评和指教。

杨成绪

2017年2月

序言一

笔端，二十年国际风云重现

2013年年尾，杨成绪先生来上海，几位朋友小聚。我请他品尝上海小吃，生煎馒头、小笼汤包、葱油饼、菜肉馄饨……他是正宗的上海人，祖籍奉贤；他是我的师长，也是《解放日报》、《文汇报》诸多国际编辑的师长，上世纪50年代他毕业于复旦大学。席间，成绪先生对我说，他准备把在《解放日报》上写的和在其他报刊上发表的文章结集出版，想请我写一则序。我有点儿受宠若惊，即刻应诺。

上世纪90年代初，我在《解放日报》任副总编，上夜班，也分管国际新闻报道。《解放日报》素有重视国际新闻的传统。40年代延安《解放日报》改版以后，报纸、广播上的国际新闻只能用新华社播发的统稿，是《解放日报》首先冲破这个禁锢，采用了中国国际广播电台驻外记者的稿件；也是《解放日报》首先打破国际新闻不上头版头条的“规矩”，将《海湾战争可能在24小时内爆发》的消息安排在头版头条，将《克林顿当选美国第42任总统》的新闻安排在头版两条位置。今天看来，这样的安排或许没有什么特别之处，而在当年，在中国新闻界可谓“石破天惊”！

不知从什么时候开始规定，地方媒体不得就国际问题发表评论。也是《解放日报》突破这个框框，就当天的国际新闻事件，由编辑写一则几百字的评论。有些国际评论，得到高层的肯定。我们的胆子也就更大了一点。为了进一步办好国际新闻版，1994年底，我到北京，在解放日报社驻北京办事处主任狄建荣先生的组织下，请到了外交部一些专家座谈，总结过去一年国际形势的特点，展望未来一年的发展趋势，参加座谈会的有时任外交部发言人的陈健、沈国放，老大使何方、詹世亮、王嵎生、杨成绪……座谈会后，请杨成绪先生执笔写一篇综述，这就是1995年新年第一天刊登于《解放日报》上的《国际关系调整　酝酿重大变化》，我也由此结识了杨成绪先生。

时隔二十年，重读这篇文章，深感专家们的判断正确。杨成绪先生在文中写道：“美国收缩力量和其他大国重视发挥独立作用给相互关系带来了新的变化。世界各个大国相互之间利害冲突和依存制约并存。在一些问题上出现不同的组合，朋友和对手关系不时转换，时而矛盾激化，时而妥协缓解”；美国“在干预地区冲突时，将避免单干，尽可能借助联合国和盟国力量”；“俄罗斯坚持同前苏各国保持紧密和特殊的关系，确保自己的主导地位。对外推行强硬外交，争取和西方大国处于平等地位，坚决反对北约吸收中、东欧国家”；“日本首次要求减少对美国保护伞的依赖，力图在地区安全事务中发挥更大的作用”。

杨成绪先生出任过中国驻奥地利大使，又曾任外交部政策研究室主任、中国国际问题研究所所长，他既有丰富外交经历，又有很深学术研究功底，所以他的文章立意高、视野宽，公正公允，从不偏激，也从不故作惊人语哗众取宠。2001年1月1日《解放日报》刊登了杨先生的长文《展望新世纪》。他写道："经济贸易交流的发展，推动相互关系进一步密切，将有助于国际形势的缓和。同时又由于各国存在不同利益，以及冷战思维依然在起作用，又造成相互关系不时恶化，影响着国际形势的发展。信息技术革命将是继产业革命之后给人类带来最为深刻变化的一次革命。它既能推动世界经济飞跃发展，又促使国与国之间和一国之内的贫富差距扩大。这场革命的深入发展势必对国与国关系、一国内政与外交的相互关系以及国家治理和舆论导向产生重大影响。"杨成绪先生是最早注意到信息技术革命将会对"国与国关系"、"一国内政与外交的相互关系"产生重大影响的学者之一。

他展望："政治上多极化的发展，将在单极一统天下和多极力量相互制约的格局长期反复较量的过程中，逐步形成新的国际秩序"；"美国作为唯一超级大国将致力于保持它在尽可能多的国际事务上的主导地位。其他政治力量中心有可能在一些问题上由于切身的利益而取得共识，这将有力地牵制美国的独断独行"；"美欧日在防范俄中方面有着共同利益，但……又不可能时时事事完全一致"；"只要西方国家防范中俄的态势没有发生根本性的变化，中俄两国战略合作的基础将会不断加强，在国际重大战略问题上将会进一步协调一致……与此同时，中俄两国均致力于改善和其他大国的关系"。

他展望："在21世纪初期，由于世界各国贫富差距进一步扩大，民族矛盾加剧，宗教极端主义蔓延，恐怖活动猖獗，不时有可能发生局部战争，包括国与国之间的武装冲突和一国内部的纷争。西方发达国家出于战略利益的考虑和推广西方价值观，将不时推行‘新干涉主义’。这种种因素都有可能激化地区和一国之内的纷争，引起形势恶化，成为爆发战争的根源。”当年发生在美国的9·11恐怖袭击事件，以及最近伊拉克和黎凡特伊斯兰国在伊拉克境内攻城掠地、大肆屠杀平民和政府军俘虏的事件，印证了杨成绪先生的判断，由此深感他观察国际形势深远的目光！

重读杨成绪先生的文章，二十多年国际风云重现眼前！一晃二十多年过去，我不知道，在今日中国的学界，有哪一位学者像杨成绪先生一样，为一家报纸写了二十多年的国际形势综述！我在2000年离开了解放日报社。二十多年里，《解放日报》的总编辑换了几任，分管国际报道的副总编换了几任，报社的国际部主任也换了几任，国际编辑更是一茬又一茬，但每年元旦杨成绪先生写的一年国际形势综述还在！我不知道，在当今中国，还有哪一家媒体能坚持做到这一点！我由衷地感谢杨成绪先生！由衷地感谢《解放日报》的各位同仁们！祝愿杨成绪先生健康长寿！祝愿《解放日报》新年国际形势综述作为品牌而发扬光大！

吴谷平

上海《解放日报》前副总编辑

序言二

二十三年一诺

1994年，上海《解放日报》副总编吴谷平与杨成绪大使有一个约定，即该报每年元月一日国际版的国际形势述评，由杨大使执笔。从1995年开始至2016年1月1日，杨大使发表了二十多篇述评。二十多年风云变幻、潮起潮落，但这一约定一直在书写，从未中断。这不只是一篇篇简单的国际述评，它讲述了二十多年国际政治、国际关系、中国崛起及崛起的中国与世界的故事。

杨大使不仅是一位资深的外交官，也是一位出色的学者。他于1985年出任中国驻奥地利大使，后来任外交部西欧司副司长、政策研究室主任。1993年至2002年，担任中国国际问题研究所所长。在此期间，直到2005年兼任中国太平洋经济合作委员会会长。正是这样一位既有丰富外交一线经历，又有长期研究与思考的学者，他对国际形势的分析与看法，有其独特性。这正是本书的最鲜明的特点。

这二十多年不曾间断的约定、从未中断的观察与记录，像一幅幅历史画卷，描绘了一个个历史事件，镌刻出这二十多年国际形势的波谲云诡、各方力量的此消彼长、地缘政治的纵横捭阖；更精彩与难能可贵的是忠实描绘出面对惊心动魄的国际形势，这二十多年来中国外交的顺势而为，以及如何为中国的腾飞和崛起创造有利的国际环境。

杨大使的文章视野广阔、观察鲜明，对形势的判断有一定前瞻性。做研究的人都知道，对国际形势的任何预判既是如此诱人，又不乏风险。要想做到这一点，除了要凭借敏锐的观察力之外，还要有扎实的理论功底、丰富的外交经验积累。

以2014年的文章为例，杨大使在文章中强调美国中东政策的调整与亚太的规则之争。文章说："为了确保美国重返亚太战略，美国不能陷入中东任何一场新的战争中去。这种种反思和政策考量将从中长期对中东地区产生影响。就今年而言中东仍将是世界热点地区，恐怖活动、地区战争、政局激变的焦点。"从当前形势看，2014年6月10日，极端组织"伊拉克－黎凡特伊斯兰国"占领伊拉克北部重镇摩苏尔，逼近首都巴格达。总理马利基发表电视讲话宣布在全国实施最高警戒，同时呼吁议会宣布全国进入紧急状态，以应对恐怖组织威胁。面对伊拉克形势的突变，奥巴马政府仍不为所动，排除了军事介入的可能。在讲到亚太形势时，文章突出"规制权争夺"。这是指美国在大力推动TPP和TTIP谈判，就是在创立新的规则，以确保其在未来的竞争中保持优势。文章警告说："如果美欧等西方国家取得主导国际经济贸易规则的制定权，将对新兴国家和发展中国家产生巨大的负面影响。"

本书还收入了杨大使在此期间发表在《解放日报》或其他媒体和刊物上的几十篇署名文章，这些文章与前二十多篇元旦国际述评，相得益彰。杨大使一直笔耕不断，勤于思考。正是他的这种勤奋，才使我们今天能读到他的独到观察与思考。

我与杨大使共事多年，作为研究所的老领导，他亦师亦友，总能让人从他的治学态度和研究成果中，真切地感受到他对国际问题研究的激情。2014年1月的一天，在冬日的阳光下，我们在研究所的大院不期而遇，聊起了一些研究所的往事。他说想把这些年所写的东西整理出来出本书，并问“你能写个序吗？”

以上所写乃我之所感，能为杨大使这本《笔端》写序，深感荣幸。

阮宗泽

中国国际问题研究院副院长

目 录

第一编

二十三年一诺

1995年—2016年《解放日报》元旦国际述评

1991年12月，苏联解体，国际形势剧变。1994年上海《解放日报》国际部与笔者约定，每年元旦撰写发表国际述评，分析过去一年国际形势变化的实质内容，对新的一年国际形势的变化做出预测。

从1995年到2016年，笔者在《解放日报》发表元旦国际述评已成为沿续二十多年的惯例。在这期间，俄罗斯从衰败、起伏不定到逐步恢复元气。美国侈谈美国治下的和平，挟持北约东扩，挤压俄罗斯的战略空间。2001年美国遭受9·11恐怖袭击后，小布什总统先后出兵阿富汗和伊拉克，陷入战争泥潭十年之久。

苏美两个超级大国的衰败，轨迹可寻。在这一期间，中国面对动荡不定的国际形势，坚持改革开放政策，国内生产总值终于超越日本，稳居世界第二位。

2008年美国爆发金融危机，继而持续不断的欧洲主权债务危机，标志着世界工业国家与新兴国家力量对比正在发生深刻的变化。

二十多年的国际述评浓缩了国际形势变化的实质内容，读者从中不难看出，国际格局从渐变到剧变的历程。

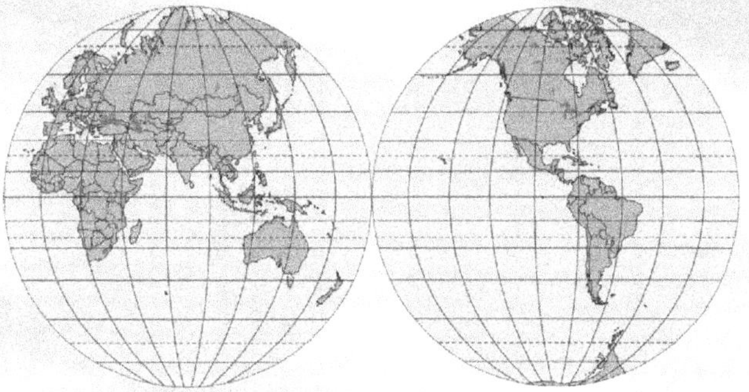

国际关系调整　酝酿重大变化

1994年的国际形势可以概括为八个字：平稳发展，深刻变化，不像1989年以后的那几年，年年有大事，岁岁皆轰动。在过去的一年里，旧热点的进一步冷却说明冷战时期冲突根源的消除和缓解，而大国之间对势力范围和主导权的争夺，又孕育着新的不安和危险。

大国调整政策

在大国中，以美俄政策的重大调整最为引人注目。美国进一步突出经济优先的地位，分清轻重缓急。美国最关注的重大利益地区是欧洲、俄国和亚洲，最关注的问题是防止核扩散。在干预地区冲突时，将避免单干，尽可能借助联合国和盟国力量。在非干不行时，也力求少花钱、少流血、讲实效。

俄罗斯坚持同前苏各国保持紧密和特殊的关系，确保自己的主导地位。对外推行强硬外交，争取和西方大国处于平等地位，坚决反对北约吸收中、东欧国家。

欧洲联盟不断扩大，欧洲独立防务取得了重要进展。与此同时，德国和日本加紧谋求大国地位，德国通过美德建立“伙伴关系”，加强了地位。日本首次要求减少对美国保护伞的依赖，力图在地区安全事务中发挥更大的作用。

美国收缩力量和其他大国重视发挥独立作用给相互关系带来了新的变化。世界各个大国相互之间利害冲突和依存制约并存。在一些问题上出现不同的组合，朋友和对手关系不时转换，时而矛盾激化，时而妥协缓解。在具有战略意义的重大问题上，西方大国的关系没有根本性的变化，可是存在着一些战略利益分歧。

国际关系处在变化不定中，正在酝酿着重大的变化。

旧热点再冷却

中东和平进程取得重要突破，南非问题的政治解决，安哥拉内战结束以及朝美就核问题达成协议，均表明发生国际性重大地区冲突的可能性已进一步减小。冷战结束后，旧的地区冲突根源已经消除或缓解。去年新旧冲突和局部战争共有38起，超过了前年的34起，但大部分为内战，规模小，不致失控。不过，人们应看到霸权主义和强权政治依然存在，潜在的不安定因素并没有消除。各种力量对比，相互关系处于调整、变化、定位的过程中。一些大国继续扩大势力范围，谋求主导地位，争夺霸权。这势必有可能导致国与国之间矛盾激化，甚至引发新的冲突。

竞相扩大市场

随着西方经济全面复苏，美、欧、日为确保各自经济的持续、稳定增长，竞相拓宽国外市场。美国以北美自由贸易区为依托，向拉丁美洲延伸，制订亚洲战略，争夺亚太经合组织的主导权。欧洲联盟去年成功地向北扩大后，又酝酿向东扩大到中东欧，向南波及地中海沿岸。与此同时，它还发展亚洲战略，计划与拉丁美洲南锥体建立跨区域的共同市场。日本继续加深对亚洲国家的投资，发展与东亚和东盟国家的经济合作，力争在本地区经济中发挥主导作用。去年区域一体化、集团化深入发展的重要特征是不断向发展中国家延伸，立足于夺取新市场，迎接21世纪的挑战。

（1995年1月1日《解放日报》第4版）

热点虽在降温　世界仍将多事

总体走向缓和　经济趋向增长

1995年国际形势引人注目的变化是各个地区热点进一步降温。战后持续不断的阿以冲突逐步缓解。去年巴以签署了第二阶段自治协议，叙以的谈判也出现了转机。在冷战期间受内战困扰的安哥拉几经周折，终于在和平道路上取得了明显的进展。冷战结束后引起的动荡、战乱从波黑、外高加索到非洲大陆的一些热点逐一地平息下来。但是世界上依然有不少国家仅仅维持着脆弱的和平，有的国家还存在着内部动乱的诱因，一些国与国之间也有着潜在引发冲突和战争的因素。但是从整体来看，世界正在走向缓和。

世界经济正在趋向增长，1995年比1994年略差一点，但一般预测1996年将好于1995年。20世纪还剩下的五年，经济增长速度预计将超过前五年。

发展中国家　经济成就大

发展中国家平均增长率在1995年达到了6%，东亚经济增长保持在7%以上。大多数亚洲、非洲和拉丁美洲国家的政治平稳发展，经济增长较快或者出现良好的转机。广大发展中国家的积极变化，预示着正在为进入21世纪争取经济兴起的良好前景。

世界银行预测从1994年到2003年发展中国家平均增长率将达到4.8%。美国《华尔街日报》7月24日发自上海的报道称，“中国提供了一个繁荣的市场和一个廉价的生产基地。”不少发展中国家具备了像中国这样的优势，而且发展中国家在走向工业化过程中，大力兴建基础设施。因而，发展中国家正在成为工业发达国家投资和技术转让的重点。与此同时工业发达国家和发展中国家的贸易也在激增。现在美国向亚洲出口的商品超过了向欧洲出口的商品。东亚国家的产出在60年代仅占世界的4%，90年代已增至25%，预计到本世纪末将增至世界产出的三分之一。

政治经济摩擦　大国关系不稳

在国际形势趋向缓和、发展中国家经济正在兴起的同时，大国之间关系并不稳定，概括而言有三个原因：一是有的大国加强推行霸权主义和强权政治的力度；二是工业发达国家争夺资源和市场的斗争呈现加剧的态势；三是各国处于政策调整时期。或盟国关系，或伙伴关系，或者是潜在的敌我关系正处于不停变化之中。国与国关系发展前景并不明晰，有着某种程度的不确定性。

1995年，美国和俄、日、欧、中各国几乎处于不断的摩擦和矛盾之中。

在大国的争斗中，相互牵制的作用越来越大。有的大国为维护主导地位，加强和盟国的凝聚力，有意渲染现实或潜在的威胁。但是盟国关系的内涵发生了变化，因而不可能在所有的问题上采取同步的政策。

去年美、欧、日三方在经济上的争斗更是方兴未艾。美国力图在北美、东亚经济发展中发挥主导的作用。欧洲联盟扩大到15个成员国，并且不断向外延伸，保持着南下东扩的势头。欧美双方进一步重视开拓中东地区经济，摩擦在所难免。日本对亚洲主导权采取低姿态，但日本正在密切与亚洲国家的关系。这显然会加强日本在亚洲和美国争夺主导权中的地位。

展望1996年，和平与发展依然是这个世界的主流。但一些国家和地区的国内政治正在发生变化，国与国关系并不稳定，预示着1996年将是多事的一年。

（1996年1月1日《解放日报》第4版）

缓和之路不平坦　国际关系矛盾多

午夜的钟声送走逝去的1996年，迎来1997年。

1996年，世界继续趋向于缓和，不稳定因素又在不断增长；大国之间争斗、矛盾不时升级，又保持相互借重，谋求改善和发展关系的势头；美国经济增长强于欧日，保住“一超”地位，而影响却在下降；发展中国家地位加强，正在缩小和发达国家的经济差距，而世界各国的贫富差距日见扩大。

这种种相互矛盾的现象，说明国际形势的发展轨迹并非十分明晰，反映冷战结束后，各国经济发展参差不齐，力量平衡的水平不断波动，政策调整尚未完全到位。

冲突减少但不稳因素增加

1996年，世人瞩目的波黑和平进程未遇很大的周折，车臣和平协议正在实施之中，从欧洲到外高加索一带战火停熄、余烬尚存。随着危地马拉政府和游击队达成和平协议，中美洲正在结束长期动荡的历史。在非洲塞拉利昂内战持续五年之后，交战双方终究达成了停火协议。

不过，这个世界并不安静。以色列新政府推行强硬政策，中东和平进程受到重大挫折。阿富汗学生武装攻占首都喀布尔，交战双方僵持不下。非洲大湖地区爆发大规模动乱，胡图族和图西族形成全面对抗。特别是一些国家内部，各股政治力量在外来势力影响下，正在积蓄力量，准备较量。因此，尽管去年世界各地武装冲突有了大幅度减少，但很难说这显示一种趋向。

大国摩擦加剧但寻求妥协

大国之间相互矛盾、摩擦加剧，同时又加强了谋求改善和发展关系的势头。这是世界多极化格局逐渐形成过程中的一大特点。究其原因，或是有的国家加强推行霸权主义和强权政治，加剧大国之间的矛盾；或是有的国家相互之间存在利害关系，时而处理不当，造成麻烦。但是随着世界经济全球化的发展，国与国之间相互依赖也在加强。

美国为了确保唯一的超级大国地位，加强盟国之间的凝聚力和维护自己的战略利益，正在加强它在欧洲、亚太和海湾地区的军事存在，美国力主北约东扩，加强美日、美澳军事联盟，势必引起俄国和中国的不安。美俄关系紧张，不利于欧洲的安全与合作。美中走向对抗，不符合任何一方的利益。美欧日关系的基本架构未变，但相互之间控制与反控制的斗争将持续不断。它们之间既有共同利益，也有利害冲突。

各个大国力图争取对自己有利的地位，贸然和自己的对手走向对抗，只可能对第三国有利。在相互之间防范、制约加强的同时，也会进一步加强寻求妥协和弥合分歧的势头。

美国力量加强但影响下降

这是一个看起来相互矛盾而事实上又反映了现状的现象。美国从1993年到1996年持续保持四年增长，与欧日相比，美不仅在经济增长率方面远远超过欧日，而且在提高劳动生产率以及发展电子信息等方面都名列前茅。因此可以说，美国的经济实力和欧日相比并没有下降。但这并不意味着随着美国经济力量加强，美国的影响也得到加强，相反的是美国的影响却呈下降之势。

在共同敌人消失后，西方盟国的凝聚力也在下降。在敌我分明的冷战时期，美国领导能力远比现在为大。何况美国的政策并不符合其他国家的利益。美国制订针对古巴、伊朗和利比亚的赫尔姆斯–伯顿和达马托两个法案，要求通过轰炸遏制伊拉克，反对联合国秘书长加利连任等，遭到世界各国前所未有的坚决反对，陷入了孤立境地。美国和其他西方大国在对付中国方面存在一致性，但步调越来越不和谐，相互协调对付中国的难度也有所增加。

南北差距缩小和扩大并存

由于一些发展中国家多年来保持较高的经济增长率，如果仅从经济增长率这点来看，按原来意义上划分的南北，其相互之间差距确实在缩小。但也要看到，少数发展中国家实际上已进入发达国家的行列。拉丁美洲国家的贫富差距在扩大，不少非洲国家债务日益深重，严重阻碍了经济发展。亚洲发展中国家的经济发展也是不平衡的，特别是不少国家出现贫富差距进一步扩大趋势。因此，确切地说，世界上富国和穷国之间差距继续在扩大。

展望今年，将是中国外交继1996年取得丰硕成果后再次取得巨大成就的一年。今年香港回归祖国，中国加入世界贸易组织的谈判将有积极的进展。中国在加强和发展中国家团结合作、发展睦邻友好关系的同时，只要力争减少麻烦，和西方大国关系的改善也有着良好的兆头。

（1997年1月1日《解放日报》第4版）

竞争加剧依存度增强
大国关系发展趋稳定

1997年已经成为昨天的历史。大国关系的进一步调整和东南亚金融危机构成1997年国际形势变化的两件大事。冷战后时期，大国关系演变到1997年已初见轮廓。这就是：

一、大国之间经济相互依存度不断加强与相互矛盾摩擦以至利害冲突同时并存；

二、建立一极世界还是多极化世界的主张和行动有了进一步发展；

三、大国之间加强关系而不结盟、不对抗、不针对第三国，还是加强同盟关系，增加军力，旨在防范第三国；

四、以社会制度、价值观念作为关系异同的依据，在大国关系中继续产生作用。与此同时，社会制度、价值观念的一致性并不能完全防止经济利益的摩擦、矛盾和政策分歧的加剧。

展望1998年，大国关系将有进一步发展：美国如果继续以国内政治影响对外政策，很难避免在这个或那个问题上同其他大国发生摩擦和矛盾。大国之间同盟关系有可能发展，但盟国之间控制与反控制的斗争也将进一步展开。大国相互之间正在建立各种类型的战略伙伴关系，相互确定与对方关系的基本原则。这表明各有关大国都有意愿发展长期稳定的关系。

在可以预见的未来，大国相互之间摩擦、矛盾以至利害冲突将不致导致失控以及兵戎相见。

冷战后，经济因素在国际关系中起着越来越大的作用。东南亚金融危机、韩国债务危机、日本金融机构相继破产和全世界股市的暴跌揭示了经济全球化的内在矛盾和弱点，与各国相互依存关系的发展。这些事件的发生，也在一定程度上，可以观察到大国关系今后变化的前景。

随着经济全球化和区域化的发展，世界资本流动不断加速。当前，每日约有2万亿美元流转额。金融市场上流动的资金早已不再主要用于实物贸易。越来越多的资金已从用于商品交易和服务业的阶段向着用于债券、期货交易的阶段发展。

美国作为唯一超级大国，其发行巨额债券为亚洲国家大量收购，同时又向亚洲国家输出资本，形成新的相互依赖关系。特别值得注意的是，前几十年内，美国在国外销售的国库券总额不过3000亿美元，而在1995—1996年，美财政部发行的国债就有4500亿美元为国外所收购，其中尤以日本、新加坡、中国以及中国香港特别行政区和台湾省购买得较多。

在经济全球化过程中，跨国公司起着重大的作用。据统计，现在全世界有4万家跨国公司和25万家子公司，它们控制世界生产的40%、国际贸易的50%—60%、国际技术贸易的60%—70%、国际直接投资的90%以上。跨国公司使国与国之间经济依存度不断增加。发达国家经济加速向高科技和服务业转变，一般产业向发展中国家转移。跨国公司增加国外投资和技术转让，造成国际资本流动加速，经济的相互依存和融合加快。

而与此同时，跨国公司经济活动的结果是造成穷富差距扩大。现在发达国家占有世界四分之三的财富，它们有80%的投资集中于十多个国家，只有1%投资在48个最不发达国家。

在世界经济中，工业发达国家继续保持着资金和技术的优势。但这些国家的经济增长率相对较低，又在不同程度上面临社会福利难以为继、失业率居高不下、国家财政巨额赤字等问题。

发展中国家有着市场、劳动力和资源的优势。现在亚洲和拉丁美洲不少国家在生产劳动密集产品方面已经拥有绝对优势，在生产技术含量高的产品方面也开始取得了一定的优势。

展望1998年，在经济全球化和区域化的发展过程中，各国的竞争将进一步加剧。在东南亚国家和韩国金融危机克服过程中，将引发这些国家同美国等西方大国的矛盾。如果从上述经济全球化和区域化深化的大背景来观察，各国相互竞争加剧以及相互依存度的加强，将使国与国特别是大国之间摩擦与矛盾的发展有一定的限度。而与此同时，也要看到，世界经济发展风险的增加，将会进一步造成世界经济的巨大波动。金融市场危机是否会进一步蔓延，尚难预测。

（1998年1月1日《解放日报》第A03版）

世界进入重大转折期
不稳定因素日趋增多

刚刚过去的1998年是冷战结束后变化最为突出的一年，标志着世界进入了重大转折时期。

在亚洲金融危机冲击和世界经济动荡影响下，大国力量对比出现了明显的变化。在美国、欧洲和中国力量有所加强的同时，日本经济继续维持负增长的局面，俄罗斯政治、经济形势进一步恶化。大国之间，特别是中、美、俄、日四国首脑保持着空前频繁的交往，相互致力建立战略或友好合作伙伴关系。走向21世纪的大国关系框架已经初步形成。各大国之间相互依赖和利害冲突都有不同程度的加深。在大国关系中，通过两个大国加强关系，防范第三国而产生消极影响，也有通过加强双边关系，推进同第三国的关系而产生良性效应。相互的制衡作用，在不同问题上产生了程度不一的影响。由于力量并不平衡，这种制衡作用在一定条件下难以奏效。联合国安理会五个常任理事国一致反对印巴核试验，中俄在科索沃问题上采取相似立场，中俄法力图阻止美英对伊拉克动武，说明了大国之间既存在共同点也存在分歧点。美国自恃作为唯一的超级大国，在对外关系中，推行强权政治，一再动武或威胁动武，给国际形势带来复杂的变化。去年尤为突出的是美英绕过联合国安理会向伊拉克动武，并且正在调整北约军事战略，企图使北约在未经联合国授权的情况下，即可在北约防御范围之外，进行军事干预。

1998年，导致产生局部战争、地区冲突的一些旧矛盾正在消失，但从整体上看，基本根源难以消除。秘鲁和厄瓜多尔签订“巴西利亚总统条约”，从而结束了两国间一百多年的边界冲突和领土争端。柬埔寨国内政治形势趋于好转。巴以谈判僵持19个月后终于达成怀伊种植园协议。与此同时，去年阿富汗内战仍在继续。南亚次大陆局势并不稳定。在非洲又爆发了多起战争，埃塞俄比亚和厄立特里亚边界冲突、几内亚比绍兵变、莱索托政治危机，特别引人注目的是刚果（金）战争的蔓延和激化。直接卷入这些热点的非洲国家达到16个，反映冷战结束后，过去掩盖的民族、种族之争有加剧的趋势。

但是，亚洲金融危机在1998年发展成为世界经济的动荡，对今后国际形势的发展将产生更为深刻的影响。前年从泰国引发的金融危机蔓延到东南亚和东亚。西方舆论议论纷纷，认为亚洲经济繁荣时期已经过去，一再贬低亚洲价值观，指责亚洲政府官员腐败或是政府对经济干预过多。去年，俄罗斯的政治、经济危机，波及拉丁美洲，造成巴西的告急，冲击欧、美、日股市，使美国华尔街道琼斯指数9月4日比7月16日最高点下降18%。观察去年世界经济的走势，人们进一步认识到，一是金融全球化，特别是西方巨额短期资金自由游动、攫取暴利，是一些国家经济急剧动荡的祸源；二是俄罗斯经济的急剧恶化和改组后新政府推行的经济政策，说明以放任自流为特征的资本主义自由化在俄罗斯已行不通了；三是美国股市的上扬孕育着不稳定因素。经济全球化正在进入一个调整阶段，各国纷纷提出应改革现行的国际金融体制。

1999年国际大气候将不会是风调雨顺。国际形势趋向缓和更多地意味着不会爆发较大规模的战争，意味着大国之间既有协作又有摩擦。但是，不稳定和不可测的因素日趋增加。世界各地仍有出现新热点的可能。美英对伊拉克的军事打击在继续进行，阿以和谈难有进展，中东地区将动荡不定。美日决定研制战区导弹防御体系，将对亚太安全产生什么影响？朝鲜半岛仍然存在潜在的不稳定因素。非洲武装冲突可能时起时伏。在金融危机冲击下，受到最大挫折的东南亚经济回升有望，但仍举步维艰。欧元的起步将对一统天下的美元产生什么影响，人们正拭目以待。

（1999年1月1日《解放日报》第7版）

告别20世纪　展望21世纪

冷战结束，历经十年，逐步形成世界进入21世纪的基本格局。在可以预见的将来，世界大战是可以避免的。国与国之间的战争趋于减少，但一些国家政治动荡，跨国界及内战性质的武装冲突，时有加剧的趋势。从巴尔干、外高加索直到中东，以及非洲的一些地区，仍是爆发热战的震源地带。世界力量对比严重失衡，大国之间相互牵制的作用受到削弱，世界的多极化进程遇到波折。但从较长时期看，这一趋势并没有发生根本性的变化。在世界经济全球化进一步发展的过程中，工业发达国家处于有利地位，发展中国家面临更为严重的挑战。本世纪末的东南亚金融危机揭示，金融资本迅猛流动，对一些国家而言，旧的国界藩篱已经难以保障其经济安全。

美国仗恃其唯一超级大国的地位，加强推行霸权主义和强权政治，力图保持其对国际事务的领导地位。西方国家大力推行他们的价值观、意识形态和社会制度，要求世界各国按他们制订的游戏规则处理国际、国内事务，企图主宰世界。随着美国等西方国家威胁他国主权独立、领土完整，恣意干涉他国内政，并将人道主义干涉从思想渗透发展到使用武力，他们和一些国家的矛盾将不断尖锐化。世界在走向多极化的过程中，各种力量的纵横捭阖，控制与反控制、防范与反防范的斗争，都将在不断的变化之中。

在此世纪之交，国际形势的未来走向充满种种不确定性。美国作为唯一的超级大国，在20世纪90年代保持经济高增长，低失业率和低通货膨胀率。它在世界国民生产总值中的比例，从80年代的23%上升到28%，并保持着军事第一强国地位，科学技术处于世界领导地位。克林顿政府1998年“国防报告”认定，在2015年之前美国不会有“现实的对手”。美国利用这一时期，将保持全球事务的积极介入，推行“新干涉主义”，加速调整全球战略。北约的东扩，日美联盟的加强，无疑旨在防范俄罗斯和中国。俄中在美国看来是它的战略对手，但与此同时相互又存在着协调和合作的关系。美国的欧亚战略固然意在加强与欧洲和日本的同盟关系，它们的政治和价值观是一致的，但各自仍有着不同的利益。欧洲的联合自强，日本要当“普通的国家”，不可能处处、事事、时时和美国的利益相吻合。美国既要欧洲和日本分摊安全负担，又对它们增强军事力量感到不安。美国力图利用它的政治、经济、军事优势融合各国，纳入与其利益并行不悖的轨道中去，势必引起矛盾的激化和利益冲突。综观世界全局，美国意欲在下个世纪始终保持对国际事务的领导是不可能的。

当前世界上，欧盟国民生产总值已超过美国，经济普遍看好。日本经济正在摆脱低迷状态。俄国政局动荡不定，但仍是第二军事强国，高科技实力未可轻视。一个拥有丰富的人力和物质资源的俄罗斯在走向稳定后，仍将是有影响的大国。世界上130多个发展中国家总体力量不断增强，中国始终保持着经济高速增长，这些国家的经济增长率达到5.7%，超过了发达国家的增速。世界各国重视发展经济，开展加强综合国力的竞争，从较长时期看，将会改变当前力量对比严重失衡的状态，有利于加强大国之间的相互制衡作用。各国经济上相互依存关系不断加强，有利于缓和相互的利害矛盾，防止冲突的升级。

在政治上走向多极化，经济上走向全球化的进程中，强权政治、霸权主义时而出现强化的趋势，大国之间的相互防范有可能造成矛盾的激化，危及世界和平与稳定；民族矛盾、宗教分歧、领土争端有可能在一国之内导致政治动荡，引发武装冲突，或造成国与国之间的对抗，甚至爆发一场热战。不公正的世界经济秩序造成富国更富、穷国更穷，是世界动荡的重要根源。这一切预示着21世纪初叶，世界将处于力量对比不断变化之中。世界大战打不起来，各国在争取协调和合作的同时，也难以避免矛盾和冲突的升级。国际形势的变化将起伏不停，时而缓和，时而紧张。

（2000年1月1日《解放日报》第4版）

展望新世纪

21世纪终于来到，展望新世纪前景，国际形势将继续保持总体缓和的趋势。然而，局部动荡时而剧烈、时而趋缓，地区冲突时起时伏、此起彼落。国与国关系，特别是大国之间以及欧、亚、北美三大洲之间利益交错，错综复杂。经济贸易交流的发展，推动相互关系进一步密切，将有助于国际形势的缓和。同时又由于各国存在不同利益，以及冷战思维依然在起作用，又造成相互关系不时恶化，影响着国际形势的发展。信息技术革命将是继产业革命之后给人类带来最为深刻变化的一次革命。它既能推动世界经济飞跃发展，又促使国与国之间和一国之内的贫富差距扩大。这场革命的深入发展势必对国与国关系、一国内政与外交的相互关系以及国家治理和舆论导向产生重大影响。

回顾近年来国际形势的发展，预示新世纪初期国际形势的变化将在很大程度上取决于大国关系的演变、经济全球化进程以及地区冲突的发展趋势。

大国关系的演变

政治上多极化的发展，将在单极一统天下和多极力量相互制约的格局长期反复较量的过程中，逐步形成新的国际秩序，以力争大小国家之间、强国与弱国之间、贫国与富国之间的利益得到大体平衡。

（一）美国在冷战结束后，经济实力不断发展，已从80年代后期占世界国内生产总值的23%上升到2000年的30%。这一趋势将继续保持，在21世纪初期不会发生根本性变化。美国作为唯一超级大国将致力于保持它在尽可能多的国际事务上的主导地位。其他政治力量中心有可能在一些问题上由于切身的利益而取得共识，这将有力地牵制美国的独断独行。但是这种共识并不等于联合反美，今后一个相当长的时期内不可能出现这种趋势。

（二）美欧日在经济上构成相互竞争的三极。政治上，它们是结盟的，美欧在军事上保持北约的威慑力量，通过东扩，挤压俄罗斯的战略空间。美日加强军事同盟，矛头针对中国。美欧在价值观方面的共同性高于日本和美欧之间的共同性。美欧为了在全世界推广自己的价值观，对外更富于进攻性。美欧、美日之间的共同点多于分歧点，但不等于它们之间没有矛盾，欧洲联盟已经决定建立快速反应部队，力求能独立自主地，不依赖北约和美国，处理危及欧洲联盟的事务。预计在2003年前可投入6万人的兵力。如何处理北约和欧盟的关系，成为欧美之间的棘手问题，美国官方已公开表示，反对欧盟建立快速反应部队，担心欧盟武装力量的发展趋势将会“葬送北约的前途”。日本和德国一样，在90年代初曾被美国视为可能是美国未来的对手。而在日本泡沫经济破碎，强化了对美国的依附以后，美国对日本的担心在减少。但是日本要求成为“普通国家”，不满目前的处境，时而会和美国的战略意图不合拍。

（三）大国之间错综复杂的关系表现为：一方面，美欧日在防范俄中方面有着共同利益，但美欧日在对付俄中方面又不可能时时事事完全一致。而且大国相互之间，俄罗斯与美欧日，中国与美欧日双边关系中，又存在共同利益。另一方面，中俄之间建立了战略伙伴关系。中俄两国是近邻，两国发展友好合作关系符合两国根本利益，而面对西方国家的防范，更有必要加强战略协作伙伴关系。只要西方国家防范中俄的态势没有发生根本性的变化，中俄两国战略合作的基础将会不断加强，在国际重大战略问题上将会进一步协调一致，防止损害自身的利益。但是中俄两国始终坚持它们之间加强关系不是结盟，更不是针对第三国的。与此同时，中俄两国均致力于改善和其他大国的关系。

（四）中国同西方大国的关系，特别是同美国的关系，构成了大国关系的重要环节。1989年西方七国首脑会议曾通过决议对中国进行制裁。此后，美欧等国不断在人权等问题上向中国发难。近年来，西方国家和中国在人权等问题上的对抗已逐渐有所缓和。1999年，由于美国轰炸中国驻南斯拉夫大使馆，两国关系一度陷入低潮。2000年，美国众参两院以多数票通过给予中国永久性的正常贸易关系地位，两国关系有了恢复。但中美两国围绕着台湾问题的矛盾仍有激化的可能。这将是今后中美关系中的一个热点，也是影响亚太地区和平与稳定的潜在危险。

世界经济发展趋势

20世纪末，世界经济和贸易呈现强劲发展的势头，特别是2000年世界总产值和国际贸易额增长率都达到了20世纪最后十年的最高水平。据国际货币基金组织估计，2000年世界国内生产总值增长率达4.7%，贸易量增长达10%。世界银行的预测分别为4.1%和12%。90年代国内生产总值最高的1997年为4.7%，贸易量增长率最高的1995年为9.1%。各类国家和地区的经济大都加速增长。美国国内生产增长率在欧洲和日本工业发达国家中继续保持领先地位。发展中国家增长较快，亚洲国家的经济增长率已恢复到1997年金融危机前的水平，为世界经济增长最快的地区。转轨中国家，如俄罗斯经济增长率可能达到7.6%，是冷战结束以来最高的增长率。

可以预计，在进入21世纪后世界经济将进一步发展。区域联合方兴未艾，目前已经有大小区域组织1100个，三分之一是1990年以后成立的。在欧洲，欧盟将进一步加强，迅速扩大它的成员国。德国主张从现在的“国家联盟”过渡到“欧洲联盟”，法国倾向于建立一个“国家联合的欧洲”，英国则提出欧洲一体化的深入发展应使欧洲变成一个“超级力量”，而不是一个“超级国家”。预计欧洲联盟可能在2003年开始吸收新成员，在今后5—10年内，欧洲联盟将从现在的15个成员国发展到包括波兰、捷克和匈牙利在内的28个成员国，或者包括巴尔干国家在内的30余个国家。东亚经济迅速恢复，第四次东盟—中日韩（10＋3）会议2000年11月底在新加坡召开，与会各国就加强10＋3体制达成了广泛共识。湄公河的开发，东盟酝酿建设泛亚铁路已有初步眉目。以10 + 3为框架的东亚合作将与亚太经合组织（APEC）相互促进、相互补充，推动本地区的和平与发展。美国、加拿大和墨西哥组成的北美自由贸易区（NAFTA）决定和拉美协商，争取到2005年扩大成为包括南北美洲、拥有8亿人口的自由贸易区。巴西倡议的南美洲首脑会议为了加强在同美国就建立自由贸易区进行的谈判中的地位，以及在经济全球化冲击下维护南美洲国家的利益，决定至迟于2002年1月启动就南方共同市场和安第斯共同市场建立自由贸易区的谈判。这次会议对加强南美洲国家的凝聚力，推动一体化具有重要意义。在各大区域性最引人注目的发展，是非统首脑会议决定要建立非洲联盟。而各大洲之间也进一步密切了相互间的关系。欧亚首脑会晤、欧非首脑会晤分别举行，东亚和拉丁美洲的协商机制开始起步。

2000年世界经济发展中，以全球股市动荡、欧元对美元的汇率不断下跌以及石油价格上涨最为引人注目。美国股市出现较大幅度的下调，其中纳斯达克指数下降幅度约为40%；亚洲和欧洲股市也出现程度不等的下跌。而国际市场石油价格大幅度上涨，从1999年3月的每桶不足10美元一度上涨到30多美元。石油价格上涨已经和将要对世界经济产生多方面的影响，据估计，2001年美国的收入损失将相当于其GDP的0.6%，欧元区为0.8%，日本约为1%；新兴市场国家所受损失可能更大，如泰国和菲律宾等国的损失占GDP的比重可能达2%—3%。石油价格上涨带来发达国家的通货膨胀率上升，进口石油的发展中国家的经常项目逆差扩大，债务问题进一步恶化。

此外，在世界经济的今后发展中，仍存在着难以预测的潜在危险，主要是：一、美国经济前景究竟如何尚难预料。不少经济学家认为美国经济增长率肯定要下降，不过可能实现“软着陆”。二、国际金融市场资本流动大大加速，难以监控，类似东南亚金融危机的情况有可能再度发生。

地区冲突的激化与缓和

在21世纪初期，由于世界各国贫富差距进一步扩大，民族矛盾加剧，宗教极端主义蔓延，恐怖活动猖獗，不时有可能发生局部战争，包括国与国之间的武装冲突和一国内部的纷争。西方发达国家出于战略利益的考虑和推广西方价值观，将不时推行“新干涉主义”。这种种因素都有可能激化地区和一国之内的纷争，引起形势恶化，成为爆发战争的根源。在欧洲，巴尔干半岛将不时引起新的冲突分裂。2000年南斯拉夫政局发生变化，但仍面临着进一步分裂的危险。外高加索和中亚在逐步走向稳定的过程中，仍有一些国家内部政局不稳，在外部势力的干预下，随时可能引发新的武装冲突。在中东，阿拉伯和以色列之间矛盾不时激化，在本世纪爆发了无数次规模较大的战争。中东和平进程困难重重。2000年巴勒斯坦和以色列和谈由于9月底爆发大规模流血冲突而破裂。再度紧张的阿以关系将带入新世纪，始终是中东地区走向和平与稳定的巨大障碍。非洲大陆53个国家中有12个国家陷于战争之中，仍有可能爆发新的武装冲突。在亚洲，印度和巴基斯坦围绕着克什米尔的冲突持续了半个多世纪，今后将继续是世界关注的焦点。在亚洲，民族分裂、国与国之间的领土争端仍将可能使矛盾激化，升级成为武装冲突，形成地区热点。在亚、非、拉三大洲发展中国家中，拉丁美洲是较为趋向于稳定的一个大洲，中美洲和加勒比一些国家边境争端和安第斯地区政治危机引发的局部动乱没有影响整个大陆的全局。

今天，当人们揭开21世纪新的历史一幕时，迎面而来的是广阔的前景：经济不断增长，政治逐步稳定，国际形势趋向缓和。大国之间的关系有所加强和改善。亚洲国家克服了1997年金融危机的后果，再度成为世界上增长最快的地区。非洲大陆为解决内部动乱和地区冲突已取得巨大成就。拉丁美洲形势趋向稳定，地区一体化取得新的进展。

但是在19世纪末，人们也曾经期望迎来和平的20世纪，希望战争成为留在人们脑海中的历史往事。但20世纪的历史发展违逆了人们的主观愿望，两次世界大战和一次冷战给人类带来深重的灾难。在世纪之初，展望未来，既要充满信心，又要保持警惕，防止历史的逆转。

（2001年1月1日《解放日报》第6版）

回顾与展望
世界变化巨大　发展仍在继续

21世纪第一个年头，震撼全世界的大事是恐怖分子对美国的袭击，吸引全世界注意的焦点是美国为搜捕本·拉登和打击塔利班而发动的阿富汗战争；促使全世界焦虑的是美国、欧洲和日本三大经济体的经济状况进一步恶化。

这个世界在发生重大变化的同时，依然沿着冷战后的轨迹在继续发展。

局部战争、武装冲突减少

2001年，全世界武装冲突与2000年相比略有减少，而且国与国军队之间高强度的冲突一次也没有发生过。年初，刚果（金）总统卡比拉遇刺身亡，没有造成局势的进一步动荡，却促使非洲各国期望早日结束刚果（金）战乱。一些内战型冲突有所趋缓。11月19日，俄总统普京的代表与车臣非法武装的代表在莫斯科举行了自第二次车臣战争爆发以来的首轮和谈。马其顿马阿两族四党于2001年8月签署和平框架协议，决定修宪，给予阿族更多权利，以结束长达7个月的武装冲突。塞拉利昂内战基本结束，埃塞俄比亚和厄立特里亚正在谈判解决边界争端。2002年初，刚果（金）全国政治对话会议即将启动，卷入刚果（金）冲突的邻国部队可望在今后一年内撤出。索马里和布隆迪两国形势已见好转。

大国关系得到加强

欧盟和俄罗斯加强合作，为俄罗斯在十年内融入欧洲做准备，并决定今后欧俄贸易计算货币由美元改为欧元。俄总统普京2001年国情咨文将实现欧洲一体化视作俄政策的首要任务。欧盟制订《欧亚加强伙伴关系战略框架》，重点突出加强欧洲在亚洲的政治存在，发展对中国、日本、印度和东盟各国政治经济合作关系。欧盟和拉丁美洲国家的经济贸易有了显著加强，已取代美国成为对拉丁美洲国家最大的投资国。中俄两国签订了《中俄睦邻友好合作条约》，摒弃冷战思维，强化不结盟、不对抗、不针对第三国的当代新型国与国关系的模式。“9·11”事件后，各大国对面临的共同威胁取得共识，相互矛盾和利害冲突有所缓解。中美俄欧日相互之间的合作有不同程度的加强。

经济增长的亮点

2001年，在全球经济不景气，特别是美欧日经济同时下滑的情况下，也出现一些亮点，中国、俄罗斯和印度三国经济仍保持较高的增长率。据IMF预测，2001年中国、俄罗斯和印度GDP增长率分别为7.3%、4.4%和5.8%。特别是中国政府近几年来一直采取积极的和稳健的财政政策，以扩大内需来拉动经济增长。当然，由于这三国占世界GDP的总额尚不足6%，难以推动世界经济的增长（而美国占世界GDP的31%）。

区域一体化不断深化

在非洲，53个国家代表与会的非洲统一组织特别首脑会议决定非洲联盟将取代非洲统一组织，开始启动由非统向非盟一年的过渡期，使之成为非洲联合图强、兴建非洲新大陆的政治和经济联盟。坦桑尼亚、肯尼亚和乌干达三国2001年宣布建立新东非共同体。在“上海五国”框架内，《上海合作组织》正式启动，并通过“打击恐怖主义、极端主义和分裂主义三股势力公约”。美洲34国首脑聚会加拿大魁北克，通过宣言，决定在2005年12月建立世界最大的周边贸易区。在亚洲，东盟和中日韩举行10＋3会议，加强区域经济合作取得实质性成果。中国和东盟的领导人会议就中国与东盟建立自由贸易区建议取得了共识，决定在今后十年建成。欧洲联盟进一步扩大已进入实质性阶段，将在2003年前，从现在的15个成员国扩大到25个成员国。

对2002年的展望

2001年已经过去，当2002年新年钟声敲响时，世界各国人民依然怀着紧张心情密切注视中东、南亚和中亚今日世界三大热点地区。以色列和巴勒斯坦冲突能不能找到和平解决的途径？印度和巴基斯坦相互对峙已经是箭在弦上，是否会再次引发一场战争呢？这是一次时打时停的战争，还是更大规模的战争，甚至动用核武器的战争？阿富汗战争是否已结束？阿富汗新政府成立后，能否有效地治理这个国家？塔利班真的被打垮了吗？美国总统布什表示，2002年“将是一个战争年，我们将继续在特定的战场和其他地方搜捕基地组织人员”。美国会不会不顾各国的反对，甚至美国盟国的反对，将下一个反恐战争扩大到伊拉克、索马里、也门或苏丹？

2002年不仅存在着稍有不慎就可能引发战争的地区，还有无数潜在的危险地区。巴尔干地区的动荡未停，南斯拉夫解体后，局部矛盾引发的武装冲突，从克罗地亚、波黑、科索沃蔓延到马其顿。苏联解体以后，外高加索地区始终动乱不定。从巴尔干、外高加索、中东、中亚、南亚构成了一条地区冲突的震源带。2002年在这些地区几乎可以肯定会引发或多或少的局部战争。

随着经济全球化的进展，贫富差距的扩大，南北矛盾不断加剧。不少发达国家进入经济衰退，还能大体保持政治稳定，而受冲击的发展中国家则难以摆脱剧烈动荡的厄运。

大国之间由战略目标不同而产生的分歧，也并未因为“9·11”事件后相互加强合作而得以消除。传统的安全观念，着眼于地缘政治，争夺势力范围和战略要地，防范自己的假想敌依然主导着一些大国的战略。2002年，北约的东扩，对中亚的争夺，将很大程度影响俄罗斯和西方国家特别是与美国的关系。在亚太地区，美日加强军事同盟关系，防范中国，难免不激化矛盾。美国调整对朝鲜半岛的政策，2000年韩朝两国首脑会晤后走向民族和解的进程已经停滞不前。如果美国推行强硬政策，势必引起这一地区形势紧张。日本利用美国的反恐战争，通过《反恐怖特别法案》等，降低了动武的门槛。而不久以前，日本在东海海域击沉一艘不明国籍的船只，日本意欲何为，将对这一地区产生什么影响，人们正拭目以待。

展望2002年，世界上仍然存在着这么多的潜在危险。但是近年来，国与国的关系日趋密切，各国领导人会晤频繁，保持热线畅通，经济上相互依存关系的加强，地区组织的兴起，中小国家的联合，都为反对霸权主义、强权政治，防止国际形势恶化、战端再起创造了条件。

审视2002年国际形势走向，无疑应充分估计这些积极的和稳定的因素对推动走向缓和起到的作用。

（2002年1月1日《解放日报》第5版）

今年世界会怎样

2003年国际形势在保持总体稳定的情况下，局部冲突有可能加剧，恐怖主义威胁上升。世界经济将略有好转，但仍有一些不确定因素影响西方经济复苏。美英是否攻打伊拉克将是影响全局的大事。

预计2002年大国关系改善的趋势将在今年继续发展下去。美国战略重大调整已经尘埃落定，在淡化防范中俄战略之后，美中、美俄正在构筑新的合作基础，大国关系有望进入相对稳定的发展时期。去年美欧分歧加深，但看来没有动摇联盟关系，也不会从根本上影响它们共同的战略目标。

2003年，局部动荡，政局变化，武装冲突将持续不断。朝鲜半岛危机不断升级，朝美双方对峙已达到剑拔弩张的地步。美国声称，可以同时打两场战争，并且派出航空母舰，炫耀武力。朝鲜近日宣布将在一两个月内重启核反应堆。朝鲜半岛危机有可能进一步升级，但是从有关国家政策趋势及周边国家均主张以和平方式解决核危机来看，2003年朝鲜半岛危机仍有可能出现绝处逢生的局面。巴勒斯坦和以色列的暴力冲突将在新一年内不断升级。以色列忙于大选，美国无暇兼顾，巴勒斯坦不久以前又宣布无限期推迟原定今年1月举行的总统大选和立法委员会选举。巴以冲突能否缓解在很大程度上取决于美国在解决伊拉克问题后的政策取向。

预计2003年，世界经济仍将大体保持2002年经济发展的特点。国际货币基金组织预计2003年世界经济将增长3.7%，其中发达国家增长2.5%，发展中国家增长5.2%。但是美国公司财务欺诈丑闻已经使世界股市严重受挫，对2003年经济复苏难抱过高期望。如伊拉克战争一旦爆发对世界经济产生什么影响，更是一个不确定因素。2002年，美、欧、日三大经济复苏乏力，全年经济增长率将大大低于年初的预测。发展中国家中国和印度保持高速增长，分别达到8%和4.1%。转轨中国家俄罗斯和一些东欧国家保持良好势头，而东南亚国家正在摆脱金融危机的阴影，开始保持较高的经济增长率，整体状况远比拉丁美洲为好。阿根廷2001年底爆发金融危机，波及拉美国家，乌拉圭和巴西金融市场持续动荡，巴拉圭、玻利维亚、智利的经济发展受到严重影响。拉美成为2002年全球唯一经济负增长的地区。

2002年非洲联盟的成立标志着这一继欧洲联盟之后的世界上第二个重要的国家联盟，将在调停非洲国家之间的冲突、振兴非洲经济中发挥重要作用。安哥拉签署和平协议，结束了长达27年之久的内战，刚果（金）与周边一些国家达成和平协议，国内战乱局势出现好转兆头。非洲国家热点降温，国与国之间的摩擦以及一国之内发生的动乱逐渐减少，这些缓和趋势有望在2003年进一步发展。但是科特迪瓦内战未停，争端资源的战争时而有可能爆发。一些非洲国家受贫困的困扰，不时会出现政治动荡，以至动乱。

2003年将是恐怖主义活动更加猖獗的一年。从去年发生的恐怖主义袭击活动可以看出，恐怖主义组织正在化整为零，他们在策划向一些国家政府机构、军事目标发动重大攻击的同时，较多地集中于非政府、非军事目标，这无疑将造成大量无辜平民的伤亡。恐怖主义和反恐斗争不断升级，将是今年国际社会面临的一个重大问题。

美国是否攻打伊拉克是今年影响国际形势、世界经济以及国与国关系最为关键的因素。眼前美国大军压境，作好随时攻打伊拉克的准备，美国不论采取“高压”还是“武打”目的都是要摧垮萨达姆政权，控制伊拉克。美国舆论已在预测，如果萨达姆政权自动垮台，这场战争仍有避免的可能性，但是看来难以避免的可能性更大一些。如果美英攻打伊拉克迅速取胜，对石油价格和美国经济不会产生太大影响。但如果陷入伊拉克战争之中，伊拉克坚持抵抗，大规模破坏油田，美国军事费用增长到上千亿美元，石油价格可能一时上升到80美元一桶，美国经济有可能再次进入衰退。而且战后，伊拉克和中东地区将发生什么变化，伊拉克北部库尔德族如果取得自治权，甚至分裂出去，从长期看将危及毗邻的土耳其和伊朗的政治稳定。而伊拉克的什叶派穆斯林不论以什么形式，都将在伊拉克政治生活中加强地位。这对伊拉克和伊朗的关系又将产生什么影响？而美国攻打伊拉克，或顺利或遇到挫折将对美国今后的全球战略产生什么影响？这可能在2003年得到一个明晰的答案。

（2003年1月1日《解放日报》第6版）

2004年：世界多变数

展望2004年，国际形势的变化存在日益增多的不确定因素。世界经济趋向于进一步增长，恐怖主义活动将会加剧，局部战争时起时伏，大国关系稳中有变。

预计2004年全球经济有望进入新的扩张期。国际货币基金会预测全年增长可达4.2%，好于2003年的3.2%。美欧日经济将保持上升趋势，在亚洲，特别是东南亚、中国和印度将成为经济增长率最高的地区。非洲和拉丁美洲经济大体保持好于往年的状态。从整体上来看，贫富差距继续扩大，一些发展中国家处于边缘状态，失业率居高不下，石油价格波动，贸易保护主义加剧等，都仍将是2004年世界经济面对的严重问题。

受金融危机影响弱化后的亚洲国家正逐步走向稳定，国与国之间的关系不断改善。预计2004年大国与东盟国家的关系将进一步加强。而阿富汗仍陷于军阀割据局面，卡尔扎伊政府影响力几乎只限于喀布尔地区，8万美军围剿塔利班和基地组织的战争将僵持不下。印度和巴基斯坦调整政策，缓和相互关系的进程将会继续下去。但多事之地克什米尔仍将困扰两国关系。解决巴勒斯坦和以色列暴力升级的前景渺茫。而伊拉克局势则更是一个未知数。

在非洲，不停的政治动荡将出现逐步稳定的因素。非洲国家热点继续降温，持续10年的布隆迪部族战争，鏖战14年之久的利比里亚内战都有望在2004年走向和平，历时20年内战的苏丹有望达成最终和平协议。而刚果（金）、科特迪瓦的紧张局势将得到初步控制。但是所有这些国家的和平并不巩固，随时可能恶化。非洲大陆依然是各大洲中可能爆发内战、出现军事政变最多的一个大陆。

拉丁美洲政治变革经历深刻变化，这反映拉丁美洲国家人民期望维护国家主权独立、反对腐败和寡头经济以及防止贫富差距扩大的共同愿望。巴西和阿根廷两个中左力量掌权的国家和委内瑞拉关系密切，智利和巴拉圭也正向中左路线靠拢。这一场政治变革是否对其他拉美国家带来影响将在2004年初见分晓。

2003年伊拉克战争的演变和年底前格鲁吉亚的政局变动预示从巴尔干、外高加索、中亚到中东将构成2004年最大的震荡带。抓捕伊拉克前总统萨达姆之后，伊拉克反抗袭击事件是增是减，还需要观察年初的变化。进入2004年后，美国着手建立伊拉克临时过渡政府和解决美军在伊拉克的地位问题，都将带来一连串难题。现在的伊拉克临时委员会多是在国外流亡回国的，不能代表民意。而未来的临时政府必然会由什叶派、逊尼派和库尔德人三大派组成。现在就预言这三大派的争斗将导致伊拉克一分三，最终引发一场内战，显然为时过早。但美国人的“民主改造伊拉克”难以实现恐怕是意料之中的事情。伊拉克未来的政治安排必然对伊拉克周围国家内政的稳定和动荡产生作用。库尔德人加入伊拉克临时政府，掌握有多大权力，会对现在居住在土耳其和伊朗的库尔德人产生什么影响？占伊拉克60%人口的什叶派，如果一旦占有超过半数以上权力，是不是意味伊拉克会更接近由什叶派掌权的伊朗呢？可以预计美军在2004年不会撤离伊拉克，但是它将扮演一个什么角色？难道美国真正会将民主权利归还给伊拉克人民？可以想见，由不能代表民意的伊拉克人组成的临时过渡政府将会听命于美国，但伊拉克和美国之间矛盾也必定加剧。而一个由代表一定民意的伊拉克人组成的临时过渡政府，又会直接和美国产生矛盾，美国或多或少会失去对伊局势的掌控，美国能容忍这种事态发展吗？伊拉克重建进程中存在种种可变因素。

格鲁吉亚居于黑海和里海之间，又是从欧洲经过外高加索通向中亚的必经之路。美俄在格鲁吉亚的较量并非偶然。2004年初格鲁吉亚大选后将昭示，美俄的影响，谁更大一些。从地缘政治上来看，格鲁吉亚的政治变化也将波及阿塞拜疆、乌克兰等一系列国家的政局。美俄关系以及欧俄关系出现种种不和谐声调，再度显示，西方国家正在挤压俄罗斯战略空间，俄罗斯则以加强它和原苏联地区国家的关系来对付之。有关各方在这一地区争夺势力范围的斗争将更趋激烈。但出于各自利益的考虑，这一争斗尚不致失控。

利比亚决定放弃发展大规模杀伤性武器，销毁化学及核武器，并且愿意接受国际核查。伊朗一再声明，它不会生产核武器，并已和国际原子能机构签署了《不扩散核武器条约》的附加议定书。这都为和平解决防止大规模杀伤性武器扩散创造了先例。利比亚和伊朗的决定表明，只要真正符合有关国家的安全要求，采取和平的方式解决防止大规模杀伤性武器扩散问题是可能的。第二轮朝核问题六方会谈预计将在今年初召开，这对延续、推动对话进程十分重要。人们期望，通过对话将为和平解决朝核问题创造条件。

展望2004年，世界各国将对美国推行单边主义进行力所能及的牵制。美欧裂缝加深，美俄关系趋恶，中美关系的起伏都将在意料之中。尽管一些大国对当前国际安全问题存在着广泛的共识，但不会结成同盟反对美国的霸权主义。各大国在美国损害本国利益时，又必然会坚定地和美交锋，但也注意避免影响和美国发展关系。大国关系稳中蕴变的发展趋势变得更为明显。

（2004年1月1日《解放日报》第4版）

2005年：世界会怎样

近年来，国际形势变化的突出特点是不确定因素增加，局部冲突此起彼伏。世界瞩目的伊拉克战争、巴以冲突、伊朗和朝鲜半岛核问题几乎一直处于僵持不下的局面。进入2005年，有些局部地区问题将呈现急剧变化的趋势。一些热点问题有可能出现转机或趋于缓解，围绕着另一些热点问题则可能使得有关国家的关系急剧恶化，加剧局部地区动荡的局面。

四大热点值得关注

2005年开年第一件大事将是伊拉克选举。随着选举的临近，伊拉克反美武装力量策略发生了变化，在不断袭击美军的同时，将目标更多地对准什叶派人士。最近又传出有库尔德人主张实现伊拉克库尔德民族独立。看来，伊拉克的局势将进一步混乱下去，反美武装斗争将时起时伏，如果逊尼派、什叶派和库尔德人的分歧进一步加剧，有可能将伊拉克一分三。为了应付大选，美国已宣布将把在伊拉克的驻军从目前的13.8万人增加到15万人。压倒多数的世界舆论对2005年的伊拉克局势仍持悲观的看法。尽管伊拉克出现转机的可能性微乎其微，但是在大选后摆脱混乱逐步走向稳定也不是不可能的。如果新当选的各派得以缓和分歧，美国调整对伊拉克的政策，伊拉克早日走上重建的道路，还是有指望的。

和伊拉克局势密切相关的是伊朗核问题。美国对欧盟和伊朗就核问题开展的谈判始终持怀疑和保留立场。美国在阿富汗、巴基斯坦靠近伊朗的边境加紧修建军事基地，侈言在必要时炸毁伊朗核设施，鼓励伊朗国内出现政治变动。这种种迹象表明美伊关系恶化和紧张将是不可避免的。但是伊朗是中东地区大国，它对阿富汗、巴基斯坦、伊拉克、巴勒斯坦等国有着不可低估的影响。有鉴于伊拉克政治前景不明，以色列和巴勒斯坦能否重新走上谈判的道路尚是未知数。在这一地区即将发生变化的当口，美国不断向伊朗施加高压，固然是警告伊朗不得轻举妄动，但美国也不是不想和伊朗取得某种默契。至少在伊拉克大选后，什叶派若在政治上取得重要地位，美国继续和伊朗交恶，将无助于稳定伊拉克的局势。因此，在未来几个月，美国和伊朗关系有可能在不断紧张中时而也显现出缓和的趋势。

对地区热点的判断，巴以能否重开和谈将成为最大的看点。要稳定中东局势，推动巴以重开谈判无疑是为上策。巴以双方在多年的以暴易暴的恶性循环中，都是身受其害的当事者。巴勒斯坦1月9日的选举，如不出意外，阿巴斯的当选自在不言之中。阿巴斯已表示要就以色列撤出加沙地带一事和以色列谈判。以右翼身份执政的沙龙在以色列政治中向中间派趋近，利库德集团和工党联合执政，为以色列和巴勒斯坦重开谈判带来了希望。连任之后的美国总统布什希望借推动巴以和解，缓和阿拉伯人民的反美情绪，而且也不再像在竞选连任期间那样受犹太利益集团的制约，难以向以色列施压。目前，巴以和解的前景看好，但是双方内部都会受极端分子的制约，能否逾越重重暗礁还是个问号。而美英领导人先后声言，解决巴以问题关键是要建立一个民主的巴勒斯坦。这无疑表明，美英没有改变偏袒以色列的立场。巴以真正和解还有漫长的路要走。

第三次朝核六方会谈之后，局势骤变，美朝、日朝关系不断恶化。韩国总统卢武铉坚持“反对在朝鲜半岛发生战争”以及“反对封锁和制裁朝鲜”的方针。美国对朝鲜软硬兼施，目前正在尝试硬的一手，在这一较量中，朝鲜当然不会示弱。预计围绕朝核问题的争斗还将进一步升级。当前解决朝核问题的焦点仍是美国要朝鲜彻底、不可逆转地弃核，而朝鲜在没有取得对它安全的充分和可靠保障的前提下，不可能完全弃核，它需要分步走。朝核问题将在激烈斗争中寻找突破点，回到谈判桌上寻求解决朝核方案仍是最佳途径，但这需要六方中任何一方特别是当事国抱有诚意。

大国关系存在隐忧

在新的一年中，亚太地区的发展与变化将成为上述四大问题之外最引人关注的焦点。这一地区目前已占国际贸易的一半以上，占全球经济增长的70%、世界产值的60%。中日韩和东盟国家（10+3）会议有了重要进展，2005年在马来西亚举行的首次东亚首脑会议，将是一个体现以东盟为主导、实现东亚一体化进程的重要一步。中国和美国、日本以及东盟的贸易额已分别超过1000亿美元。2005年7月中旬，中国和东盟将启动降低关税进程，中国与东盟六个老成员国、四个新成员国将分别在2010年和2015年建成自由贸易区。这无疑将对亚太的和平与发展产生积极的影响。但是，2005年预计还将是中、美、日三国之间关系风波迭起的一年。美日都将台湾海峡看作是一个潜在的危机地区，却出于自身的战略考虑，不时发出错误信号，这不利于防止台独势力制造麻烦、引发危机。预定的美国售台武器，将是考验中美关系的试金石。而日本去年发表的《防卫计划大纲》第一次将中国视为安全的威胁。据《日本经济新闻》报道，2005年美日将发表的安全合作宣言也要将中国确定为亚太地区的安全威胁。这势必对中美日关系产生不可低估的消极影响。

2005年将是美欧继续挤压俄罗斯战略空间的一年。继美国在格鲁吉亚加强影响之后，美欧正在加紧与俄罗斯争夺乌克兰。去年岁尾，乌克兰反对派尤先科获胜，但是现任总理亚努科维奇拒不承认选举结果，并要求乌克兰最高法院彻底清查选举舞弊案件。在东欧剧变、苏联解体后，北约和欧盟实现了双东扩，波罗的海三国最终摆脱了俄罗斯的势力范围。而现在乌克兰的变化，意味着西方势力正在向前苏联的核心地区挺进。俄罗斯将不会听任这一态势发展下去。预计在2005年，外部势力对乌克兰的影响，将使乌克兰国内矛盾加剧，政治上各派的斗争将远不会像格鲁吉亚那样轻易收场。美欧力量的渗透，将促使乌克兰进一步向西方倾斜。但是乌克兰以第聂伯河为界，长期以来形成的东富西贫、东强西弱的态势不会发生根本性的变化。乌克兰任何一位新领导人都不得不考虑一向接近俄罗斯的东部人民的政治意愿。而对俄罗斯而言，乌克兰是俄罗斯境外最后一个战略要地，失去乌克兰意味着西方国家最终进入黑海这一重要战略地带，从根本上改变了战略态势。继格鲁吉亚和乌克兰之后，西方国家下一个目标将是更多的独联体国家。任何一个独联体国家如果不能抵御外来的影响，将会引起新的政治动荡，不利于经济的正常发展。

亚非拉谋求新发展

世界经济在2004年出人意料地稳定增长，预期2005年将会减速。美国经济将保持低速增长，欧盟经济则会出现疲软势头，日本经济增长势头更有可能趋弱。亚洲、非洲和拉丁美洲发展中国家经济增长率普遍高于发达国家，这一基本特点不会发生本质的变化。一般预计，亚洲大部分地区将保持6%—7%的经济增长率；拉丁美洲经济发展速度可能有所放慢；而非洲经济增长率将超过5%，高于2004年的4.5%。

冷战结束之后，国与国的战争逐步减少，国家之间争夺领土的战争正在消失。西方国家预言更多的将是霸权国家对“失败国家”的讨伐。在整个发展中国家地区，除了中东地区始终保持为焦点和热点地区外，一向是爆发战争和严重危机最多地区的非洲大陆，如今随着经济稳步增长和石油资源的发现，也开始走向稳定。非洲联盟在处理苏丹达尔富尔和科特迪瓦危机、调解卢旺达与刚果（金）等国双边冲突、推动索马里与布隆迪等民族和解的进程中，显示出它的能力和成熟。2005年，非洲大陆虽有突然爆发局部战争和危机的可能性，但不致造成局面失控。此外，2005年对亚洲和拉丁美洲大陆来说，预计仍将是平稳发展的一年。继巴西和阿根廷的中左力量掌权、委内瑞拉度过政治难关之后，左翼力量又在乌拉圭和智利获胜。印巴和解进程发展，给南亚和中国毗邻地区带来了多年以来少有的平静。但广大亚非拉地区由于贫富差距扩大，一方面是对社会公正的诉求正在不断强化，另一方面，反抗运动的兴起，也可能造成局部的政治动荡。

展望2005年，世界关注的焦点仍将是：伊拉克的大选将给伊拉克带来什么？巴以冲突能否缓解？伊朗和朝鲜核问题能否找到突破点？美日渲染“中国安全威胁”、美欧挤压俄罗斯战略空间将对大国关系产生什么影响？正在谋求政治稳定和经济发展的广大亚非拉地区将在新的一年取得什么成果？这些人们都将拭目以待。

（2005年1月1日《解放日报》第6版）

展望2006年国际形势：平衡发展仍是主线热点问题仍难降温

在全球经济增长的背景下，今年国际形势总体上将保持平衡发展。但众所瞩目的中东热点，从伊拉克战争、巴以冲突到伊朗核问题仍将处于僵持状态。恐怖主义的袭击继续威胁着人类安全。围绕白俄罗斯选举，美俄争斗将会加剧，恶化的中日关系难有转机。亚洲仍将保持经济高增长率，非洲经济持续稳定发展，拉丁美洲进一步左倾化将是今年形势发展中一大特点。今年，胡锦涛主席将访美、普京总统将访华、德国总理默克尔将分别访美俄两国。大国领导人的政治活动将会增进相互信任，加强合作，缓解分歧。而近年来发生的海啸、地震、飓风、禽流感等自然灾害仍将出其不意地袭击全世界。

亚非拉：机遇中有挑战

中印将领衔亚洲经济发展。日本与邻国关系前景仍不明朗。非洲经济发展会好于往年，非盟将在协调非洲国家内部矛盾以及为非洲国家争取更多利益中发挥重要作用。拉美多国将举行大选，“左”倾趋势进一步得以显现。

亚洲、非洲和拉丁美洲的发展中国家在今年将继续保持较高的经济增长率。但与此同时，经济发展不平衡，贫富差距的不断扩大，将给发展中国家带来负面影响。

在亚洲，中国和印度两大国经济仍将保持强劲的发展势头，亚洲各国的经济贸易关系将日益密切。预计亚洲一些国家不时将出现政治动荡，但不致对大局带来致命的影响。在东北亚，朝鲜核问题的解决还面临重重困难，但和平解决的前景依然存在。东南亚、南亚地区一些国与国的关系正在走向缓和，经济合作进一步加强。亚洲最大的问题仍然是日本与它的中国、韩国等亚洲邻国改善关系的前景不明。

非洲国家从整体上来看，今年的经济发展将好于前几年。石油价格上涨推动一些非洲石油生产国进入了稳定发展的阶段。但非洲国家在经济全球化进程中已被边缘化，脆弱的非洲难以承受意外的冲击。今年非洲大陆一个重大特点是战争、国内动乱、武装冲突将呈相对减少趋势。非洲联盟作为区域组织在调解非洲各国之间冲突，处理一些国家内部动乱发挥着日益重大的作用。预计非洲联盟将在联合国改革和非洲国家争取担任联合国安理会常任理事国方面发挥重要的作用。这个组织将在经济发展方面争取更多的合法权利，在重大国际事务方面，争取更多的决策权。

拉美经济将保持平衡发展，政局正在出现新的变化。从去年11月洪都拉斯选举开始，直到今年年底将有十多个国家陆续举行大选。其中包括巴西、墨西哥、哥伦比亚、秘鲁及委内瑞拉等七个人口最多的国家。现在拉美地区已有四分之三国家的政权掌握在左翼领导人手中。多年以来，拉美国家国内反对腐败、要求消除贫富差距的呼声日益强大，而在对外政策方面，反美情绪也日益高涨。预计今年通过大选，一些左翼政党将稳定阵脚，政治上“左”倾和美国渐渐疏远的趋势都会进一步发展。

中东：僵局之中待变局

伊拉克反美斗争很难遏止，伊国内分裂将加剧。巴勒斯坦和以色列各存变数，法塔赫和哈马斯对于巴勒斯坦领导权的争夺以及沙龙在以色列3月大选中的成绩将很大程度影响巴以局势走向。伊朗核谈判很难在短时间内结束。

自从伊拉克战争以来，中东地区成为世界关注的焦点。预计今年伊拉克反美武装斗争和恐怖袭击仍将持续不断。而且伊拉克民族、宗教、政党的分裂将进一步加剧，危及目前已经岌岌可危的伊拉克当局。由于迄今伊拉克反美抗争尚没有超过美国承受能力，美国在伊拉克以及中东仍占优势地位。因此可以预计，今年伊拉克的形势仍将僵持不下，难有改观的局面。

巴勒斯坦和以色列的冲突在今年存在不少新的变数。首先是哈马斯在巴地方选举中节节获胜，半数以上的地方议会已落入哈马斯手中。法塔赫作为竞选对手，不仅在选举中失利，而且面临分裂的危险。美国和以色列已申明，反对哈马斯入阁主政。其次是以色列的政局也不稳定。从目前情况看，沙龙在3月举行的大选中获胜的可能性较大。但近日沙龙生病，内塔尼亚胡领导的利库德集团正在伺机造势，争取更多的支持。如沙龙病情恶化，或者巴以双方动武加剧，都可能对以色列的右翼势力有利。已经退出利库德集团并组成“前进党”的沙龙即使在选举中获胜，也将推行强势政策，巴以和解的前景未必看好。

今年1月即将恢复的欧盟德、英、法三国和伊朗的核谈判看来是一场旷日持久的谈判。伊朗认定美国没有有效的手段压服伊朗；另一方面又期望俄、中参加谈判，将欧、伊核谈判发展成为朝核六方会谈的模式。近日，德国总理默克尔已表示，支持中、俄参加欧盟三国和伊朗的核谈判。

俄美：各有进退　力拼白俄

俄罗斯和乌克兰的天然气纠纷将对今年独联体发展前景产生重大影响。白俄罗斯今年3月将举行大选，美俄将围绕白俄罗斯展开激烈争夺。

俄罗斯和乌克兰的天然气纠纷能否解决，最后的期限是今天。如果双方谈判失败，俄罗斯今天开始将停止向乌克兰出口天然气。背后得到美欧支持的乌克兰已经威胁要加强和北约以及美国的战略合作，制约俄罗斯。由于乌克兰将在3月举行至关重要的议会选举，看来如何处理乌俄天然气纠纷将对今年独联体发展前景产生重大影响。长期以来，美国视欧亚两大陆为两大战略要地，而对从巴尔干、外高加索到中亚这一连接欧亚大陆的弧形地带更是志在必得。去年所谓的“颜色革命”对美国有失有得，美国对这一地区的政策则是有退有进。乌兹别克斯坦迫使美国撤除军事基地，并进一步加强与俄罗斯的关系，这将迫使美国调整对中亚以及对独联体国家的政策。去年11月美国宣布准备介入德涅斯特河岸冲突的谈判，还将介入南奥塞梯和格鲁吉亚的纷争。

2006年，美俄争斗的焦点将是白俄罗斯。3月19日，白俄罗斯将举行总统选举。按照白俄罗斯宪法规定，总统每次任期五年，连任不能超过两届。经公民投票得到77%选民支持，现任总统卢卡申科可以参加竞选第三次连任总统。美国和以波兰为首的东欧国家大力支持倒卢卡申科运动。西方国家采用诱压兼施迫卢放弃连任总统，鼓励反对派加强斗争，意图重演格鲁吉亚和乌克兰的“颜色革命”。虽然白俄罗斯和俄罗斯建立联邦的主张未能实现，但是白俄罗斯始终是俄罗斯在独联体国家中最坚定和最亲密的盟友。从地缘政治看，白俄罗斯是俄通向欧洲最为重要的战略通道，如失去白俄罗斯，俄罗斯除了背倚亚洲大陆外，走向欧洲的战略空间将丧失殆尽。白俄罗斯3月总统选举，胜败如何，将是牵动欧洲局势、俄美关系、俄欧关系的一件大事。

（2006年1月1日《解放日报》第6版）

地区热点可能升温

——2007年国际形势展望

近年来，在政治多极化和经济全球化的发展过程中，影响国际格局的新因素正在突显出来。2007年将是国际形势保持总体趋向缓和的同时，热点升温，明显紧张的一年。美国对伊拉克政策的调整将对伊拉克战争以及中东地区有关国家相互关系产生深刻的影响。在联合国安理会通过决议对伊朗和朝鲜进行制裁后，遭到两国坚决的反对。伊核和朝核问题处理不当，有可能成为升温的两大热点。而亚洲发展中国家经济增长，非洲战乱减少，走向稳定；拉丁美洲国家进一步“左”倾化。能源价格上涨，俄罗斯力量增强，俄欧、俄美关系出现新变化。这些未确定因素将在很大程度上决定2007年国际形势的走向。

美政策调整牵动中东

世界关注的地区热点，战争冲突的中心始终在中东地区。布什总统表示，伊拉克战争越来越像越南战争，美国将对其伊拉克政策作出“一切必要的调整”。美国舆论已在谈论，解开中东危机的死结，还应从解决巴以冲突着手。可以肯定的是美国调整伊拉克政策已经势在必行，这一调整将产生牵一发而动全身的作用。但涉及伊拉克问题，民主党也不能完全不和共和党合作，因此可以预料美对伊政策调整幅度不可能很大。

不论调整的幅度有多大，美国基本战略不会变：一、美国力图维持一超地位；二、立足欧亚大陆之间的中东战略要地，影响欧洲，威慑亚洲；三、控制伊拉克；四、对伊朗、叙利亚、巴勒斯坦、黎巴嫩、约旦、沙特阿拉伯、埃及继续分化离间，软硬兼施、纵横捭阖为美所用。

布什总统将在1月1日至23日发表国情咨文之前，宣布对伊拉克的新政策。在新任美国国防部长盖茨访问伊拉克后，据透露，美国政府将会更倾向于增兵5万人。看来，美国要在伊拉克打一场硬仗，这和美军在撤出越南之前对越南狂轰滥炸如出一辙。其二是美国加紧努力，促成伊三大派建立超越宗教派别和民族歧见的真正的联盟。其三是加大对伊拉克援助，恢复经济。

伊朗核问题可能升级

在中东地区，美国挫败塔利班和推翻萨达姆之后，为伊朗清除了两个敌国，伊朗成为这个地区最强势的国家。美国冀望伊朗、叙利亚能参与解决伊拉克问题。迄今为止，双方要价都很高。预计美国和伊朗的合作难以看好，特别是在伊朗对联合国有关核问题决议做出强烈反应后，在2007年上半年伊朗核问题可能会不断升级。伊朗已经成为这一地区关键国家，不论伊拉克、巴以冲突还是黎巴嫩内乱都和伊朗有着密切的关系。美国防部长盖茨称，对伊朗动武绝对应当是美国最后的选择方案。

解决中东问题关键何在？美国正在反思，想从处理巴以冲突着手。如今，巴以双方已达成停火协议。巴国内冲突在外界影响下要缓和还需假以时日，但对其前景似应看好，而年底前，以色列总理奥尔默特在其官邸会晤阿巴斯，是巴以首脑近两年首次正式会晤。双方都表现出善意，并采取具体措施缓解巴以关系。看来，与伊拉克问题相比解决或缓解巴以冲突可能容易一些。

发展中国家继续兴起

发展中国家的政治相对稳定和经济迅猛发展成为世界瞩目的大事。亚洲、非洲和拉丁美洲大陆战争和武装冲突呈现减少的趋势。非洲各国经济发展达到8年以来最高水平。拉丁美洲为了改变贫富差距悬殊状况，正在摸索经济发展新模式。2006年，巴西、委内瑞拉、尼加拉瓜等国家左翼政党相继取得执政地位。发展中国家的兴起正在改变美、欧、日一统天下的世界经济格局。2006年，发展中国家的经济增长率将达到7.3%，是发达国家3.1%的两倍多，特别是对中国和印度2006年经济增长预测分别达到10%和8.3%。由此可见，发展中国家作为整体对国际政治和经济的影响正处于不断上升的状态。但是发展中国家仍面临政治、经济诸多问题，比如朝核问题存在着严重的隐患；泰国再次经历了金融市场动荡；阿富汗塔利班再起；索马里内战不已，已经影响这个地区的肯尼亚等周边国家的稳定；苏丹周边国家乍得已在2005年形成内战局面，中非局势动荡，这一地区将是非洲的热点。

能源“武器”威力陡增

近年来，随着石油价格剧烈上涨，世界各国对能源的关注超过了以往任何时期。俄罗斯成为最大的获利者，丰富的能源资源是推动俄经济全面复苏的一个重要原因。去年年初，俄罗斯启动能源外交，对乌克兰施压。在涉及加入北约问题上，乌克兰联合执政党让人民公决做出决定，从中也不难看出俄罗斯的影响。去年年底，俄罗斯保证2007年以每千立方米130美元的价格向乌供应天然气。

俄罗斯开展能源外交对俄欧、俄美关系正在产生日益巨大的影响。俄德签订绕开波兰的波罗的海海底天然气管道，并要将更多的天然气输往德国。欧盟压迫俄罗斯签署“能源宪章”遭到婉拒。2006年，欧俄原定就新的伙伴合作关系进行谈判，由于波兰的否决已被推迟。与此同时，北约东扩之后，企图继续吸收独联体一些国家入盟，遭到俄的抵制。去年11月底北约里加峰会将能源安全列为重要议程，更是引起俄的不满。这些都将构成俄美欧以及欧盟内部间错综复杂的关系。

俄罗斯能源外交卓有成效，是与能源企业国有化分不开的。委内瑞拉成功控制自己的石油资源，玻利维亚去年完成的能源国有化改革，均有利于抗击美国霸权主义。在世界对能源需求不断增长的今天，能源的开采、供应和运输管道的兴建以及它的运输路线、走向等，都不仅是出于经济利益考虑，而是在更大程度上和一国结盟、建立伙伴关系以及制约、遏制一个国家的战略有密切的关系，可见能源在国际关系中的作用得到显著加强。

（2007年1月1日、2日《解放日报》第3版）

2008年世界仍不平静

展望2008年，无疑仍将是动荡不定、充满不确定因素的一年。索马里内乱、埃塞俄比亚和厄立特里亚的领土争端、达尔富尔问题的难解……都将继续困扰着这个世界。

美俄两国领导人更迭将成为影响国际局势变化的重大因素。梅德韦杰夫当选俄罗斯总统已无悬念，普京准备出任政府总理，表明在未来几年内，俄罗斯的普京治国理念不会变化。俄大选后，俄对美将会硬中有软，对抗中有妥协。美俄双方都不会把关系搞僵，更不会出现全面对抗的局面。

俄欧关系在2007年末已出现转机的迹象。2007年底到期的“俄欧伙伴关系条约谈判”，由于波兰在欧盟内部行使了否决权而一直未能启动。而图斯克就任波兰新总理后提出希望改善波俄关系，立即得到了普京的积极反应。现在欧俄已定在2008年5月开始谈判，签订新的伙伴关系条约事宜。预计2008年俄欧关系还将面临艰难的争斗，但是走出目前的死胡同还是有可能的。俄欧关系的缓和无疑会影响不断恶化的俄美关系。但是美欧将继续挤压俄罗斯的战略空间，围绕科索沃、乌克兰和格鲁吉亚的争夺将会十分激烈。

美国朝野正在开展一场大辩论，达成共识的是美国仍然是唯一的超级大国，有着超强的政治、军事、经济和科技实力，美国不能回到孤立主义道路，应该在国际事务中继续发挥领导作用。民主党总统候选人希拉里批评布什政府总是在硬实力和软实力、单边主义和多边主义、实力和外交之间做出错误的选择；民主党另一位候选人奥巴马则认为，“美国不能单独应付世界的威胁，世界对付威胁也离不开美国”，美国需要盟国、伙伴和朋友的支持，但是为了美国的国家利益，美国保留使用单边主义的权利，美国对外不能放弃胡萝卜加大棒的手段软硬兼施；跨党派的阿米蒂奇—约瑟夫·奈委员会提出美国应制定“巧实力”战略，主张采用软硬实力并用的战略，建议在美国总统大选前终止所有大规模的军事行动。

布什总统亟需利用还剩下的一年时间做出政绩。在朝核问题上，美国已取得了主动权，如果东北亚安全机制得以建立，将有利于朝鲜半岛的和平与稳定，也有利于美朝两个当事国，美国国务卿赖斯已表示有可能访问朝鲜，并说什么事都可能发生；国防部长盖茨则宣称，明年中期美国有望从伊拉克撤出4万美军；继安纳波利斯中东和会后，美国加大促成巴以和谈的力度，布什将于2008年1月出访以色列和巴勒斯坦等中东国家，并希望在2008年年底以前取得成果；美伊关系经历了2007年“有惊无险”的阶段后，2008年将如何发展是一个最大的不确定因素。美国压伊弃核，更多的是遏制伊朗在中东地区影响的一个手段。

中东地区的内部和外部力量正在出现引人注目的变化。2007年，普京作为总统，在俄罗斯和沙特建交近80年后对沙特进行了首次国事访问，与此同时，对伊朗进行了相隔64年来的首次国事访问；伊朗总统内贾德访问沙特，反映出两国的接近；海湾国家委员会自1981年成立后首次邀请内贾德作为一个非成员国的领导人与会。这些都是打破常规的重要访问。中东地区内、外部力量对美国而言无疑是一种牵制、一种制约。这种种因素或许可以缓和这一地区再次发生兵戎相见的冲突。

在新的一年里，美国次贷危机将如何发展？美国经济是否可能衰退？能源价格不断上涨，石油价格如果突破100美元大关将对世界经济、金融市场产生怎样的影响？而中东地区动荡不定，伊拉克问题变数很大，也有失控的可能。同时，军备竞赛正在进一步加剧，世界各地仍有可能爆发新的热点。可见，2008年将不是平静的一年。

（2008年1月1日《解放日报》第6版）

2009年："危""机"并存

2009年将是冷战结束后，国际社会面临困难最多的一年，也将可能是世界政治经济形势、国与国关系出现转机的一年。

经济衰退影响持续

2009年撼动全世界的大事依然非金融危机莫属。美国、欧洲和日本经济衰退还在不断深化，有可能出现全球性的衰退。迄今为止，金融危机和经济衰退造成的影响远远超过人们的预想。在美国，信用卡的巨额透支、养老基金用于虚拟经济投资损失惨重，不少州政府债台高筑，难以度日。2009年在美国以及其他工业国家仍有可能出现不测事件。在经济衰退的打击下，一些发展中国家有可能出现社会动荡、政府垮台，甚至酿成暴力冲突。

西方舆论普遍认为，这是继上世纪30年代经济大萧条以来最严重的一场经济危机，不过两者并不能等同而论。当时各国政府各自为政，以邻为壑，转嫁危机。现在时代不一样了，经济全球化，国与国之间相互依存紧密，需要各国政府做出努力，谋求通过共同努力缓解危机造成的困难。2009年，奥巴马入主白宫将立即推行高达近万亿美元刺激经济的重大方案；欧盟、日本等经济体追加政府预算，拨付巨额资金，拯救受困的实体经济；中国与印度等发展中国家经济增长率温和下降，但依然保持稳步增长，这将有利于缓解全球经济衰退造成的严重影响。因此，人们大多不同意这次经济衰退将维持四五年之久的预测，更倾向于在一年半左右出现经济复苏。

地区热点依然不少

预计2009年伊拉克大规模袭击事件将会大幅减少，但自杀式炸弹袭击仍将时有发生。对于伊核问题，奥巴马将采取不同于布什拒绝与伊朗对话的立场，多少使人感到奥巴马是“先礼后兵”，目前也基本排除美国对伊朗实施战术打击的可能性，2009年或许能寻求一个平台，促使有关各方和伊朗面对面地对话。新年伊始，叙利亚和黎巴嫩在宣布建交后，互设的大使馆将正式开馆。此外，叙利亚和以色列直接对话有可能是这一地区缓和的突破点。美国中东问题专家撰文认为，只要以色列将戈兰高地归还给叙利亚，两国关系可能较为容易解决。美国更期望叙利亚停止支持巴勒斯坦哈马斯和黎巴嫩的真主党。但去年12月30日以色列政府宣布对控制加沙地区的哈马斯发动全面战争，造成大量人员伤亡，加沙出现了严重的人道主义灾难，以巴关系急剧恶化，这将对中东形势缓和产生严重影响。

美国将在今年对阿富汗增兵3万，使驻阿美军人数扩大到6万，阿富汗战事再度升温，这将对中东、中亚和南亚地区的格局变化产生深刻的影响。恐怖主义活动正在向南亚转移，最突出的例子是去年11月底恐怖分子对印度孟买的袭击。印巴之间一度相安无事的局面立即发生变化。印巴关系日益紧张，双方各执一词，互不相让。印度声言，为了防范对印度的袭击，可能会越境打击恐怖分子；而巴基斯坦则从巴阿边境反恐前线撤回2万军队，部署在印巴边境。印巴紧张对峙，不仅不利于亚洲局势的缓和，也对美国加强对阿富汗的战争产生消极影响。

2009年，亚洲、非洲和拉丁美洲地区合作趋势将会进一步加强。但是在世界金融危机和其他因素的冲击下，旧的热点未能消失，新的热点将会不断出现。泰国政治动荡难以消停。朝鲜和韩国关系趋于进一步恶化。日本麻生首相的支持率已跌到21%，政局可能有变。刚果（金）、几内亚、毛里塔尼亚、津巴布韦和索马里将处于动荡之中。

美俄关系存在变数

美俄关系将是2009年国际形势变化的一个焦点。美国在波兰和捷克部署反导基地和力主乌克兰、格鲁吉亚加入北约成为俄罗斯反对美欧挤压俄战略空间的最后底线。俄罗斯重返拉丁美洲，加强和中东国家关系，主持筹建天然气组织都是加强和美国讨价还价的筹码，并且期望奥巴马入主白宫后将缓和对俄关系。美国修建反导基地一事，可能有变。奥巴马顾问曾表示，美未对继续修建波兰反导基地做出承诺。乌格加入北约一事，美国难起主导作用，而德法两国更持反对意见。美俄关系能否趋缓，将影响美欧关系和欧俄关系。如果美国和东亚关系进一步密切，是否会成为欧俄关系改善的刺激因素呢？这在2009年将略见端倪。

（2009年1月1日《解放日报》第6版）

2010年：疲软复苏　暗潮涌动

悄悄逝去的2009年是冷战结束之后，国际形势发生最深刻变化的一年。美国力量衰落，新兴国家力量增长，世界力量重心向亚洲转移。展望2010年，世界经济走向缓慢复苏的道路。大国关系总体趋于缓和，但利益之争，相互竞争，种种摩擦将不时激化。最不稳定的地区应是阿富汗和巴基斯坦，朝核和伊朗核问题难有重大进展，但达成初步协议、保持短时间缓和的可能性或许不能排除。在当今复杂多变的国际形势下，政治不稳定、经济条件恶化的地区将会不时出现政局更迭、军事政变，乃至局部战争。

世界经济缓慢复苏

展望2010年，世界各国最为关注的金融危机并没有结束，各国对金融机构的改革继续深化，经济下滑势头还难有根本性遏制。去年年终发生在迪拜的债务危机有可能在另一些国家重演。在金融危机的始发地美国，仍有大量中小银行面临破产的危险，世界各地房地产和股市泡沫持续发酵，存在着巨大隐患。各国贸易摩擦将会加剧。

二战以来历次经济衰退后都经历了迅猛复苏的过程，而这次经济复苏将是疲软的。世界各主要经济体正处调整阶段，美国巨额财政赤字和债务，以及过分消费、美元贬值的危险性、中国刺激内需等都说明这次经济复苏过程将是缓慢的。

大国关系更趋复杂

2010年各个大国在加强合作的同时，相互间也将由于利益冲突、争端加剧、分歧矛盾变化而造成摩擦不断、震荡不停。

中美之间围绕着售台武器、涉藏问题等，双方关系可能会时而变得不甚融洽；日美由于冲绳军事基地的争执，关系可能进一步恶化。俄罗斯面对美国不断挤压其战略空间，相互之间的龃龉在所难免。去年9月美国决定停止修建在波兰和捷克的反导基地后，美俄关系有所改善。近日美国在欧洲部署导弹防御系统，破坏美俄的战略平衡。俄罗斯总统梅德韦杰夫称，俄罗斯将不得不发展进攻性武器，以对付美国的攻势。美俄削减战略核武器协议谈判也受到负面影响。

中国作为一个新兴崛起的力量，将受到不少大国的关注。面对中国国际地位的迅速上升，一些国家还难以适应。去年年底的哥本哈根气候会议，美欧等西方经济体将矛盾集中对准中国。一些欧洲大国对中国模式的生命力最为担忧，千方百计地设法遏制中国。冷战期间，美苏间战略核武器呈现“恐怖均势”，使彼此对打核战争采取高度谨慎的立场。同样，在经济全球化的今天，由于中美两国经济上相互依存，促使双方保持着微妙的关系，任何一方采取危及对方的核心利益的行动，都会伤及自己。在这个意义上，现在中美之间保持着金融、经济上的“均势”。双方在一系列问题上存在分歧，但又不能不重视对方的诉求。

地区热点动荡难消

2010年最大的热点将集中在阿富汗和巴基斯坦。阿富汗塔利班隐藏在高山峻岭，力图保存自己的实力，而不会与美国、北约军队正面对抗。巴基斯坦塔利班力量正在不断增长。阿富汗和巴基斯坦的塔利班相互关系密切，他们伺机在这两个国家进行日益频繁的自杀性袭击。占据这一重要战略要地是美国的既定目标，围剿阿富汗和巴基斯坦的塔利班，能否取胜是一个很大的问号。而巴基斯坦政治动荡将影响美国反对塔利班的战略，也会对这一地区的周边国家带来深刻的影响。估计2010年反恐战争在阿富汗展开后，势必波及巴基斯坦，这一地区将会出现一场最为激烈的战争，成为世界最为动荡的地区。

解决中东问题的关键在于处理巴勒斯坦和以色列的冲突。2009年巴以关系陷入僵局，双方的谈判今年一时也难以启动。奥巴马总统在埃及开罗大学表达了希望和伊斯兰世界和解的愿望，但是解决不了巴以问题，阿拉伯人对美国的敌视不会减缓，而美国能否向以色列施加压力以及能施加多大压力，将是2010年人们关注的一个重要问题。今年巴勒斯坦将举行大选，巴勒斯坦内部派系斗争稍有缓和，但是以强巴弱的态势难有改观，没有外界向以色列施加压力，解决巴以冲突难有进展。

两核问题变数不断

伊朗核问题是2010年第二大热点。伊朗在浓缩铀问题上，除了在战术上略有变化外，不会接受西方国家任何条件。美国和伊朗围绕核问题的较量，其真正目的仍是遏制伊朗在这一地区的影响，压制伊朗，不允许其成为地区性的大国。伊朗在美国推翻萨达姆政权、进攻塔利班以后，成为这一地区最具实力的大国。但伊朗不仅有外患还有内忧，国内改革派与保守派的争斗日益浮出水面，不仅将影响伊朗国内政局，也将为外部势力利用。可以预计在2010年，伊朗核问题风波将会不断，这一地区的政治局势也将变幻无常。

美国诸事缠身，难以集中力量对付朝核问题。去年底，美国朝鲜问题特使博斯沃斯访朝，向朝方递交了奥巴马致金正日的亲笔信。美国坚持朝鲜先弃核后和谈的立场发生变化。朝鲜也表示不排除重返六方谈判的可能性。预计2010年朝鲜半岛风波不断，但不致酿成大乱，而解决朝核问题将是旷日持久、一波未平一波再起的局面。

（2010年1月1日《解放日报》第7版）

2011年：充满悬念

2011年是21世纪第二个十年的开端。在已经过去的第一个十年中，国际格局发生深刻变化，大国博弈加剧，发达国家与新兴国家力量对比朝着有利于双方力量平衡的方向发展，世界政治、经济重心开始向亚洲东移。尤其是在2010年，美国从伊拉克撤出战斗部队，宣布将在2011年7月开始从阿富汗撤军，战略重心向亚太地区转移，其影响将在2011年初见端倪。2011年可能将成为冷战结束以来悬念最多的一年。

经济前景仍渺茫

虽已度过世界经济危机最困难的时刻，但世界经济前景依然渺茫。美国经济缓慢复苏，私人储蓄开始增加，但经济将向何处发展、国债和私人债务如何弥补依然是个未知数。欧洲在希腊和爱尔兰相继陷入债务信任危机后，预计2011年葡萄牙、西班牙和意大利的上空也将笼罩阴云。欧洲各国高企的预算赤字和国债已经拖住经济发展的步伐。中国和印度等亚洲大部分国家仍将保持世界上国内生产总值最高增长率。在非洲大陆上，一些国家不时出现战乱，但大体保持相对较高的经济增长率，而拉丁美洲正在稳定发展，前景看好。

东北亚战和难定

2010年东北亚形势剧变，成为世界关注焦点。朝韩对峙，相互较劲，美国第三艘航母也将驶入西太平洋，东北亚形势一时看不到缓解的前景。中、美、俄、日、朝、韩六个国家没有一个愿意，或者已经做好一切准备要打一场大战，但这并不能排除爆发战争的可能性。但有关各方通过谈判，寻求消除产生危机根源的可能性依然存在。岁末，韩国总统李明博表示，朝鲜半岛无核化问题只能通过六方会谈的外交途径解决，希望这一问题在2011年取得重大进展。

新年伊始，美国国防部长盖茨即将访华，中国国家主席胡锦涛也将在年初对美进行国事访问。近年来，中美两国在加强合作的同时，美国国内主张对中国进行遏制的势力也呈上升的趋势。不过，在中美领导人年初会晤的前夕，美国舆论正在转换腔调，对中国在东北亚危机中的作用给予积极的评价。

与邻为善将继续

在新的一年中，中国和周边国家的友好合作伙伴关系将进一步发展。中俄两国在应对东北亚危机中，显示了最大的一致。中印两国会进一步意识到合作远比交恶更符合各自的利益。日本正在进一步防范中国，无疑对两国关系不利，但相互尊重对方的诉求，仍是维护两国各自利益的最佳途径。中国和东盟各国的关系在不断加强，在继续经营已运行一年的中国—东盟自贸区的同时，也在寻求制定有关南海争端的行为准则。可以预计，在新的一年中，中国面对的将不是疑惶不安而是互增信任的亚洲邻国。

美俄难绕“核谈”

2011年，俄罗斯在加强和独联体国家关系的基础上，将进一步发展和欧洲国家的关系，特别是俄德、俄法的关系将有新的发展。而俄美关系的进与退很大程度上会和削减核武谈判的顺利与否息息相关。2010年年底以前，美国参议院终于批准俄美削减和限制战略核武器条约。但是在投票表决前，在议案技术性文本中增加了一些不具有约束力的修正条款，其中特别要求美俄就限制战术核武器展开新一轮谈判。这一谈判将如何进行，俄罗斯又将做出什么反应，将直接影响2011年的美俄关系。

中东南亚仍动荡

继美国从伊拉克撤军后，2011年7月美国将开始从阿富汗撤军，但中东和南亚地区形势好转可能性不大。

伊拉克在去年年底前通过各派妥协，终于决定由什叶派的马利基组阁。2011年，伊拉克国内局势仍将动荡不定，不仅国内各党的斗争将会加剧，什叶派和逊尼派的斗争也会由于周边国家的支持而变得异常复杂。巴以谈判陷入僵局，双方冲突可能性在增加。以色列还有可能出兵黎巴嫩，打一场短时间的战争。此外，土耳其和伊朗正在相互靠拢，这一地区的形势将变幻无常。美国和西方国家将进一步加强对伊朗的制裁，并进一步孤立伊朗。2011年这一地区可能将出现高度紧张的局面。

阿富汗局势仍未见好转。美国和北约部队开始撤离阿富汗以前，阿富汗周边国家将进一步关注阿富汗国内局势的发展，巴基斯坦、伊朗和印度将力图对阿富汗施加影响，这三个国家之间的竞争、合作和博弈将进一步升级。

预计2011年不太可能发生全球性重大战争，地区性战争有可能升级，局部动乱将有所增加。但是就世界全局而言，和平与发展，各国之间友好合作将是主旋律。

（2011年1月1日《解放日报》第5版）

2012年：动荡剧烈　变数日增

展望2012年，发达国家难以摆脱困境，新兴市场国家和发展中国家将继续保持政治影响增强和经济发展上升的势头。各国不断调整政策，大国博弈力度和强度将有所加强。国际形势将出现近年来最为剧烈的动荡，不确定性成为今年世界剧变中的最大特点。

国际格局继续变化

美国经济前景仍然堪忧。去年年底美国再次提出要求将政府举债额度从现有的15.2万亿美元上限提高到16.4万亿美元。如果美国今年不能控制日益上升的公共债务，美国经济复苏的道路绝不会是平坦的。最近，有美国经济专家预言，美国经济将有好转，但是失业率仍在高位徘徊。美国不断宣扬欧洲主权债务危机将冲击美国经济，唱衰欧元仍将是美国的主旋律。而欧洲债务危机确实也有可能不断出现险情。德法等国力压陷入主权债务危机的国家紧缩开支，而这些国家又面临国内老百姓的压力。在这场角力不断加剧的过程中，势必会造成一些国家经济下滑、政党更迭、政局动荡。总的来说，不少欧洲国家领导人更有信心渡过这场危机，他们坚信欧元区不会崩溃，欧盟也不会解体。事实上就公共债务在国内生产总值所占比重而言，欧元区国家比美国和日本更低一些。欧洲国家不少家庭以私人名义在瑞士等大银行存款额高达3万亿欧元。欧洲国家的真实情况远比美国媒体宣传的要好。今年美国、欧盟和日本等发达国家经济形势将不同程度恶化，中国、印度和巴西等国虽受一定影响，但仍保持发展势头。去年年底，巴西经济总量首次超过英国，继美、中、日、德、法之后，位居第六。新兴市场国家和发展中国家的国际地位不断上升，在国际事务中的话语权也不断增强。特别是金砖五国将加强协调，在联合国安理会、G20会议以及其他重大的国际事务中，继续发挥重要作用。在世界力量对比中，将继续朝着有利于新兴市场国家和发展中国家，而不利于发达国家的方向发展。由此带来的国际力量对比发生的重大变化将在今年进一步显现，迎来阶段性转折期。

大选影响世界局势

2012年是很多国家的大选之年，联合国五个常任理事国中，美、俄、法三个国家将举行大选，中国将召开党的十八次代表大会；与中国毗邻的韩国和蒙古也将举行大选，日本执政的民主党亦将举行影响日本政局的党首选举。朝鲜最高领导人金正日逝世，金正恩接班，对朝鲜半岛的和平与稳定将产生重大影响，甚至有可能影响韩国的大选。

在全世界范围内，有近20个国家将在2012年举行大选，这无疑将对世界局势产生深远的影响。其中受到高度关注的是美国和俄罗斯等国的选举，二者的结果势必将深刻影响大国关系、国际和地区形势。奥巴马能否连任迄今仍是未知数。民主党和共和党的成败在很大程度上将取决于美国经济能否好转。如果美国经济日见起色，奥巴马将在大选中稳操胜券，如果美国经济复苏乏力，一直保持高失业率，为了取得选民的支持，奥巴马对内将归罪于共和党，对外则将归罪于中国、欧盟等，而攻击俄罗斯，也将是其得分的一个手段。可以预见，今年大国关系不会风平浪静，而是波折不断，风浪迭起。美国公开批评俄罗斯杜马选举既不自由也不公正，揭开美俄关系恶化的序幕。历来，美国在大选年拿中国说事，今年也不会例外，其手段不外乎压人民币升值，在亚太地区纵横捭阖，挑动有关国家加强对中国的戒备等，均将不时造成中美关系处于紧张状态。可以预计，今年，中美、俄美关系要比没有大选的通常年份更难处理，相互协调、避免矛盾加剧的难度也会加大，但是保持相互关系常态发展的条件并没有发生根本性的变化。中俄、中欧、中日、欧俄等国相互关系的发展依然具有不同程度的空间。

中东北非前途难卜

在原领导人已经倒台的一些北非中东国家如突尼斯、埃及、利比亚和也门，世俗化程度较高的伊斯兰派掌权预计将成定局。但国内教派、部族争斗不停，依然处于混乱之中。广大人民期望和平稳定的生活还遥遥无期。新年伊始，叙利亚各派力量的较量仍在激烈进行之中，西方国家和阿盟不断加强对巴沙尔政权的压力。奥巴马更是一再公开要求巴沙尔下台。内外交困的巴沙尔政权能否应对依然存在很大疑问。从阿盟来看，它固然不希望美欧西方势力过多的干预，但在防止伊朗、伊拉克、叙利亚、黎巴嫩、巴勒斯坦哈马斯的什叶派势力范围不断坐大方面，也有共同的利益，而迫使巴沙尔下台，势必有利于孤立打击伊朗。通过加大制裁，促使伊朗变天，固然是上策，但达不到这个目标又将如何呢？美国会否动武，其结果又将如何？奥巴马需要反复斟酌，不到最后时刻，他断难做出和伊朗开战的决策。中东依然存在很大变数，前景难卜。

展望2012年，不论亚洲、非洲和拉丁美洲，不少地区和国家政治稳定和经济发展的前景依然看好。但一国内部政局剧变、武装冲突乃至内战，甚至区域战争都有可能发生。世界将在国际形势剧烈动荡中不断向前迈进！

（2012年1月1日《解放日报》第6版）

2013年的中国外交：全面把握机遇　沉着应对挑战

21世纪以来，世界局部战争、武装斗争和政局动荡的国家，大都距离中国较远，我国得以“偏安一隅”谋发展。如今，中国已经成为世界第二经济大国，而且美国权威报告预测，中国将成为全球最大的经济体。不仅美国、日本、欧洲等西方国家密切关注中国的一举一动，其他国家也比以往更关注中国的政策走向。西方要求中国作为大国承担更大的责任，实际上更多的是要我国按照他们的主张治理世界。而发展中国家要求我国主持正义、维护其正当权益的期望也在不断增大。这就不可避免地迫使中国进一步介入到全球和地域的争斗中去。

美国“重返”亚太，使得此前较为平静的太平洋掀起阵阵急涛恶浪。美国一再誓言决不当“老二”，担心中国有朝一日会夺其世界领导地位，不断加强和中国周边邻国的同盟和伙伴关系，力图围堵中国。正因如此，我国与周边少数国家围绕着东海、南海岛礁的争斗出现了加剧势头。不过，尽管与一些周边国家的关系遇到难题，但中国与亚洲各国关系的发展仍是主流。与此同时，我国与非洲、拉美国家的政治、经济关系和文化交流正在进一步发展。

展望2013年，中国作为一个发展中的大国将继续重视与发展中国家发展全面的友好合作伙伴关系。在世界热点问题上，将始终支持发展中国家维护主权独立和反对外来干涉的斗争。中国期望和美国探讨如何建立新型大国关系，从较长的时期来审视与周边国家的关系。中国应在中美日、中美印、中美俄等三边关系中，争取处于有利地位，利用好三个国家的相互合作和制衡关系。

在中美日三边关系中，美日正在加强关系对付中国。日本是美国“重返”亚太战略的最先响应者。在一个相当长的时期内，“对美从属”的主张仍将在日本国内占主流地位。“购岛”事件令中日关系陷入恢复邦交40年来的最低谷。日本以实际行动有力地支持美国“重返”亚太战略，从短期看，有利于加强美日同盟关系；从中长期看，将对中美日如何处理相互关系带来消极影响。但对日本来说，加强日美同盟只能进一步加深“从属美国”。而中日进一步改善关系、制衡美国，无疑也符合两国利益。日本最大的担心是，如果中美密切合作，美国更不会重视日本。以上种种均表明，在中美日三边关系中，中国仍有充分的活动余地。

在中美印三边关系中，舆论渲染较多的是美国正拉拢印度共同对付中国，似乎在这三边关系中，美印处于上风，中国处于弱势地位。然而，大多数人忽视了一个事实：印度坚持不结盟政策，在维护主权独立方面，并不和美国一致。在全球气候变暖等国际问题上，中印的一致性远远超过美印。而在涉及伊朗、利比亚、叙利亚等地区冲突问题上，中印立场显然更为接近。印度国内智库认为，基于中国的发展趋势，印度将有可能与中国共同度过一个相对和平的十年。

在中俄美三边关系中，中俄处于共同对付美国的优势地位。中俄战略合作远远优于中美和俄美的战略合作。冷战结束以来，西方一直通过北约东扩挤压俄战略空间，中国则面临日美加强军事同盟的压力。美国战略重心东移，不仅加深中美矛盾，也加深了俄美矛盾。中俄两国在重大国际问题上协调配合，在西亚北非乱局中，采取基本上一致的立场。俄罗斯日益成为我国重要的经济伙伴，俄罗斯向我国供应油气的安全性要远超来自海湾国家的能源。尽管西方国家始终在挑拨中俄关系，但从近期和长期来看，中俄关系的巩固和发展，不可能受到美国的影响。

2013年，中国外交面临的发展机遇和风险挑战都将是前所未有的。中国将通过更加自信和灵活的外交策略，全面把握机遇，沉着应对挑战，妥善处理各种复杂敏感问题，坚决维护国家主权、安全和发展利益，同时为推动建设持久和平、共同繁荣的和谐世界做出新的贡献。

（2013年1月1日《解放日报》第4版）

2014年：酝酿新变化的一年

2013年，国际形势处于稳中有变的态势。美欧经济正在逐步摆脱困境，受发达国家拖累的新兴国家经济增长率有所下降，但仍在全球名列前茅。展望2014年，世界将孕育新的发展和变化。

中东：美政策调整

在中东，沙特等阿拉伯国家始终和伊朗敌对，誓要推翻叙利亚巴沙尔政权。土耳其在埃及罢黜穆尔西总统后和埃及反目。阿富汗正在发展和伊朗的关系。美国暂停对埃及的军事援助后，沙特等国向埃及提供数十亿美元的援助。美欧等国放弃武力攻击叙利亚后又导致了沙特和以色列走近。凡此种种，促使与这一地区有利益纠结的相关国家开始思索，是否应该放弃拉一派打一派的做法，更倾向于保持这一地区国与国、不同宗教、不同派别势力之间的相对力量平衡。

一向和中东有着密切关系的美国更是面临国内外压力，被要求调整政策。为了确保美国重返亚太战略，美国不能陷入中东任何一场新的战争中去。这种种反思和政策考量将从中长期对中东地区产生影响。就今年而言中东仍将是世界热点地区，恐怖活动、地区战争、政局激变的焦点。

围绕着叙利亚内战和伊朗核问题仍将是一场力量较量。美欧等西方国家将采取各种手段迫使巴沙尔政权倒台，而在减少对伊朗武力胁迫的同时，将加大政治压力，不轻易松动经济制裁。这固然是为防止伊朗生产核武器，而更重要的是为制约伊朗的影响力。埃及动乱造成的政局动荡将更趋剧烈。从伊拉克到利比亚、也门和突尼斯都可能处于持续的局部动乱之中。

亚太：规制权争夺

在亚太地区，今年是美国推动TPP和TTIP谈判关键的一年。如果美欧等西方国家取得主导国际经济贸易规则的制定权，将对新兴国家和发展中国家产生巨大的负面影响。

俄白哈关税同盟已定于今年5月接纳亚美尼亚入盟，同时预计于2015年正式成立欧亚经济联盟。与此同时，欧盟继续东扩，原计划与乌克兰、格鲁吉亚等六个独联体国家建立“伙伴关系”，但在去年关键时刻，乌克兰接受俄罗斯援助，暂停与欧盟签订伙伴关系协议。未来的欧亚经济联盟重点是争取乌克兰入盟。美国早已警告俄罗斯不得建立“新版苏联”。可以预见今年欧盟和俄罗斯伙伴之争将会进一步加剧。

在亚洲引人注目的依然是日本将何去何从。中日关系一时仍难有转机。安倍内阁一再以各种方式否认日本进行的侵略战争，挑战战后的国际秩序。安倍悍然在去年年末以首相身份参拜靖国神社，预示今年对中日、日韩关系和整个亚洲地区决不会是平静的。日本谋求“普通国家”地位，实质上是要摆脱对美的从属关系。在日本遭到亚洲和全世界进一步孤立的情况下，中、美、日、韩关系必然发生进一步变化。此外，美国从阿富汗撤军后将发生什么变化，朝鲜是继续进行核试验还是重返六方会谈，泰国政局是否会继续动荡……一系列问题还难以找到清晰的答案。

展望今年，随着形势的发展，各国重大战略将日趋稳定，策略的微调持续进行。中东将继续成为国际形势变化的重点地区之一，而随着日本进一步右倾化，东北亚和亚洲地区可能成为世界热点地区。

（2014年1月1日《解放日报》第4版）

2015年：力量制衡呈“新常态”

2014年发生的重大国际事件，将对2015年世界形势、大国博弈以及经济发展产生深刻而巨大的影响。

油价将牵动政局

回顾上一世纪，1973年和1979年两次石油危机，曾沉重打击了美欧日等西方国家的经济。1979年美国和伊朗又发生人质危机，苏联趁机入侵阿富汗。这场战争持续9年，以苏联落败告终。本世纪初，美国作为唯一的“超级大国”，出兵阿富汗，入侵伊拉克，但历经13年，美国连打2场败仗，终于在去年年底，继从伊拉克撤兵后，也从阿富汗撤出了作战部队。今日看来，美国步了当年苏联的后尘。

去年石油价格的急剧下跌，受打击最大的当属俄罗斯、伊朗和委内瑞拉，也对其内外政策产生巨大影响。伊朗对叙利亚的援助，委内瑞拉对古巴的支持都可能受限。不排除有的中小国家受油价下跌打击，发生政局动荡。这次石油价格下跌尚没有形成石油危机，其对世界各国的影响，今年将初现端倪。

乌克兰仍是导火索

去年，围绕乌克兰危机，美欧俄乌四股力量的争斗时紧时松，从长期来看实为艰巨。乌克兰宣布放弃中立地位，要求加入北约，此举遭俄谴责，俄罗斯已将北约看作头号军事威胁。但四方均有弱点，乌克兰经济几近崩溃；俄罗斯受石油价格暴跌的影响，经济陷入困境；美国利用乌克兰问题压制俄罗斯，迫使欧盟疏远俄，然而不仅美欧意见不一致，欧盟内部的对俄政策也存在重重分歧。2015年，围绕乌克兰危机，仍可能发生爆炸性的大事，但是不排除一时出现喘息的可能。

中东将持续动荡

2014年，“伊斯兰国”（IS）的兴起、恐怖主义活动蔓延，危及尼日利亚、阿尔及利亚、利比亚等国。巴基斯坦和阿富汗塔利班恐怖袭击不断。这反映了从西亚北非直到南亚，恐怖主义势头正猛。在这一广袤地区，伊斯兰教什叶派和逊尼派之争愈演愈烈。沙特等阿拉伯国家担忧伊朗坐大，再加上叙利亚巴沙尔政权久攻不下，伊朗、伊拉克、叙利亚、巴勒斯坦和黎巴嫩这一新月形地区成为逊尼派国家的心腹大患。为了对付“伊斯兰国”，美欧支持伊拉克和叙利亚境内的库尔德武装攻打“伊斯兰国”。库尔德人一向主张建立独立的国家，多年来得到以色列的支持，这将成为该地区反恐斗争的新因素。在这种错综复杂关系的影响下，伊朗核谈判进展缓慢，难以达成协议但也不会走向破裂。“伊斯兰国”的势头将被遏制，但其影响将会外溢。什叶派和逊尼派尚未找到妥协的途径，地区大国间的关系难以协调，而域外大国亦难以投入巨大力量促进各方相互妥协。这一切都决定了这一地区仍将持续动荡不安。

亚太不会风平浪静

美国视中国为未来最大的挑战者，既是竞争对手又是有利的合作伙伴。亚太地区不会风平浪静——朝核问题解决未见前景；中日关系仍在艰难中摸索缓和途径；而美国在南海问题上实质上正在选边站，以各种形式支持有关国家同中国较量，显示美国在亚太的存在。目前看来，亚太地区酿成大乱的可能性较小，但是纷争摩擦将时有发生、在所难免。

埃博拉疫情可控

贫富差距扩大、政局动荡、经济落后、公共卫生条件恶劣，是刚刚过去的一年埃博拉疫情在几内亚、塞拉利昂和利比里亚等地爆发，并造成近万人死亡的最根本原因。2015年，这一疫情的蔓延有望被置于可控范围之内。与此同时，这场灾难的爆发也将进一步推动世界各国认识到有义务承担更大的责任，尽早实现联合国消除贫困的目标。

总之，从整个国际形势走势看，大国博弈将进一步加剧，乌克兰危机、“伊斯兰国”走向、叙利亚政局的发展、巴以矛盾、伊斯兰教派之争、阿富汗局势的变化、亚太地区摩擦分歧、石油价格暴跌造成的影响等，都将是左右2015年国际局势的重要因素。由于各方利益交错，相互制衡、僵持不决的局面或将成为2015的“新常态”。

（2015年1月1日《解放日报》第4版）

2016年：将是各种力量碰撞的一年

2015年是冷战结束、美国金融危机和欧洲主权债务之后，东西方力量对比逐渐朝着有利于东方的方向变化逐步显现出来的一年。不论是美国还是七国集团已经难以主导当今国际秩序。苏联解体以后，美国作为唯一的超级大国，力量逐步下降，战后形成的美国结盟体系的凝聚力正在削弱。二十国集团峰会、上海合作组织、金砖国家、东盟共同体的影响正在上升，大国之间、地区不同国家之间充满着摩擦、争斗、竞争、博弈，甚至武装冲突。世界进入一个新的时期，各种力量的碰撞正在引发遍及全球的动荡。

中东：仍将是世界瞩目的焦点

展望2016年，世界瞩目的焦点仍在中东地区。欧洲将在纷乱中求稳，美国在亚太地区不断添乱，但难有太大作为。展望世界经济，国际货币基金组织总裁称2016年全球经济将令人失望，而去年年底，美联储宣布加息，此举将对缓慢发展的世界经济产生什么影响值得关注，在石油等大宗商品价格不断下降的情况下，一些国家将陷入困境。

"伊斯兰国"（IS）的兴起日益威胁世界人民的安危。联合国安理会通过决议，联合抗击IS，加强防范恐怖主义袭击。美欧俄利益之争难以寻求到聚合点。阿拉伯国家教派之争不断加剧，库尔德族的兴起使这一地区的沙特、伊朗和土耳其的明争暗斗日益加剧，各国联合抗击IS将压缩其在叙利亚和伊拉克的"版图"，但其武装力量将向周边国家转移，据悉，其已在利比亚7个沿海城镇建立了武装组织，受其影响和培训的恐怖分子将加紧进行恐怖袭击活动。作为对抗IS的重要国家，叙利亚巴沙尔政权至今只拥有原先五分之一的领土，人民伤亡惨重，全国满目疮痍，上百万人出逃欧洲。叙利亚如何修复内战的创伤、走向恢复正常的道路是一个巨大的问号，与反对派的谈判也将是十分艰巨的。对抗IS的战争可以缩小其占领的土地，却难以彻底消灭它。预计在18个月之后，叙将举行全国大选，如何防止外来干预将更是一个巨大问题。叙利亚的走向，将影响中东的前途。

欧洲：缓和与局部矛盾激化交替

乌克兰、希腊主权债务危机，英国2017年底前的"脱欧公投"，右翼保守和民粹主义力量的加强，逾百万难民涌入……这些问题都将继续困扰欧洲。德法俄乌四国采取"诺曼底方式"，尽可能减少美国和北约的影响，希冀缓和乌克兰问题。2015年欧俄乌关系未滑向剧烈波动已经是一成果。今年更多的可能是，缓和趋势和局部矛盾激化，将不断交替出现。欧盟更关切消除乌克兰国内寡头政治的影响，推动政治体制改革，缓解经济问题，加强欧乌关系，改善和俄罗斯关系。但美国和乌克兰国内部分政治势力并不甘心，就美国而言，确保欧盟疏远俄罗斯是它对欧洲大战略的核心利益。不难看出，欧美在国际反恐联盟中并不合拍。欧盟面对前所未有的挑战，几乎只有加强和中国的关系存在广阔的前景。

美国：谋求立足亚太加强渗透

在美国的全球战略中，它并不讳言当前围绕乌克兰和叙利亚问题最为紧迫的任务是继续挤压和制裁俄罗斯。而不论从现在或是从长远看，美国需要全力对付中国的兴起。欧洲、中东和亚太是构成美国全球战略的三个重要支柱。在欧洲和中东，美国希望在各种力量中保持平衡，防止这一地区出现主导力量。但在亚太，面对中国的兴起，美国难以在各种力量中保持平衡，而是重点防范中国。美国利用中国修建南海岛礁，滥用航行自由，不断制造事端。亚太地区固然存在种种矛盾、摩擦和争斗，但是这只是微小的火点，美国欲再火上加油，难以奏效。进入2016年，美国除了派军舰飞机在南海不断骚扰，同时，还将继续拉日本，压澳大利亚，拖住韩国，并大力做东盟的工作。据传，美国意欲在2月份举办美国和东盟国家领导人会议，讨论南海问题和争取多个东盟国家加入“跨太平洋伙伴关系协定”。这一切都是美国公开和表面的活动，美国谋求立足亚太，正在不断加强对一些东盟国家的内政渗透。中国周边国家政治动向值得关注。

美联储在去年年底宣布加息，一般预计它将在一年之内继续加息三至六次，石油等大宗商品价格将在这一举措下继续下降，并将严重打击石油等大宗商品生产国。一些发展中国家会受到影响，遭遇经济发展停滞不前、外资大量流出，但这势必也会对稍有好转的发达国家经济产生消极影响。

（2016年1月1日《解放日报》第4版）

第二编

国际形势与格局变化

本部分汇集二十多年来，笔者在《解放日报》国际版发表的部分文章。主要内容涉及国际形势发展、格局特点和东西方力量变化，论述大国博弈、大国关系、大国各类三角关系、相互合作制约错综复杂的关系。对中美日、中美俄、中欧俄关系多有论述。有不少文章论述在复杂多变的国际形势下，中国外交的成果。

作者作为中国太平洋经济合作委员会会长经常作为观察员出席亚太经合组织会议，发表多篇文章，评论亚太经合组织关心的议题、对亚太地区经济合作的影响。在这些已经发表的文章中其中一个重点是论述中德关系。

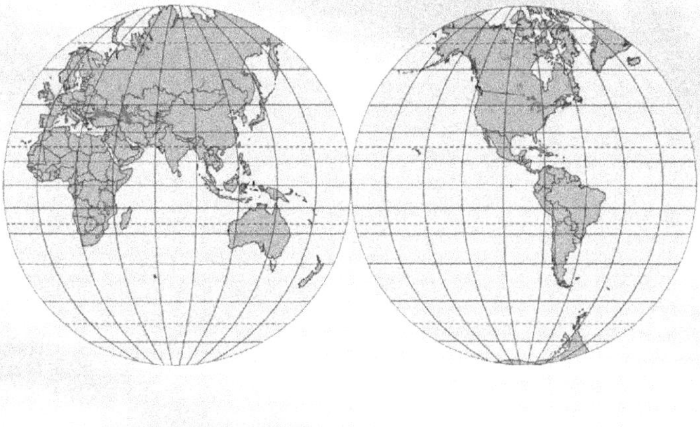

东北亚形势与大国关系

当前东北亚地区各国的关系格局对维护地区形势稳定有利。在冷战后时期，东北亚各国的关系发生了重大调整和变化。美苏对抗结束，美俄从对手向伙伴转变。继中苏关系正常化后，中俄关系继续改善和发展。俄日关系有所改善。前苏联和俄罗斯同韩国建交。中美关系有所改善。中日关系稳步改善和发展。中国在同朝鲜保持传统友好合作关系的同时，同韩国正式建交。美日同朝鲜关系也有所松动，相互之间开始了改善关系对话。这对东北亚地区局势的缓和与稳定有利。

东北亚地区形势趋向稳定，安全态势有所改善的同时，还存在着不稳定和冲突因素。现在世界上仍存在的仅有的两个分裂的国家都在东北亚地区。中国主体和台湾省的分裂以及朝鲜南北方的分裂和对峙，特别是外国势力插手其间，是造成冲突和危机的现实和潜在因素。美俄两个军事大国在本地区保有大量进攻性海军力量，这对本地区的安全和稳定不利。美俄虽结束了对抗，但仍都是世界上最大的军事大国，双方都拥有足以毁灭对方和地球的军事力量，仍互相疑虑和戒备。美日间经济摩擦和矛盾加剧。日俄间有北方四岛之争，由于这一争端未解决，两国迄未签订和约，法律上仍处于敌对状态，两国关系的发展受到很大制约。

日本凭借其经济实力，谋求成为政治大国和加强军事力量的行动引起了周边邻国和其他亚太国家的关注。中美关系还存在着一些困难和障碍。前不久，美国政府违反“八·一七”公报原则，做出向台湾出售F-16战斗机的决定。如果美国政府坚持这一粗暴干涉中国内政的错误决定，势必造成中美关系的严重恶化和倒退，并危害台湾海峡和整个亚太地区的稳定局势。

为了进一步巩固和发展地区和平、稳定的形势，各国应真正实行和平与睦邻友好政策，互不侵犯主权、互不干涉内政，不把本国的意识形态、社会制度、价值观念强加给别国。各国努力建立互相尊重、互相信任、平等相待、互利合作、友好相处的良好国家关系。各国应从相互利益出发，努力创造条件，根据平等协商、互让互谅原则，通过谈判和平解决国与国之间的争端。并停止一切形式的军备竞赛，从根本上改善地区安全环境，保障地区的和平与稳定。

加强各种形式的地区经济合作，进一步密切本地区各国的经济联系，这是进一步发展各国政治关系、促进地区和平与稳定的可靠基础。继续促进朝鲜半岛形势的缓和与稳定。支持北南双方自主和平和建立朝鲜半岛无核区的努力。为减少冲突和对抗，消除冷战残余，应从朝鲜半岛撤走外国军队和军事基地。

（1992年11月4日《解放日报》第7版）

东亚不稳定因素可以妥善消除

在剖析东亚地区的大趋势时，不能不看到睦邻友好，互相合作，促进经济发展，维护和平，协商解决历史遗留下来的问题和现实存在的诸多问题，是这一地区的主要倾向。与此同时，也不能忽视在这一地区仍存在许多不稳定因素，有可能引起国与国之间的分歧，如果处理不慎，也可能造成国与国之间的关系恶化，甚至导致地区形势动荡。

东亚地区还存在着领土争端、种族问题或经济摩擦。这些问题无疑是东亚地区的不稳定因素，需要有关各国根据公认的国际关系准则，慎重和妥善地处理。东亚国家更重视的是不要仗恃实力压制另一方，而是各国共同参与，共同发展，共同繁荣。它们明确提出应注意避免出现公开对抗的局面。东盟地区论坛重点讨论有可能取得共识的问题，对有明显分歧的问题搁置起来，留待以后继续磋商解决。东亚国家的这种处事方式，被看作是解决国际争端的“东亚模式”，在国际上受到普遍赞赏。

东亚地区有些国家相互间存在一些疑虑或防范心理。本地区各国存在的疑虑有些是有一定根据的。例如许多国家对有的大国在这里不能平等待人，企图把自己的价值观强加给各国，在经济往来上有时喜欢采用单方面的报复或制裁等手段很是不满。有些疑虑则出于对别国的误解或有意曲解。近一两年来出现的“中国填补真空论”或“中国威胁论”，就是表现之一。有的国家远比中国强大，它们也在谈论“中国威胁论”。这不由得使人怀疑，在这类国家的心目中，是不是中国只有永远大大落后于发达国家才不会构成对外威胁呢？至于中国周边的中小国家担心中国强大后会构成对它们威胁，这和某些国家有意散布“中国威胁论”是不能等同的。其实外界有不少舆论对中国的实力和对外意图有着比较客观的估计。无论如何，疑虑或防范心理的存在总是一个客观事实，说明建立相互间的信任，还需要各国共同做出努力。

中国当然很清楚自己的国力，稍稍具有常识的人也知道中国的武器装备还是相当落后的。中国从来不否认要加强自己的国防力量。回顾一百多年来中国屡遭近邻和远隔重洋列强的侵略，如果要求中国在防务上始终处于落后状态，中国人民是不答应的。现在中国即使加强了一些军备，但和曾经侵略和欺压过中国的一些国家相比仍然是落后的。

现在我们正处于冷战后时期，各国通过相互往来、经济合作，完全有可能增加彼此信任感，缓解一些历史上遗留下的问题。在这个时刻，却有人要将中国视作“敌人或潜在的敌人”，其后果确实使人难以想像。如果因此而促使一些国家加强军备，在亚洲地区形成军备竞赛，这又会对谁有利呢？

在美苏对抗消失后，东亚地区的大国和力量中心之间，正在趋向于形成一种新的力量平衡。对地区稳定起到关键作用的中美日关系，完全不同于冷战时期的中美苏大三角关系，每一对双边关系的改善，都构成对另两对双边关系的一种推进，而不是促使它们疏远。俄罗斯在东亚的作用暂时不很突出，但正在努力加强与中日和东盟各国的合作。东盟国家自80年代后期以来在国际事务中的地位迅速提高，作用增大，它们在东亚的政治、安全和经济事务中的影响不断扩大。它们主张以东盟外长会议为中心形成亚太安全机制框架，平衡同美、日、中等大国的关系，防止出现任何一个大国主宰本地区的局面，以维护和增强本身的经济发展和安全。

与此同时，东亚地区各国经济发展水平差距悬殊，社会制度和价值观念不同，文化传统千差万别。各国之间，特别是大国之间的力量尚不平衡，力量对比正处于不断变化之中。各国不同的战略、政策和目标势必导致相互关系的错综复杂，矛盾时而激化，摩擦在所难免。

东亚各国政局大都比较稳定，“东亚模式”显示出自己的活力。许多国家出现了一种政治稳定保证经济发展，经济发展促进政治稳定的良性循环。日本的国内秩序，从纵的比较看，已失去冷战时期的那种相对稳定性，但从横的比较看，它仍能比不少西方国家保持更大的稳定性。“东亚模式”的特色，已在世界上引起比过去更大的注意。现在各国对内都以振兴经济为主，对外首先注意维护本国经济安全和经济利益。亚太地区多数国家早在冷战尚未结束时就把发展经济作为本国的主要战略任务。冷战结束进一步推动亚太，特别是东亚地区经济高速发展。东亚地区贸易前景广阔，投资劲头强劲。许多国家都把注意力投向这一地区，认为这里的经济发展最具活力，提供了最好的投资和商业机会。

随着世界经济区域化集团化的趋势不断加强，东亚的经济合作显著增强。亚太，包括东亚地区各国之间经济制度、政治体制、社会发展程度、宗教文化传统和种族构成的差异和多样化，很难用集团化和机制化的程度来衡量东亚经济合作的进程。去年亚太经济合作组织发表《茂物宣言》提出要分别在2020年和2010年实现投资和贸易的自由化。这一地区各国间的相互依存加深，各种经济合作组织，区域性、次区域性、相邻国家和地区间的经济区都在迅速发展。近年来，东亚地区内部贸易增长的速度已远超过该地区同区外的贸易。东盟1993年开始实施建立的“东盟自由贸易区”发展迅速并在逐步扩及印度支那三国。马来西亚总理马哈蒂尔建议成立的“东亚经济核心论坛”，反映这个地区加强合作的愿望，有利于促进东亚国家在经济问题上的对话。东亚地区内部各种经济合作的加强，巩固和增进了东亚各国的政治和其他领域的友好合作。

就一国而言，经济发展是政治稳定的基础。就地区以至世界而言，经济安全也是全面安全的基础。因此，增进东亚安全应该同地区各国加强经济合作，取得共同发展紧密联系起来。当前，东亚地区的经济安全问题日益引起人们的重视。毋庸讳言，这一地区不少发展中国家经济发展迅速，在世界上处于领先地位。但这些国家多为出口导向型经济，在不同程度上依赖于世界市场、资金和技术，这些国家基础设施薄弱，亟待进一步完善。虽然目前尚有劳动力低廉的优势，但它们面对可能加剧的贸易保护主义倾向、科技的发展、产品的更新换代以及环境污染的挑战。在讨论东亚地区安全问题时，不能不考虑经济上面临的问题，可能对这一地区的和平与稳定带来的负面影响。中国充分意识到所存在的问题，将致力于克服本国经济上的薄弱环节，继续为增进地区经济合作做出自己的努力。中国也将通过各种场合的讨论，加强彼此信任，为本地区的安全、稳定和发展做出自己应有的贡献。

（1995年6月6日、7日《解放日报》第4版）

美调整亚太政策　确保其主导地位

今年以来，亚太形势出现了种种新变化。最为引人注目的是美国调整政策初显端倪。它从强调经济是美安全政策三大支柱中的第一支柱后，近来更突出安全因素及联盟作用。

目前美国在亚太地区受到的最大冲击莫过于其在亚洲的地位。它面临着多方面的挑战：日本走向政治大国，极想成为“普通的国家”，逐渐摆脱对美国的依赖；中国经济发展速度跻身世界前列，始终坚持社会主义道路；东盟不断扩大，成为本地区一支重要力量；韩朝如果走向和解，更将减弱美国在亚洲存在的理由。

美在亚太有拉有打

美政策重心开始东移，向亚太倾斜。美国在继续保持其在欧洲战略地位的同时，日益重视其在亚洲的战略地位。美国重视亚太地区是更多地着眼于这一地区众多具有广阔发展前景的新兴市场。不包括美国在内的亚太地区是世界上最具有活力的地区，到下世纪将拥有占有世界三分之一的经济实力。美国商务部长布朗说，1994年美国商品有26%出口到欧洲，29%出口到东亚和太平洋地区。

而在近几年来，美日之间矛盾不断深化，东盟的兴起和中国的迅速发展，使美国不安。这种种变化无疑正在动摇美国在亚洲的基础。美国的当务之急就是如何巩固以至加强这一基础。

美国朝野从长远看把日本当作对手，日美之间也存在现实的矛盾，但说得过多，不利于美。东盟处于美日中之间，正在东亚地区日益产生巨大的作用，是美争取的重要对象。美国始终坚持对中国推行西化和分化的政策。从现实看，中国并没有构成对美国的威胁。但美国牵制、围堵中国，可以在其盟国中加强自己的领导地位。美国尽管有人主张遏制中国，但未必能如愿。因为中国是有影响的大国，中国的市场对美国有巨大的吸引力。美国既要牵制中国，亦要和中国发展关系。这是美对华政策的两重性，也是美经济处于进退维谷境地的原因。

面对上述情况，美政策在近年来有了重要调整，特别是美对亚太地区的大国政策趋向逐渐明晰。美在“东亚安全战略报告”中将这一地区的国家划分为美的盟国、朋友、非敌非友和敌人四种类型的国家。这份报告强调，日本和韩国是美国的盟国，东盟是朋友，而中国则被列入“非敌非友”的一类国家。美从全球战略出发，为保住它的唯一超级大国、主导世界的地位，看来在政治上正在加强对中国的牵制，在经济上力图迫日本让步，在军事上保持对俄国的威慑。美国全面加强和东盟的关系，迅速和越南建交，不断改善和朝鲜的关系，并且宣布美将确保在亚洲的10万名驻军，保持和在欧洲大体相同的驻军水平。

四方互动分合难定

中、美、日和东盟四边关系对亚太形势的发展具有主导作用，而关键在于中、美、日三角关系的变化，俄罗斯和印度一时还不能发挥更大的作用。

从当前形势看，防范中国成为美、日、东盟三方的汇合点。美国借西方舆论渲染“中国威胁论”，加强在亚太的立足点。日本担心我国对日本在亚太的地位形成重大的挑战。东盟担忧我国强大造成对它不利的新力量均势。

但就当前美国政策动向而言，美首先是确保美国在亚太的主导影响，其次是防止日本在安全问题上的独立倾向。美虽加强对中国采取两手政策，更多是从美长远利益考虑。

而日本欲走向政治大国，摆脱对美国的依赖，成为“普通的国家”，最大的障碍来自美国。美日矛盾同样也是不可调和的。日本在汽车贸易中顶住了美国压力。对美国提出美日要通过日美安全条约在亚太地区发挥基石作用的要求，日本的反应则是“不再单纯依据西方一员的价值判断”（河野洋平语）。

东盟的地位与作用所以明显上升，主要在于东盟以己为主，利用大国矛盾，以大制大。东盟借助美国力量可以平衡中国的力量、牵制日本的作用。但东盟作为发展中国家，和美日均有矛盾，而和中国不仅在经济方面有共同利益，而且在文化历史传统、人权、道德观念上有更多的共同点。东盟敦促日本领导亚洲经济，从长远看有和美疏远的可能性。马来西亚总理马哈蒂尔倡导的东亚经济论坛，更是明确将美国排除在外。

总之，目前在亚太地区发挥较大作用的美、日、中和东盟四方，相互之间既有聚合点，也有离心力。像在冷战期间那种东西分明、尖锐对抗、几种力量联合对付一种力量的局面，至少在目前尚不会出现。

（1995年9月6日《解放日报》第4版）

缩小经济差距APEC才能前进

近年来，亚太经济合作组织（APEC）年年都取得了巨大成果，其政治和经济影响得到不断的加强。在今年11月25日APEC第四次领导人非正式会议上，中国国家主席江泽民发表讲话，强调了加强经济技术合作的重要性。他着重指出，“没有卓有成效的经济技术合作，贸易投资自由化也不会有什么进展”。此前，钱其琛外长在APEC第八届部长会议上也阐述贸易投资自由化和经济技术合作是APEC的两个轮子，相辅相成，缺一就难以推动前进。中国领导人的发言引起世界各国舆论界广泛的重视。

不少发展中国家代表认为，中国作为这一组织中最大的发展中国家，代表了发展中国家利益，为发展中国家仗义执言。APEC地区广阔，经济发展不平衡，国民生产总值按人均计算，发展中国家和最发达国家之间的差距悬殊。因此，不少国家领导人强调只有努力消除差距，才能走向共同富裕的道路。

马来西亚总理马哈蒂尔11月24日在亚太工商论坛闭幕会上猛烈抨击西方的大国沙文主义，主张富裕国家向发展中国家伸出援助之手。马哈蒂尔指出，APEC包括世界上某些发达的国家，也包括刚刚起步的发展中国家，成员之间收入差距悬殊，更不用提由于人口之多寡而形成的经济上的差距。在这种情况下，如果强制维护自由化，特别是迫使不太发达的国家采取力不能及的措施，开放自己的市场，这不仅是不现实的，而且是十分不公平的。这就好比让大家踢美国式足球，但是我们对这种足球比赛还不了解。可是他们却说，没有什么关系，反正足球场的场地是平整的。

马来西亚承认市场自由化对所有成员国均有好处，但与此同时，仍然认为应该采取十分谨慎的态度，而不致打乱或破坏处于不同发展阶段的工业布局。

APEC有必要制订计划和项目，消除各成员组织之间经济发展水平差距。亚太经济合作的结果决不能使穷困国家越来越依赖富有国家，而必须通过共同努力使穷困国家富有起来。比较穷困的国家只有发展成为商品、服务、原材料的出口国，才能考虑自由开放自己的市场。有的成员组织对贸易投资自由化还持有保留态度，这是有道理的。而企图利用目前的经济力量或政治影响，甚至依靠大多数成员组织反对这种完全正当的保留态度，势必给APEC带来消极的影响。

APEC主要关心的应是它各成员国的经济和福利，应该从长期利益出发，对各个成员组织政治稳定与经济增长做出贡献。

马哈蒂尔的讲话引起世界各国特别是发展中国家的广泛重视。菲律宾《马尼拉纪事报》刊登阿巴耶的文章指出，这一讲话代表了菲律宾和贫困国家的利益。这家报纸还发表读者阿德沃苏来信称，菲律宾长期受外国统治的历史经验表明，强国总是企图主宰弱小国家。如果APEC仅仅是发达国家控制世界经济和各国的手段，它必将走向它的反面。

菲律宾舆论界纷纷撰文认为，菲律宾现在还不能完全开放自己的市场，应该遵循渐进的原则，逐步实现贸易和投资自由化。菲律宾不仅难以和工业发达国家相比，和东盟一些国家相比也有很大的差距。根据世界银行的说法，人均收入超过2000美元后才能成为新兴工业化国家。现在，马来西亚人均收入已达3930美元，泰国为2680美元，而菲律宾仅为1130美元，印度尼西亚为940美元。菲律宾总统拉莫斯已提出要在2000年成为新兴工业化国家。对菲来说，时间十分紧迫，需要做出巨大的努力。

在APEC之后，菲律宾舆论发出呼吁，要更多地博采众长，为加强本国经济发展做出努力。菲律宾舆论还提出，要进一步开放自己的市场，更要重视加强基础建设和发展钢铁等重工业。根据《亚洲周刊》发表的材料称，菲钢铁生产从1983年的20万吨，增长到1993年的62万余吨，在世界排名仅为47位。而1993年日本位居第一，中国第二，年产近亿吨。

今年APEC会议已经过去，人们开始探讨明年在加拿大召开的APEC会议。人们认识到，只有更多地了解情况，研究对策，采取符合本国国情的措施，才能对明年会议的成功做出贡献。

（1996年12月11日《解放日报》第4版）

中英顺利解决香港问题
为当前国际关系树典范

1997年7月1日零时一声钟响，割占香港以来历时150余年的殖民统治将宣告结束。与此同时在中国历史上，揭开了香港特别行政区实行“一国两制”、“港人治港”、“高度自治”的崭新一页。

自从英国割占香港以来，中国人民一直期望收回香港。在主权问题上，中国政府坚持自己的立场，毫无回旋余地。但是如何和平解决香港问题，中国政府是尊重现实的。1984年12月邓小平会见英国首相撒切尔夫人时指出：解决香港问题，“只能有两种方式，一种是和平方式，一种是非和平方式。而采用和平方式解决香港问题，就必须既考虑到香港的实际情况，也考虑到中国的实际情况和英国的实际情况，就是说，我们解决问题的办法要使三方面都能接受。”他还说：“如果用社会主义来统一，就做不到三方面都接受。勉强接受了，也会造成混乱局面。即使不发生武力冲突，香港也将成为一个萧条的香港，后遗症很多的香港，不是我们所希望的香港。”

香港人是愿意回到祖国怀抱的。但是香港人长期生活在资本主义制度下，香港的政治、经济、司法制度以至居民的思想意识和生活方式和内地是不同的。香港在过去充分利用内地改革开放的机遇，经济持续高速发展。今天，香港的国际贸易位居世界第八位，是第一大集装箱运输港口，第三大国际银行中心。香港的繁荣和发展和祖国内地的发展息息相关。香港对内地的投资一直保持占我国实际利用外资的60%以上。香港在内地设立的企业已有5万多家，聘用员工达500万人。香港成为中国对外贸易重要的转口港口。中国需要香港在我国和西方世界之间发挥窗口和桥梁作用。而英国在香港拥有巨大的经济和政治利益，只有适当照顾英国的利益，通过双方谈判，加强中英两国合作，才能实现香港回归，并且继续保持其繁荣稳定。

面对香港这一特殊情况，为了确保香港地区的繁荣稳定，照顾有关各方在香港的实际利益，中国决定在香港实行“一国两制”的政策。“一国两制”本来是邓小平为解决台湾问题而提出来的，也是香港问题的解决提上日程以后，邓小平决定的一项重大战略决策。这就是用“一国两制”的办法解决香港问题，允许香港继续实行资本主义，保留自由港和金融中心的地位。这是中国、香港和英国三方面都可以接受的方式。

中英两国政府经过两年的谈判，于1984年就香港前途问题达成协议，签署中英联合声明。次年5月27日两国在北京互换批准书，中英联合声明正式生效。在中英联合声明中，中方阐述了对香港的基本方针政策，决定成立香港特别行政区，实行港人治港，高度自治，确保香港的现行社会、经济制度不变，生活方式不变，法律基本不变，并且照顾英国和其他国家在香港的经济利益。此后，中国还根据“一国两制”的方针制定了“基本法”，以法律的形式将中国政府在中英联合声明阐述的对香港的基本方针政策固定下来。

中英联合声明引起国际社会的普遍关注。当时的联合国秘书长德奎利亚尔先生指出："在紧张和对抗不幸笼罩着世界许多地区的时候，对香港未来地位的谈判取得成功，将毫无疑问地被认为是在当前国际关系中有效的、静悄悄外交的一个极为突出的首例。"

"一国两制"的伟大构思第一次具体运用于香港问题，成功地解决了中英两国存在已久的历史遗留问题，将会产生深远的历史影响。

（1997年6月18日《解放日报》第4版）

两大课题达成共识

——析APEC部长级会议

今年以来，泰国金融市场急剧动荡，泰铢贬值，逐渐涉及马来西亚、印度尼西亚、菲律宾、新加坡等东南亚国家。就在APEC部长会议于11月21日召开的前夕，韩国金融市场风波迭起，不得不求助于国际货币基金组织；次日，日本山一证券公司又宣布倒闭。如何看待这场金融市场动荡，成为这次会议上下议论的一个热点。

APEC各成员代表纷纷表示，这场风波不会影响APEC的巩固和发展。APEC各成员在会议期间交流意见，共同商讨对策，将有利于对付这场风波造成的影响。

11月21日—22日，在温哥华举行的第九届APEC部长年会，主要讨论了部门提前自由化和加强经济技术合作两项主要议题。

所谓“部门提前自由化”是指在各成员制订“单边行动计划”和APEC制订集体行动计划的同时，将确定一些对贸易、经济增长产生积极作用的部门提前实施自由化。会前，各成员提出了58个部门提前自由化，经过部长年会前高官会议反复磋商，先列出41项，后又压到15项。

部长级会上就此展开激烈的争论，各成员代表纷纷发言指出：一、部门提前自由化只能是单边、集体行动计划的辅助，各成员着重应推进这两项计划的执行；二、要自愿自主参加，应坚持协商一致的原则，不能采取少数服从多数的办法；三、要兼顾各方利益；四、不能操之过急，要循序渐进。

不少成员主张应从15个项目压缩到七八个，少数成员则主张压缩到二三个项目。韩国、日本等认为有的部门如水产品对国内有关经济部门过分敏感，在目前形势下，很难接受提前自由化的主张。

由于会上争执不下，又在会下磋商，最后终于达成协议，确定为：环保产品、水产品、森林产品、医疗设备、电讯信息技术、能源、玩具、珠宝和化工产品等九个部门。会后发表的部长会议声明强调部门提前自由化要照顾各方面利益，要自主自愿参加。这表明，如何实施还要进行艰巨的谈判。

在这九个部门中，能源、化工、环保、电讯信息产值很高，对各成员的经济发展具有很大影响。水产品在亚太地区的生产、消费、出口均占世界的一半，主要是加拿大等水产品出口国力主提前自由化。目前，加拿大向日本出口的水产品价值3.5亿美元。如这一项目遭到日本的拒绝，即使多数成员同意也没有太大的意义。提议玩具提前实现自由化是中国、中国香港、新加坡和美国，并且得到澳大利亚等4个成员的原则和部分支持。目前玩具的世界产值为420亿美元，亚太地区产值占74%。计划是逐步降低关税，到2000年至迟不超过2005年实现玩具部门的自由化。目前看来，玩具部门提前实现自由化的可能性较大。

这次部长年会讨论的第二个议题是如何加强APEC的经济技术合作。加强经济技术合作是1993年西雅图APEC首次领导人非正式会议确定的一项和贸易投资自由化同等重要的任务。目前和贸易投资自由化相比，经济技术合作处于滞后状态。在部长年会上，各成员代表大多认为要改变这一状态。有的代表提出，科学技术发展将有力地加速国民经济的发展，但如果科学技术不能为大家共享，也有可能扩大发达成员和发展中成员的差距。事实上，在APEC内部，日本国民生产总值人均几近4万美元，而有的国家仅数百或近千美元。APEC成员的贫富差距大大超过欧盟成员之间。欧盟15个成员国人均国民生产总值大体是3万、2万和1万美元左右。即使如此，欧盟还设立地区发展基金，推动发展中地区迅速发展，以缩小这个差距。对APEC而言，这个任务更加艰巨。

中国一向重视APEC经济技术合作工作的开展。江泽民主席在去年马尼拉领导人非正式会议上就强调这一项工作的重要意义，今年在温哥华会议上又将提出“走向二十一世纪的科技产业合作议程”的倡议。

这次部长年会已批准在APEC高官委员会下设经济技术合作分委员会的建议。1998年APEC会议主办国马来西亚已决定要将科技合作和人力资源开发列为明年APEC会议的主要议题。

这次会议的讨论有力地推动了APEC各项工作的进展，增强了APEC成员对付金融市场风波冲击的信心。会议上下坦率的交谈和会议做出的各项决定都体现了APEC的宗旨和目标——相互依存、共同发展、坚持开放、减少壁垒、利益共享。

（1997年11月26日《解放日报》第4版）

本届APEC会议聚焦于金融危机

APEC会议的高官会议在11日—12日召开，14日—15日将举行第十届部长会议，17日—18日将举行第六届APEC领导人非正式会议。

从已近初冬的北京直飞马来西亚吉隆坡，下了飞机，迎面吹来热风，当地人们依然穿着夏装。走出海关，只要说是参加APEC会议的，海关职员立刻放行，并热情地说，欢迎您来吉隆坡。新建机场宽畅、华丽，堪称世界第一流的现代化机场。

出了机场，排成长队等待乘客的出租汽车，全是崭新的马来西亚国产汽车。从机场到市中心区有近一百公里，疾驰在高速公路上，只消不到一小时的时间。整个城市到处饰满即将举行APEC经济合作会议的彩旗。

当你在街道散步，游览市容时，似乎仍然是一样的生机勃勃，一片繁荣景象，几乎看不到马来西亚陷入金融危机的痕迹。

马来西亚朋友告诉我，这场危机带来了惨重的损失。马币一夜之间，失去一半价值。以往几年增长率6%—7%的马经济曾名列世界经济增长的前茅，今日已跌入负增长的行列。经济恶化，失业剧增，也导致了国内政治斗争的加剧。

APEC会前，在吉隆坡召开的太平洋经济合作理事会于11月11日公布的《太平洋经济展望》称，今年太平洋各经济体实际增长率仅为0.7%，预测1999年为1.9%，2000年则可达到2.8%。在这个理事会预测的23个太平洋国家和地区中，有7个面临严重的经济衰退，4个为经济接近零增长。

此间的新闻舆论对亚洲经济前景的预测，有乐观，也有悲观的，众说纷纭。

人们议论的焦点仍然是为什么发生东亚金融危机？又如何消除危机影响，迅速恢复经济增长。

西方一些经济学家指责造成这场危机的原因在于亚洲国家的政府对经济干预过度，又加上腐败，治理不善，亚洲的价值已不复存在。

对此，亚洲不少经济家和政府人士纷纷予以驳斥。他们并不否认亚洲国家确有投资失误的问题，但诱发这场危机最重要的原因在于西方国家的一些对冲基金在亚洲国家金融市场上兴风作浪，进行过度的投机活动。

不少人士提出，在这次APEC会议上，应着重研究如何对付流动的短期资本。是不是各国应协商解决对这种资本流动进行监控。有人则指责导致这场危机的原因在于过度的自由化。一个国家开放市场，允许资本自由流动，确实可以吸引大量外资。但是，这些外国投资者一旦听到风吹草动，立即抽回自己的资本。因此，每个国家应该根据自己的国情和具备的条件来决定开放到什么程度。

马来西亚经济、贸易部长拉菲达·阿齐兹向马电视台记者代表谈话称，马不主张封闭自己，APEC成员经济体的市场开放到什么程度，什么产品可以减税，应该自己做出决定，别的APEC成员不能强迫其推行自由化。

马《南洋商报》撰文指出，“亚洲各国政府降低利率、控制短期资本流动，并在本地区内部展开合作之前，这场危机将继续发展。这已给印度尼西亚、泰国、马来西亚和菲律宾等国亿万人民带来贫穷和不安。这场金融危机扩大了APEC成员之间的差距，严重制约亚太地区的崛起及其经济快速增长，造成经济滑坡和社会动荡，还引起了一些国家的政治危机。”

随着会期的到来，此间对APEC面临的挑战和机遇的议论将逐步深入。

（1998年11月13日《解放日报》第3版）

APEC部长级会议开幕
日美争执引人关注

为期两天的亚太经合组织第十届部长级会议14日在吉隆坡开幕，本次部长级会议将主要为17日—18日在这里举行的APEC第六次领导人非正式会议的议题作准备。

在会议召开前夕，此间舆论十分关注日美在经济问题上的争执。《南洋商报》称，日本大藏大臣宫泽喜一10月在七大工业国财长会议上提出要出资300亿美元，协助受金融风暴冲击的亚洲国家复苏经济。如今美国也有意参与此项计划，克林顿总统将在APEC会议期间向日本首相小渊惠三提出美日共同拯救亚洲的建议。据了解，日本却不愿让美国趁机“沾光”，已经表明300亿美元拯救计划只是日本的内部政策而已。引起美日争执的另一个问题是关于这次会议将要进一步讨论的“部门自愿提前自由化”问题。日本代表已放风称，日本将不能参加林产品和水产品提前自由化的计划。与此同时，日本报刊报道，日本于11月14日宣布未来5年内向亚洲国家提供2亿余美元援助，支持它们发展渔业及林业，此举引起美国的不满，美力促日本早日实现贸易自由化，关键是通过刺激国内需求和开放市场，以协助亚洲经济复苏。

人们对马来西亚关注的重点是马在实行了外汇管制后收效如何？11月10日，马来西亚首相马哈蒂尔表示，外国货币投机者是引起马币贬值、造成金融危机的主要原因。马来西亚将在三四年后才放弃货币管制措施。此间报纸称，自从9月1日马实行货币管制、停止外汇市场对马币的交易后，马经济形势有了好转。

（1998年11月15日《解放日报》第4版）

第13届APEC会议将在上海举行

第十届APEC部长级会议今天在吉隆坡结束。会后举行的记者招待会发表声明称：与会“部长们关切这场金融危机的相互感染作用对APEC一些成员经济体的经济增长、就业和贫困化已经产生了严重的社会、经济影响。”

今年金融危机继续向全世界蔓延，一些国家经济仍处于困境，甚至出现社会动乱。几乎可以说，层层乌云笼罩着APEC吉隆坡会议。但在会议主办国马来西亚和APEC各成员的努力下，会议仍然取得了一定的成果。部长会议声明认为，“金融危机对亚太地区经济带来不利影响的同时，本地区维持经济增长的基本因素依然存在，亚太有关国家经过必要的调整后，将恢复经济增长，重新焕发出活力。”与会的中国外长唐家璇在会上发言强调，东亚地区经过几十年发展形成的坚实经济基础依然存在。更重要的是东亚地区的APEC成员正在总结经验，大力改革，调整产业结构，健全金融机构和金融体制，加强监管，完全有理由对今后的发展充满信心。与会部长们在会上认真分析了面临的经济困难，也深信将会向好的方向转变。

与近年来每一次APEC部长会议一样，各成员经济体均交出了单方行动计划。APEC在1994年茂物会议上制订了发达国家在2010年、发展中国家在2020年实现贸易和投资自由化目标。去年温哥华会议决定林产品、水产品、玩具、珠宝、医疗、环保、能源、化工和电讯等20个部门提前实施自由化，并且规定还要讨论食品、化肥等6个部门提前自由化问题。今年会前，日本即表示由于国内的阻力，对林产品和水产品难以实现提前自由化。11月12日—13日举行APEC高官会议后，马来西亚对外发布新闻称，讨论没有取得成果。由于原定9个部门提前自由化的讨论未能达成协议，其余6个部门提前自由化的问题也就更无从谈起了。部门自由化谈判受到挫折表明，在金融危机冲击下，各成员经济体更重视维护自身利益。APEC中发达国家一向主张加速自由化的速度，这次日本带头表示不能参加提前自由化，反映了问题的严重性。主持会议的马来西亚经济部长拉菲达·阿齐兹重申，APEC应承认各国发展水平的不同，不能强求一律。实现贸易、投资自由化应建立在自愿的基础上。有争议的问题应通过谈判，取得一致意见。

在部长会上讨论的另一个问题是APEC成员间的经济技术合作问题。我国外长唐家璇在会上指出，加强经济技术合作是缩小成员间经济水平差距的重要途径。与会代表在发言中称，加强经济实力将为经济持续增长打下基础，面对经济危机更应通过加强经济技术合作，推动经济增长。APEC建议今后应在下述六个方面加强经济技术合作：开发人力资源，完善稳定、安全和有效的资本市场，加强经济基础设施，充分利用未来的技术，在保护环境的前提下加强经济增长，加强中小企业的作用。澳大利亚等工业发达国家代表表示，应从这次金融危机中吸取经验教训，加强对银行的监控，同时也要大力为发展中经济体培养经济、财务管理人才。

在APEC部长会后举行的记者招待会上还宣布，第十三届APEC部长会议和会后的领导人非正式会议将在中国上海举行。唐家璇外长表示，上海将有信心办好这次会议。APEC各国领导人正在陆续抵达吉隆坡，出席17日—18日举行的APEC领导人非正式会议。

（1998年11月16日《解放日报》第3版）

美国一手难遮天　趋势仍是多极化

今年以来，北约继东扩后，对南斯拉夫进行空中打击，并在北约成立50周年之际，通过了北约新战略。新战略首先根据冷战结束后的新变化，将北约调整为不仅是军事、政治组织，更是一个具有共同价值观的组织；其二北约可以在防区以外，对所谓威胁其利益的事件进行武装干涉；三是北约采取军事行动无需经过联合国的批准。北约的这一变化，在很大程度上体现了美国对北约的领导，反映出美国推行全球战略的意图。

美国的新世纪全球战略的目标是维护和强化其唯一超级大国的地位，使21世纪成为美国的世纪。早在1997年克林顿总统在《四年防务审查报告》中第一次提出，从现在起到2015年正处于一个"战略机遇期"。布热津斯基在《大棋局》一书中指出，从长远看，全球政治注定会变得与一国独掌霸权力量的状况越来越不相协调。因此，"美国不仅是第一和唯一的真正的全球性大国，而且很可能也是最后一个。"他预计到2020年各大国力量将相对平衡。美国这次之所以竭力通过武力干预南斯拉夫，实施北约新战略，关键在于美国自恃目前处于最有利的时机。不论是大国之间的力量对比，还是发达国家和发展中国家的力量对比都发生了有利于美国的变化。美国认为在这一期间，世界没有一个国家能和美国挑战。美国军事打击力量处于优势，特别对一个特定国家进行空中打击时，可以争取实现“零伤亡”。但是在冷战结束以后，西方盟国的凝聚力不断下降。美国对伊拉克、伊朗、利比亚、古巴等国进行制裁遭到盟国的坚决反对。去年在联合国安理会中，甚至有俄、法、中三个常任理事国反对美国对伊拉克动武。美国对外干预更是受到国内的牵制。在冷战结束后，敌我界限不断模糊，美国为了维护唯一超级大国的霸权地位，力图寻求新的敌人。正是在这一背景下，以美国为首的北约以“人权高于主权”，悍然对南斯拉夫进行狂轰滥炸。以美国为首的北约的侵略行为践踏了国家主权和互不干涉内政的国际准则，动摇现行国际法的基础，削弱了联合国解决国际争端的作用，招致世界舆论纷纷谴责。西欧和日本等国的领导人和舆论界认为北约绕开联合国是一个严重错误，开创了恶劣的先例，今后决不能以此为例。世界上越来越多的人认识到，北约的轰炸没有解决任何问题。

科索沃问题正在缓解中，但是这场力量对比悬殊的战争却发人深思。从1989年东欧剧变，1991年苏联解体，直到冷战结束，中国历经大风大浪的冲击，始终巍然屹立。1989年后，中国逐步打破西方国家的制裁；海湾战争后，美国并未能“挥师东下”，同样的，即使北约今后得以在欧洲实现其意图，也不等于在亚洲能为所欲为。邓小平同志早在1989年就指出过，“不要将形势看得漆黑一团”。而在今天，中国坚持改革开放的第二十年，保证政治稳定和经济的高速发展，中国在国际上地位日益加强。从1989年开始的东欧剧变至今，是国际形势经历复杂多变的十年。世界正进入冷战结束以后的后冷战时代，在新世纪到来之前，在国际关系中，西方国家正在奢谈“人权至上”、“干涉一国内政的合法性”等。它们坚持冷战思维，加强军事同盟，矛头针对它们防范的对象，恣意将其他国家定为潜在的敌人或对手。在国与国关系中，激化矛盾，加剧纠纷和冲突的消极因素正在与日俱增。对于以美国为首的北约推行霸权主义、强权政治、恃强凌弱，一时难有力量能给予有力的牵制。但人们仍应看到，国际局势总体仍在趋向于缓和，多极化发展受到挫折，但始终是今后发展的趋势。

（1999年7月2日《解放日报》第8版）

今年中国外交首要任务：维护和平反对霸权捍卫主权领土完整

维护国家的主权独立和领土完整与反对外国干涉我国内政，两者密不可分。自从中国推行改革开放政策以来，国际形势变化很大，世界上国与国关系的变化起伏不停，各种力量分化组合，形成巨大冲击波。但我国做到冷静观察，稳住阵脚，沉着应付，趋利避害，坚持以经济建设为中心，始终保持政治稳定，经济高速发展。

中国的兴起为维护世界和平发挥着日益重大的作用，但是也引起西方舆论的诋毁和攻击。它们在80年代末和90年代初预言，中国将像苏联一样分崩离析。后来又说什么中国的发展和强大将构成“威胁”。特别在美国更是有一股反华势力声称：中国将对美国在世界的“领导地位”进行挑战，“威胁”美国的利益；中美对抗将是迟早要发生的，与其等待中国强大，不如现在就对中国进行遏制。1999年考克斯报告的出笼，更将中国几乎说成是美国的敌人。多年以来，美国等西方国家一向是利用“人权”、“西藏”和“台湾”等问题，干涉我国内政，意图在牵制我国。2000年是美国总统大选年，出于内政的需要，美国将会加紧利用这些问题向我国施压。1998年美国宣布不支持在联合国日内瓦人权会议提出反华决议案，而今年美国再次表示要支持提出反华决议案。

中美关系中最为敏感的问题是台湾问题。美国一向干预海峡两岸的关系，企图主导两岸关系的发展，阻挠中国完成统一大业。1999年7月18日，李登辉利用中美关系陷入低潮之际抛出了“两国论”。美国政府立即重申坚持一个中国的政策，不支持台湾走“独立的道路”，但随后美国政府又批准向台湾出售价值5.5亿美元的武器装备。美国政府在台湾问题上采取两手政策的直接结果是鼓励台湾当局在“独立”的道路上越走越远。今年3月18日台湾地方选举后，美国将采取什么对策？这将是2000年我国外交维护国家主权和领土完整的一件大事。众所周知，今年围绕着台湾问题，中美两国关系将经受新的考验。一、美国近年来不断违反中美8·17公报精神，向台湾出售武器，从数量到质量都不断提高。现在台湾还要向美国购置大量武器；二、美国着手建立“战区导弹防御系统”（TMD）后，一再强调台湾加入TMD的必要性。如果美国一旦将台湾纳入TMD，事实上将是美台共同军事防御条约的新翻版；三、去年美国众议院通过了《加强台湾安全法》，不仅从法律上确保美国对台湾的安全承诺，而且将使美国和台湾建立“准盟国”的关系。如果这一法案今年得以在美国参议院通过，将撼动中美关系的基础。在中美关系中涉及台湾这三个问题，将是今年我国外交工作关系到维护我国主权和领土完整的大事。

（2000年4月3日《解放日报》第7版）

水已到 渠将成

——“上海五国”建区域合作组织条件成熟

自从1996年4月中俄哈吉塔五国元首在上海举行会晤、创建“上海五国”会晤机制以来，各方为增进相互了解、加强信任、发展稳定的合作关系做出了巨大贡献。

“上海五国”会晤机制经历了五年顺利发展，已经具备了在这个基础上建立一个地区性国际合作组织的条件。参加“上海五国”会晤机制的五国正在为促成建立“上海五国”合作组织进行着最后的努力。

五国创建这一新型的地区性国际合作组织是国际形势发展的必然结果。

一、冷战结束，国际形势发生了巨大的变化。从地缘政治角度看，中俄哈吉塔在这一广阔地区，安危相关，休戚与共。这五个国家都主张和世界各国发展友好合作关系，都致力于发展本国的经济，期望保持政治的稳定。冷战结束，国际形势虽然趋向缓和，但是地区冲突不断，世界并不太平。特别是大国关系错综复杂，相互之间的争斗时而激烈，时而缓和。美欧保持北约的军事威慑力量，通过北约的东扩，挤压俄罗斯的战略空间。美日加强军事同盟，矛头针对中国。外来势力始终窥伺这一地区，它们支持民族分裂主义、宗教极端主义和国际恐怖主义三股势力，构成了对这一地区安全、稳定和发展的严重威胁。

二、20世纪末，世界组织和贸易呈现强劲发展的势头。特别是2000年世界总产值和国际贸易额的增长率都达到了20世纪最后十年的最高水平。近几十年来，特别是近10年来，随着经济全球化的发展，区域联合方兴未艾。具有悠久历史的欧洲联合正在大步迈进之中。欧洲联盟预计可能在2003年开始吸收新成员国，预计在今后5—10年内，欧洲联盟将从现在的15个国家扩大为包括波兰、匈牙利和捷克在内的近30个国家。美国、加拿大和墨西哥组成的北美自由贸易区（NAFTA）决定和拉美各国协商，争取到2005年扩大成为包括南北美洲，拥有8亿人口的自由贸易区。在亚洲和太平洋地区成立已久的亚太经合组织将在今年10月在上海召开第13次会议。在亚洲地区最引人注目的东盟—中日韩（10＋3）体制的发展将对这一地区的和平与发展产生深刻的影响。中俄哈吉塔五国面积占欧亚大陆的五分之三，人口占全球的四分之一。面对经济全球化的发展、世界各地区集团的兴起，这五个国家应该从长计议，如何迎接挑战，共议这一地区加强经济合作、促进贸易关系的大计。

三、成立“上海五国”地区性组织已经具备了成熟的条件。“上海五国”会晤机制只有五年的历史。但是这一进程可以回溯到1964年开始的中苏边界谈判，这期间由于中苏关系的恶化一直停滞不前。直到1989年，中苏双方才草签了《中苏东段边界协定》。1990年，中苏两国政府签署了《关于在边境地区相互裁减军事力量和加强军事领域信任的指导原则的协议》，

1991年以后，以中国为一方，以俄哈吉塔四国为另一方继续进行边界谈判和关于边境地区裁军与加强军事领域信任问题的谈判。1996年4月26日，中俄哈吉塔五国元首在上海首次会晤。过去五年来，从上海、莫斯科、阿拉木图、比什凯克到杜尚别，中国和俄哈吉塔边界问题基本得到解决，相互建立信任关系，缩减各自的军队，逐步发展到五国在政治、外交、军事、安全和经济方面的全面合作。事实上，不论从内涵方面或模式方面，一个地区组织的雏形已经出现了。

“上海五国”会晤机制发展到“上海五国”合作组织将是五国之间相互加强全面合作的质量上的飞跃。1996年4月，中俄哈吉塔五国元首在上海正式签署在边境地区加强军事领域信任的协定后，江泽民主席说，这一协定的签署是“我们决心成为好邻居、好朋友、好伙伴这一共同愿望的生动体现”。

历次首脑会晤后发表的联合声明将是“上海五国”合作组织的指导原则，这包括：

1. 世界多极化进程大势所趋，有利于国际形势的长期稳定。

2. 坚决捍卫《联合国宪章》的宗旨和原则，反对在国际关系中未经联合国安理会批准使用武力或威胁使用武力。

3. 各国应拥有根据本国国情选择本国政治、经济和社会发展道路的正当权利。

4. 反对以“人道主义”和“保护人权”为借口干涉别国内政。

5. 支持彼此为维护国家独立、主权、领土完整和社会稳定所做的努力。

6. 进一步发扬互信、互利、平等、协商、尊重多种文化，谋求共同发展的“上海精神”。

7. 五国合作组织是不结盟的，不针对第三方的开放性组织。

“上海五国”合作组织将是一个新型的多边地区组织，它不同于政治、经济、外交上联合的欧洲联盟，也不同于北美自由贸易区或亚太经合组织的地区经济合作组织。“上海五国”合作组织将是一个政治、安全、经济、贸易多方面的合作组织。这一地区组织成立之后，将会不断探索经验，循序渐进，为加强五国相互合作、信任，共同对付当前面临的安全威胁，加强凝聚力，推动相互经济合作，发展贸易关系做出新的贡献。

（2001年6月7日《解放日报》第3版）

30年来，中美关系的关键仍是台湾问题

30年前的2月21日，美国总统尼克松抵达中国进行访问。中美两国接近，是国际格局中最具有深远影响的变化。美国总统布什选择2月21日这一天开始对中国进行为期不到两天的工作访问是具有深刻含意的。布什在不到四个月时间之内再次访华，表明美国重视发展对华关系。

1972年2月28日，尼克松访华即将结束前，中美发表《上海公报》。不论在30年以来，还是布什总统来访期间，可以看出，中美之间最为敏感的、始终存在着分歧的依然是台湾问题。布什在谈到台湾问题时称，“这些年来，美国政府的立场没有改变”。就美国对台政策而言，近几年来确实没有发生实质性的变化。但布什在谈到台湾问题时，说哪句话，不说哪句话，是回避问题，不给予正面回答，还是实质上给了回答，是值得人们密切注意的。

从布什的表态中，可以看得出他和美国以往的领导人既有共同之处，又有区别。在中美领导人的记者招待会上和清华大学的演讲中，布什重申奉行一个中国政策，这是美国长期以来一贯的立场，没有改变。而前任美国总统（克林顿）不仅提及

要遵守中美三个联合公报，还提到，“不支持台湾独立，不支持‘一中一台’、‘两个中国’，不支持台湾加入任何必须是主权国家才能加入的国际组织”。从中人们可以看得很清楚，这是有着很大区别的。布什的表态值得人们玩味，需要进一步解读。至于有人提问，为什么只提“和平解决台湾问题”，而不提“和平统一”，布什对此避而不答，顾左右而言他。这大体和美国政府历来的立场是一致的，即从不提“和平统一”，始终坚守“和平解决台湾问题”这条底线。至于在这两个场合上都有人提问，美国导弹防御体系是保护谁，是不是也保护台湾？布什的答复都是说要“保护盟国和朋友”，看起来似乎没有太直接回答这个问题，但这是一个不言自明的回答。谁是美国的盟国，美国的朋友又包括谁，每个人心中有数。对这个问题的答复，可以认为并没有和美国的一贯立场有什么太大或明显的差别。不同的是布什在中国用这个口吻谈及这个问题，显然具有一定的政治意图，或是有着新的含意。至于布什在北京公开讲话中重申履行《与台湾关系法》，是引人注目的。自从美国总统卡特1979年4月签署《与台湾关系法》以来，美国领导人一向主张履行这个《与台湾关系法》，但是在我记忆中，美国领导人到中国来，公开重申履行《与台湾关系法》，还是第一次。人们需要斟酌再三和进一步观察后，或许能看得出，布什的这一姿态意味着什么？又预示着什么？

回忆《上海公报》发表30年，中美两国围绕着台湾问题，一直存在着分歧。美国立场既在实质上坚持原有立场，又在不同时期发生了一些变化。《上海公报》对一个中国原则的提法是“美国认识到，在台湾海峡两边的所有中国人，都认为只有一个中国，台湾是中国的一部分。美国政府对这一立场不提出异议。”这是基辛格草拟的，可以说是中美双方在最大限度上取得的一个较低水平的共识。当然要解决中美建交问题，这一共识是远远不足的。因此，中国始终坚持美国必须做到与台湾“断交、撤军、废约”这三原则。卡特总统接受了这三原则后，中美才于1979年1月1日正式建交。中美建交公报宣布“美利坚合众国承认中华人民共和国是唯一合法政府”，这比基辛格在《上海公报》中的提法显然有了很大的进步。这份公报还提到，“美利坚合众国承认中国的立场，即只有一个中国，台湾是中国的一部分。”这份建交公报中的两段话，在中文都是用“承认”两个字，但是在英文文本中，对第二句话中的“承认”，没有用“Recognize”却用了“Acknowledge”，这两个英文字的含意是有差异的。“Acknowledge”，含有“认知”的意思，显然不同于“Recognize”。从《上海公报》到建交公报，人们可以看出，美国从历来坚守的立场在一步一步地退，但是总是那么拖泥带水。这也说明，我们既要看到美国对华政策的一贯性，也要注意到它的差异，这对我们观察美国对华政策的变化是有意义的。

也就是在卡特政府接受中国提出建交三原则、中美建立正式外交关系后，卡特总统又于1979年4月10日签署了《与台湾关系法》。这个关系法包括18项条款，最为重要的是两点内容：一、“任何以非和平方式决定台湾将来命运的努力”，都会被美国认为是“对西太平洋地区和平与安全的威胁”，都会“引起美国的严重关切”；二、在美军撤离台湾后，美国将继续向台湾提供“旨在使台湾保持自卫必需的防御武器和防务设施”。中国认为这个关系违反中美建交公报原则，是对中国内政的干涉。对此，中国政府多次向美国政府严重抗议和进行交涉。美国政府表示，美国“国会最后通过的美台关系法并不是在每一个细节上都符合政府的意愿”。“美国政府一直努力确保该法的措辞不损害我们同中国政府达成的谅解。”尽管美国政府做出如此的说明，但是并没有改变“美台关系法”的实质内容。

《上海公报》30年来，中美关系历经波折和起伏。自从尼克松总统访华以来，中美关系有了巨大的发展，每当美国一个新总统上台之后，美国对台湾问题的政策都会有所变化。布什总统这次访华，无疑给人们提供了一次观察美国对台湾问题政策的机会。

（2002年2月28日《解放日报》第3版）

大国关系不平静

国际形势尚不确定

冷战结束以来，国际形势大体上保持总体缓和，局部动荡，时而剧烈，时而趋缓的基本态势。在一个相对没有大战前景的形势下，各国不断调整内外政策，冀望在和平环境中，致力于加强自己的综合国力。各大国为应对世界的严峻挑战，存在着广泛的共同利益。在涉及地区冲突、国与国之间战争以及一国内部政治动乱等问题时，也不再完全是冷战期间和东西方力量此消彼长、争夺势力范围的“零和游戏”。采取和平方式解决争端，有可能为各大国造成双赢的局面。与此同时，由于相互经济贸易关系的发展，相互投资的增长成为大国之间进一步改善和加强关系的积极因素。

而传统的安全观依然支配着大国的战略观念，将对方国家看成是潜在的敌人或是未来的敌人，为了防范对方，竞相发展军备，有可能导致国际形势趋向紧张。由于各个大国既存在共同利益，又存在不同利益，出于各国战略考虑和内外因素的影响，今后国际形势发展存在着许多不确定因素。大国之间是不断缓和歧见、加强合作，还是相互猜疑日益加深，将决定今后国际形势继续走向缓和，还是时而紧张，时而缓和，甚至趋向于紧张。

美国一意图霸天下

2001年9月11日恐怖分子对美国的袭击，震惊世界，猛烈冲击着传统的安全观念和安全战略。恐怖分子利用不对称能力，竟然对美国造成如此巨大的伤亡，使传统大国在冷战结束十年之后终于认识到面临的共同威胁。美国遭到恐怖分子袭击，引起世界各国的同情，美国为消除本·拉登基地和打击塔利班的战争得到了世界各国广泛的支持。大国之间由于战略目标不同而产生的分歧得以暂时搁置。大国之间矛盾和利害冲突加剧的趋势得以缓解。而随着世界反对恐怖分子斗争向纵深发展，如何界定恐怖分子，能否按照美国锁定的所谓“邪恶轴心”，逐一采取行动，引起国际社会的分歧，难以取得共识。

美国认为，冷战结束意味着“历史的终结”，它导致了华约的解散、经互会的瓦解和苏联的解体；而近十年来，美国力量的增长，又显示美国自由竞争的市场经济优于欧洲囿于保守和国家干预过多的市场经济。在21世纪初叶，世界上将不会出现足以和美国挑战的大国。美国作为唯一超级大国，力图充分利用这一“战略间歇期”，防止任何一个政治力量中心可能对美国领导地位的挑战。

美国坚持以控制欧亚两大洲为基础的全球战略。在不断挤压俄罗斯战略空间、防止它重建超级大国地位的同时，美国舆论一再宣扬，美国加强在亚太地区军力部署、充实关岛前沿进攻基地的“战略东移”，矛头是由所指的。布什政府上台以来，美俄之间产生间谍案件，美中之间发生撞机事件，欧洲各国对美国推行单边主义也是大为不满。但美一意孤行，并不太在乎各国的反美情绪，这更突出反映了美国的霸权心态。

美国作为唯一超级大国将致力于保持其在尽可能多的国际事务上的主导地位。而其他政治力量中心有可能在一些问题上由于切身利益而取得共识，这将在不同程度上或多或少牵制美国的独断独行。欧俄中对美国推行单边主义持批评的态度，但是能对美国的举止产生多大影响，各国并不十分乐观。

大国三角错综复杂

美欧日政治上结盟，在经济上构成相互竞争三极。其中，美欧价值观方面的共同性高于日本和美欧之间的共同性。美欧为了在全世界推广自己的价值观，对外更富于进攻性。

美欧、美日之间的共同点多于分歧点，但不等于它们之间没有矛盾。欧洲联盟加强和扩大，朝着独立自主的方向发展。争取不过分依赖美国，仍是欧洲发展的趋势。日本和德国一样，在90年代初曾被美国视为可能是美国未来的对手。而在日本泡沫经济破裂、强化了对美国的依附以后，美国对日本的担心在减少。但是日本要求成为“普通国家”，不满目前的处境，时而也会和美国的战略意图不合拍。

大国之间错综复杂关系表现为：美欧日在防范俄中方面有着共同利益，但美欧日在对付俄中方面又不可能时时事事完全一致。而且大国相互之间，俄罗斯与美欧日，中国与美欧日双边关系中，又存在共同利益。美国推行单边主义，当今世界既没有一个国家能够牵制美国，各个大国也无意联合起来共同对付美国。但是这并不等于各大国赞成美国推行单边主义，而且反对的国家越来越多。在多数大国三角关系中，由于美国处于超强的地位，难以形成等边三角形（这种三角关系不同于冷战时期的三角关系，没有任何两国形成对抗的关系）。但是处于弱势地位的两个国家在一些重大问题上扩大共识，加强合作，都有可能对美国产生牵制的作用。美中俄三角关系大体上是有这种特点的。而在美欧俄三角关系中，美俄矛盾要大于欧俄矛盾。欧洲有时处于有利地位，利用美俄矛盾，增加对俄的影响力。在另一三角关系中，中俄和印度又是一种不具有典型意义的三角关系。这三个国家在对待北约1999年轰炸南斯拉夫问题上，立场是一致的或类似的。1999年11月，印度外长贡斯万特·辛格表示："作为世界范围内的大国，俄印中这三个国家的利益和立场经常不约而同地相似。例如北约轰炸南斯拉夫时，这三个大国均发表声明表示谴责。然而这种立场相似，并不是三方商议或协调的结果。三大国在决定自己立场时，却是独立行事的。"在涉及一些重大国际问题时，即使三国立场比较接近，也无意联合行动。俄中两国明确反对美国部署国家导弹防御系统，也反对美国退出1972年反导条约，印度则主张美应和有关国家协商解决反导条约问题。俄罗斯总统普京在2001年7月18日记者招待会上讲，"如美国一旦退出反导条约，俄罗斯和中国可以自己决定做出什么反应。联合行动从理论上是可行的，但在实践中，俄罗斯不准备在该领域与包括中国在内的其他国家采取联合行动。"毋庸讳言，俄印中三国都很重视发展同美国的关系。它们各自都表明，发展与美国的关系并不针对其他国家。印度总理瓦杰帕伊不久前回答记者提问时说，无论印度与美国的双边合作，还是印度和中国的双边合作，都不是针对任何其他国家的。

中俄关系发展稳定

在大国关系中，中俄两国情况相似，面临的挑战雷同。面对美欧日不断加强联盟，将矛头针对中俄两国，迫使两国不得不加强合作，维护自己的利益。在中、美、俄、欧、日五大国相互关系中，中俄两国是矛盾最少、共性最多的一对大国关系。冷战结束十余年来，中俄两国关系有了重大的发展。

近年来，中俄两国在政治、经济、军事、文化、科技等各个领域均有了迅速的发展。重要的原因在于两国都汲取历史的经验教训，淡化意识形态作用，都关心对方国家的稳定与发展，又不干预对方的内部事务。两国为了推行改革开放政策，重视发展本国经济，争取周边地区为和平、稳定的地区。

中俄两国是近邻，两国发展友好合作关系，符合两国根本利益。只要西方国家防范中俄的态势没有发生根本性的变化，中俄两国战略合作基础将会不断加强，在国际重大战略问题上将会进一步协调一致，防止损害自身的利益。但是中俄两国应始终坚持它们之间加强关系而不是结盟的，更不是针对第三国的。与此同时，中俄两国均致力于改善和其他大国的关系。

中美关系仍在调整

布什总统上台后，也和历届不少美国总统一样，有个对华政策调整和适应的过程。美国对华政策的双重性和不稳定性反映美国各政党和不同利益集团对中国有着不同的考量。布什政府执政一年多以来，已经将中美关系的定位从“战略竞争关系”调整为“建设性合作关系”。布什总统去年10月来上海参加亚太经合组织领导人非正式会晤到今年2月再度访华，都表明美国对发展对华关系的重视。但无可否认这一届政府正在进一步向台湾倾斜，并且提升台湾在美国全球战略中的地位与作用。美国政府既将中国看作是美国在全球和亚太地区的竞争对手，但是又不能不看到中美之间存在的共同利益。这将是美对华政策中需要再三斟酌的两个重要方面。

总之，大国关系中，有的有同盟关系，存在较多共同利益，但同盟之间控制和反控制的斗争仍持续不断；有的战略目标迥异，互视对手，相互戒备和防范，却不乏在不同地区、不同问题和不同程度上进行合作。特别是随着经济全球化的进展，各大国都在增强综合国力，或争夺势力范围，或扩大自己的影响。美国在大国之间处于主导地位，自恃拥有超强实力，推行单边主义，它既可以和各国合作，通过联合国协商，也可以一意孤行。各大国的利益错综复杂，又存在着不同的利益。展望未来，大国关系的发展将是不平静的。

（2002年4月8日《解放日报》第4版）

面临共同威胁　中美合则两利

一年前的9月11日发生了恐怖分子袭击美国事件，震撼了全世界。中国对美国遭遇的不幸表示巨大的同情，中美两国领导人保持密切的接触，并且支持美国在阿富汗进行的反恐怖主义战争。

今年9月5日，美国布鲁金斯学会举行“9·11”一年后国际形势发展研讨会。会上布鲁金斯学会副主席、外交政策研究中心主任詹姆士·斯坦贝格指出：“在去年‘9·11’事件以前，反恐斗争并不是美国政府的主要任务。美国政府关心的是尽快修建导弹防御体系；美国政府需要关注对美国及其盟国、朋友构成最大潜在威胁的中国及东亚的稳定等。而‘9·11’事件改变了这一切。‘9·11’以后布什政府完全、彻底地卷入了内部事务，恐怖主义成了对美国的头等威胁。我认为，美国政府应调整外交政策应对恐怖主义构成不对称威胁。美国的政策确实发生了急剧变化，如在南亚，‘9·11’前主要关注改善与印度的关系，对巴基斯坦并不十分关心。现在我们对南亚完全有了新的对策，我们显然一方面继续发展与印度的关系，但对巴基斯坦有了新的政策，我们不仅希望它支持我们在阿富汗的战争，而且希望它在这个地区反对伊斯兰原教旨主义的长期斗争中起作用。对中亚那些目前统治政策尚不明确的国家也完全有了新的做法，这些国家现在成为美国真正的军事同盟。当然，与中国的关系也发生了急剧的变化，中国现在已从原来的战略竞争者，变成目前布什政府反复强调的如何一起合作的国家。这一剧烈的象征性措施可从副国务卿阿米蒂奇不久前在北京把新疆‘东突’伊斯兰运动列在恐怖组织名单上看出。这是北京一向关注的焦点，对北京来说具有重大的意义。在过去情况下，这样的事情是不可能发生的。”

正如美国学者斯坦贝格所指出的那样，在“9·11”事件之后，中美关系确实发生了重大的变化。但是由于美国在一系列国际事务上继续奉行单边主义，美国舆论和一些政治家继续将中国看成是对美国安全构成威胁的对手。特别在中美关系最为微妙的台湾问题上，美国政府除了重申不支持台湾独立以外，没有采取更多的实际行动来消除相互之间的误解以及弥合双方的分歧。因此，在中国看来，美国的对华政策既有变，也有不变的方面。

笔者认为，斯坦贝格的看法很可能代表相当多美国人的看法。对我们来说，中美关系的发展前景，既要做到心中有数，也要更乐观一些。人们应该看到，中美在反对恐怖主义问题上，既存在分歧，更存在共同点。中美之间既存在利益冲突，但双方又都认识到发展两国关系符合两国的共同利益。“9·11”事件之后，布什总统在阿富汗反恐怖主义战争的重要时刻，如约来到上海，与江泽民主席会晤，出席APEC会议，随后又来华进行访问。一个美国新总统在入主白宫一年多时间内两次访华，这在历史上还没有发生过。事实上，中美两国领导人一直保持密切的接触。胡锦涛副主席今年4月访美和江泽民主席10月底将再次访美，已经和将要对推动两国关系的发展做出贡献。人们有理由相信，在“9·11”事件后，中美两国终于认识到两国面临恐怖主义的共同威胁。这对两国进一步弥合分歧，加强合作无疑会产生积极的作用。

（2002年9月11日《解放日报》第3版）

离大选只剩下三天
德国选情仍复杂

9月22日，德国即将迎来第二次世界大战以来的第15次全国大选。根据德国杂志《焦点》爱米尼德研究所公布的9月15日大选最后一周的民意调查结果显示：社民党支持者增长一个百分点，达到39%；而基民盟/基社盟（以下简称联盟党）下降两个百分点，仅为37%。其他几个小党迄今为止的预测得票率为：自民党8%；绿党7%，民社党5%。

而lnfratest-aimap为《世界报周日刊》举办的一次民意调查称，有36%的选民支持现任联邦总理施罗德组成的联合政府继续执政，22%希望联盟党候选人施托伊贝尔和自民党联合执政。而爱米尼德研究所调查得出的结果是57%的选民希望现政府继续执政，32%希望联盟党取胜，组成新政府。

时间越来越逼近全国大选，选民的情绪也越来越变幻无常。在社民党和绿党联合执政期间，经济未见好转，失业率不断增加，两党往往出现政策分歧，政府也时而发生丑闻，因而信誉不佳。今年年初，社民党在民意测验中的支持率远远地落后于联盟党，当时有41%的人主张在下届选举中，本届政府应下台，只有31%的人主张本届政府继续执政。至于两大政党候选人的支持率，虽然也在不断发生变化，但总体上来看现任总理社民党的施罗德的支持率要超过在野党联盟党的候选人施托伊贝尔。

到了今年下半年以后，选民对社民党的支持率不断上升。一是面对西欧右翼势力猖獗，施罗德政府坚决和西欧右翼势力划清界限，明确反对奥地利的海德尔、法国的勒庞和意大利的贝鲁斯科尼。二是舆论有种看法认为，近来施罗德总理支持率增加的原因，一是今年发生严重水灾，政府采取了大得人心的措施，二是施罗德总理一再重申反对美国攻打伊拉克，也是又一深得民心的举措。

战后西德和统一后的德国，政党状况没有发生本质上变化。一是由基民盟和基社盟组成的联盟党，二是社民党，这两大党总是轮流执政。倒是各种小党在半个世纪来发生了许多变化。现在影响最大的一是自民党，二是和社民党执政联合的绿党，三是德国统一后，又有一个小党民社党影响逐步增强。现在离大选还不到一周时间，结果仍难以预测。一是各党的得票率还会有变数；二是获胜的大党和哪一个小党联合也还有可能变化。现在社民党和绿党领导人已表示将在大选后继续联合执政。绿党还表示，如民社党获得5%选票，得以进入议会，也愿意实现社民党、绿党和民社党三党联合执政。而自民党则一再强调反对这三党联合执政，但迄今为止又不明确表示究竟和社民党还是和联盟党联合。

目前德国大选还剩下几天时间，但部分选民仍有可能受到诸多事件的影响，究竟投哪一个政党的票仍有变化的可能性。社民党和绿党的领导人近日已告诫支持两党的选民不要以为已经稳操胜券，而恰恰在9月17日，阿伦巴赫研究所最新民意测验结果是联盟党选票可达37.3%，略略超过社民党的37%，而自民党支持率超过绿党，如果民社党不能取得5%的选票进入联邦议会，联盟党和自民党联合就可能成为多数。

看来，德国大选要到北京时间9月23日清晨才能初见分晓。

（2002年9月19日《解放日报》第3版）

赢得大选不易　执政前途崎岖

9月22日，德国大选。社民党候选人、现任总理施罗德笑容可掬、从容不迫地将选票投入选票箱里。而基民盟/基社盟（以下简称联盟党）候选人施托伊贝尔走近选票箱时，却不慎将选票掉在地上。这一“失手”似乎具有象征性预兆。北京时间23日上午10时45分德国大选结果正式揭晓，获胜者是社民党和绿党。

这次德国大选没有绝对的胜利者，也没有绝对的失败者。这反映了社民党和联盟党两大政党的竞选纲领中，对选民最为关心的经济和改革政策没有截然不同的主张。1998年社民党上台后，德国经济未见好转。去年秋后经济增长受挫，破产剧增，失业人员居高不下。因此社民党的支持率一直低于联盟党。直到今年8月上旬，欧洲遭遇严重洪灾，德国东部地区成为重灾区，施罗德政府迅速拨出巨款援助灾民的做法扭转了社民党在选举中所处的不利地位。据称，社民党这次在德东部地区的支持率与上次选举相比一下子增加了4%。

而在当前的国际形势下，现在的红绿两党联合，特别在外交政策方面，具有广泛基础。德国作为二战战败国，国民一向具有反战倾向。施罗德在社民党内属左派。而绿党成立之初就具有反战的和平主义倾向，现任外长菲舍尔早年也是反政府的左派。在反对美国单边主义方面，施罗德和菲舍尔存在着共识。施罗德在竞选的关键时刻，利用反对美国攻打伊拉克作为突破口，迎合德国选民心理，争取到更多支持。8月中旬，施罗德在和施托伊贝尔的电视辩论中明确指出：和美国保持友谊，绝不意味着一切都同意美国的立场。本次社民党的胜出，显然是由于施罗德的反美立场得到了选民的支持。但与1998年的大选相比，社民党仍失去了一些选民的支持。这在很大程度上说明联合政府的经济政策并没有取得很大成果。

倒是绿党成为这次大选的最大赢家，它的支持率超过了自民党，因而保证红绿两党得以继续执政。绿党是以环保、反战、反核、和平主义和维护妇女利益起家，从群众运动发展起来的政党。1998年大选获胜后，在历史上第一次和社民党联合组阁。它在年轻人中间不乏支持者，但老年保守的选民对它终究不甚放心。绿党执政不到5年，和包括社民党在内的一些政党，不甚合拍，有时分歧也很突出。但是在西欧政治右倾日趋严重的今天，德国绿党却站住了脚。如果说绿党作为主张环境保护的政党在这次大选中得到了更多选民的支持，那么绿党逐步适应执政的角色，调整它的内外政策更是它取胜的原因。绿党领导人、现任外长菲舍尔从来反对美国单边主义，不支持美国建立反导弹防御体系，拒绝美国关于参加维和使命的美国士兵享有普遍豁免权的要求。菲舍尔还多次出访巴勒斯坦等中东国家，力主欧盟为解决巴以冲突做出更大的贡献，不满意美国偏袒以色列的做法。德国促进召开阿富汗各派会议，为建立阿富汗临时政府做出了贡献。通过这些活动，绿党的威望日益提高。

由于在这次大选中各党力量旗鼓相当，社民党和绿党仅以微弱多数得以继续执政，新的联合政府将面临重重考验。新政府不仅要处理好经济不振、失业严重等一系列问题，还要努力弥合和美国的关系。更为严重的是，美国一旦发动对伊拉克的战争，德国如何应对？这场战争将会使石油价格上扬，影响世界经济的复苏，对困难重重的德国经济更是雪上加霜。可以预计，德国红绿两党未来联合执政的四年将不会是平静的。

（2002年9月24日《解放日报》第3版）

中国应邀与八国首脑商讨全球发展问题

6月2日—3日，德国、加拿大、法国、意大利、日本、英国、美国和俄罗斯八国首脑聚会法国埃维昂小城，商讨世界面临的重大国际问题，谋求刺激不振的西方经济，协调反恐斗争。在八国首脑会议召开之前的6月1日，应会议主办国法国总统希拉克的邀请，包括中国在内的25个发展中国家和“经济新兴国家”领导人将出席非正式对话会议，商讨全球化问题，加强南北对话，以促进共同发展。

中国是第一次出席这样的非正式对话，也是胡锦涛就任国家主席后第一次到西方国家出席的重要国际会议。这无疑成为世界舆论关注的一个焦点。会议期间，胡锦涛主席和一些国家领导人就国际重大问题和双方关心的问题交换意见，并且就全球化进程中，防止贫富差距扩大，维护发展中国家利益，阐述中国的立场。

1974年，法、德、英、美、日、意六个发达工业国家倡议召开首脑会议，协调相互经济政策，谋求减少石油危机给西方经济带来的负面影响。继加拿大和俄罗斯先后加入后，遂形成今天的八国首脑会议。

这个会议经历了从专门过问经济问题发展到关注国际政治问题的过程。近年来，日益重视解决南北问题，主张给予贫困的国家更多的援助。八国首脑会议的决策往往对国际政治和世界经济产生重大影响。西方舆论时而宣扬八国首脑会议是世界重要论坛，必要时也可以取代联合国。但是八国首脑会议的一些主张并不能得到国际社会的认同。在2001年意大利热那亚八国首脑会议期间，有800多个组织和10多万群众聚集在那里，形成一股反全球化的巨大抗议浪潮。2002年加拿大卡纳纳斯会议期间，也遭到不少非政府组织人士的抗议。

八国首脑会议逐步加强和中国的接触，积极评价中国的改革开放政策，期望中国在国际事务中发挥建设性作用，主张加强和中国对话。近年来，与会的一些国家不断地向我国通报会议情况。在八国集团内部有的国家主张和我国建立更为密切的联系，不时呼吁中国以某种身份和方式与会。但是也有国家借口中国不是“市场经济”和“民主国家”而不赞成接纳中国。而中国始终强调中国是一个发展中国家，婉拒一些与会的邀请。这次胡锦涛主席出席的是八国首脑会议会前举行的非正式会议，而不是出席八国首脑会议。在中国代表团出发前，外交部副部长刘古昌在记者招待会上重申，“中方重视八国集团在国际事务中的作用，愿就重大国际问题与八国集团保持联络和对话。中国对八国集团的政策未变。”

对于这次八国首脑会议，世界舆论最关注的是如何弥合由于伊拉克战争产生的严重分歧。伊拉克战争使这八个国家正好一分为二。一方面是美英主战派，紧随其后的是日本和意大利。另一方面则是法德俄组成的反战派，而加拿大对美英的主张也不能苟同。

美国在21世纪的战略始终是维持唯一超级大国地位，防范任何可能兴起的大国挑战美国的领导地位。冷战结束十多年期间，美国国民生产总值增长率几乎等于欧盟一倍，美国军事力量保持前所未有的优势地位。这就使得美国特别是美国的右翼保守势力更充满信心来实现这一战略。

伊拉克战争的前前后后更进一步表明，美国对自己盟国的防范也在加强。美国坚持单边主义，不再依靠传统的联盟，加强和“新欧洲”合作，排斥“老欧洲”，着重向法国施加压力。美国的战略重点正在从西欧纵深地带向东转移，以加强欧洲和欧亚大陆接合部分的纽带，着眼于巩固美国在中东、西亚和中亚战略地位。

尽管如此，任何大国对美国推行单边主义只能进行力所能及而成效不大的牵制。虽然一些大国对当前国际安全问题存在着广泛的共识，但不会结成同盟反对美国的霸权。各个大国尽可能避免带头反美，防止走向对抗。各大国在美国损害本国利益时，坚定和美交锋，但也注意避免影响和美国发展关系。大国之间这一发展趋势在伊拉克战争之后变得更为明显。法德俄希望和美国修补关系。特别是美英和西班牙在联合国安理会提出建议草案要求取消对伊拉克的制裁时，没有一个国家表示要行使否决权。当然美国欧亚战略不会发生实质的变化，分裂欧洲的步伐也不会停滞不前。欧洲期望成为美国平等的伙伴，在国际上发挥更大的作用，将是长远的目标。

（2003年6月3日《解放日报》第6版）

新发展　新风格

——记2003年中国外交

十六大后的2003年是冷战结束后国际形势发生最为重大和复杂变化的一年。如何在这样的战略机遇期维护中国周边地区以及世界的和平与稳定，成为2003年中国外交的核心内容。中国新一届领导集体通过多边、周边和双边等一系列外交手段积极参与到国际事务中，使中国外交呈现出新的发展趋势和新的外交风格。

多边：成果丰硕

今年，中国高度重视多边外交活动，为各国消除分歧、走向合作做出了新的贡献。

胡锦涛主席出席了上海合作组织第三次元首莫斯科峰会，与各国元首就这个组织的发展方向达成广泛共识。上海合作组织倡导新型安全观和新的国家关系理念，这种新的对话和合作模式，势必对促进地区和世界和平与发展产生积极的影响。

面对朝核问题不断升级的危机，中国积极做好劝和促谈工作。中国高层外交官斡旋于华盛顿和平壤之间，仆仆于东京、汉城、莫斯科风尘途中，终于促成今年3月的北京中、美、朝三方会谈和8月的朝、美、中、俄、韩、日六方会谈。

周边：深入推进

温家宝总理10月出席印度尼西亚巴厘东南亚领导人会议时，阐明中国奉行的“睦邻、安邻和富邻”政策是中国实现自身发展战略的重要组成部分。这是近年来中国周边外交实践的总结，更是中国首次从哲学思想上论述亲仁善邻、以和为贵，谋求和平、稳定、互信和共同发展的外交理念。

中国周边有着接壤、不接壤和隔海相望近30个国家：东北方向有俄罗斯、日本；南部方向有印度等大国；而东南方向，主要是中小国家组成的东盟。近年来，中国和东盟关系有了重大进展。在第七次中国与东盟（10 + 1）领导人会议上，中国作为第一个非东南亚大国正式加入东盟的《东南亚友好合作条约》，而东盟也成为第一个与中国建立战略伙伴关系的地区组织。中国将在2005年前实现与东盟贸易额突破1000亿美元的目标。在中日韩和东盟领导人会议上，一些国家领导人支持“10 + 3”向东亚合作方向发展，建议中国举办首届东亚峰会。这一切都说明中国在东南亚地区开创了外交新局面，有力地推动这个地区合作发展的良好势头。

双边：可喜进展

今年也是中国和各国关系取得可喜进展的一年。胡锦涛就任国家主席后首次出访俄罗斯，会见普京总统，双方表示将继续发展战略伙伴关系。而今年中国双边外交活动中一个不能不提的亮点是中印关系的加强和改善。印度总理瓦杰帕伊6月应邀访华，和温家宝总理共同签署的两国关系原则和全面合作宣言，确认两国互不为威胁，发展长期建设性合作伙伴关系。

而今年中国和欧盟双边最为突出的特点是中国在欧盟五次发表对华政策文件后作了回应，首次发表中国对欧盟政策文件。这份文件强调中欧关系处于历史最好时期，中欧之间共同点远远超过分歧。

中美双边关系的变化与发展日益成为世界瞩目的大事。今年，胡锦涛主席于欧亚之行和曼谷亚太经合组织会议期间都与美国总统布什会晤。今年年底，温家宝总理正式访美会见了布什总统，双方确认中美共同利益大于分歧。

（2003年12月24日《解放日报》第4版）

德国大选走势取决三大因素

9月18日德国大选已近在眼前。不久以前，施罗德和默克尔作为两大政党总理候选人进行电视辩论后，德国选民正处于矛盾的心理状态之中。他们希望通过这次大选实行政权更迭，同时又认为反对党上台也未必能摆脱德国当前的经济困境。从年初以来各党竞选情况来看，选民关注的是对外关系、国内政治和经济三大问题。

和美国怎么打交道？

德美关系的发展趋势继续成为这次德国大选关注的重点。2002年德国大选初期，对施罗德并不十分有利。但施罗德顺应民意，坚决反对美国出兵伊拉克，赢得了不少选民的支持，这是施罗德取得执政地位的一个重要因素。美国对施罗德反对美国攻打伊拉克一直耿耿于怀，从美对德国入常问题始终未置可否即可见一斑。德国舆论认为，美国决不会在大选时助施罗德一臂之力。基民盟候选人默克尔早在2002年就支持美国攻打伊拉克，美国更中意基民盟自在不言中。8月中旬，布什总统威胁不排除对伊朗使用武力，施罗德、基民盟总理候选人默克尔和总书记考德尔都表示，不会同意用武力解决伊朗核争端。德国人强烈反对美国推行单边主义。施罗德对反对党的表态一则表示欢迎，同时又对反对党能否坚持这一立场表示怀疑，无疑会争取到一部分选票。当然德国也担心美德关系会进一步恶化，围绕这一问题的辩论还是相当节制的。

左派联盟起何作用？

国内政治方面，左派联盟的作用问题成为大选中的又一热点，最早在这个问题上发难的是基社盟主席施托伊贝尔。他在8月初的一次竞选大会上说，不应让左派和失去勇气的东德人来决定由谁主政。左派联盟如果和社民党联合，就会成为基民盟/基社盟和自民党联合执政的最大障碍。斯托依贝是2002年大选时的反对党总理候选人。当时他的胜率还超过施罗德。但在最后阶段，东德发生水灾，施罗德大力支持受灾的东德人，这使他赢得了东德人的支持。斯托依贝当然没有忘记这段历史，他确实担心东德人在这次大选中的作用。然而斯托依贝的话音未落，指责之声四起。施罗德批评斯氏在分裂德国。他的这一讲话的直接后果则是对他的支持率急剧下降，有73%的德国人拒绝斯托依贝的讲话，认为他侮辱了东德人。

左派联盟是由选举公正党和民主社会主义党（民社党）共同组成的。8月25日左派联盟在柏林举行党代会，会上决定不与社民党结盟。这个党主张要作为反对党在议会斗争中维护弱者利益。左派联盟的主要支持者一是东德居民，二是青年社民党人。据称，它在东德地区的支持率甚至可能超过基民党而成为东德地区的第一大党。

重福利还是促投资?

德国经济一直处于低迷状态，预计今年国民生产总值增长率仅为1%，失业率更是居高不下，社会劳保退休基金的财源已近枯竭。因此，选民最为关切的是涉及国计民生的社会、经济政策。而特别关心的是退休金问题，因为德国已步入了老年社会，在6100万选民中，有2000万人，也就是三分之一选民已超过60岁。

德国两大政党社民党和基民盟/基社盟的基本分歧在于前者更倾向于关注职工生活福利，认为只有不断改善生活福利、减少失业，才能保持社会稳定。而后者则认为，要实现这一目标，关键在于减少企业主的纳税，刺激投资，扩大工作岗位，经济才能发展。因此德国人一般认为，社民党是“左”倾的政党，是红色政党。基民盟/基社盟是保守的政党，是黑色政党。德国是经过几百年工业发展的发达国家，国家的法律、条例，以及各种税收社会福利规定都是极其繁琐复杂的。而各党提出的种种改革或政策调整，都是有利于一部分人，而不利于另一部分人。

9月18日，德国大选将决出胜负。从最近趋势来看，基民盟/基社盟和社民党组成大联合政府的可能性大一些。由于尚有相当多的选民举旗未定，基民盟/基社盟和自民党超过50%的支持率也是有可能的。如果社民党、绿党和左派联盟超过50%的支持率，这三党也有可能组成联合政府。

（2005年9月14日《解放日报》第4版）

史无前例：五党都说自己赢了
德国选后政局要做“拼图游戏”

9月19日公布的德国大选初步结果表明，基民盟和基社盟结成的联盟党以微弱多数取代社民党成为德国第一大党。通过这次大选，德政坛出现黑、黄、红、红、绿五股可进入议会的政党力量。大选初步结果宣布后，出现一个德国历史上前所未有的现象——各党都宣称自己得到了胜利或者达到了目的。基民盟总理候选人默克尔发表讲话称，红绿联盟落选，基民盟将带头组成政府。随后，施罗德总理也发表讲话说，他不明白默克尔为什么能组成新政府，并表示今后几年内德国仍将在他领导之下。

两大党领导人为什么会发表完全不同的讲话呢？其原因在于，社民党加绿党阵营，与联盟党加自民党阵营所得的票数均未能超过半数，要想组成新政府还困难重重。大选初步结果揭晓后，不少人在议论是否由两大党组成大联合政府，这在历史上也有先例可循。但“铁娘子”默克尔已宣称将来总理非她莫属，而施罗德则寸步不让，称是他取胜了。而组成大联合政党并不是唯一选择，德国还有另外的三个选择。

一是“交通灯标法”选择，德国十字路口的交通灯有红绿黄三色。这就是说由红的社民党、绿的绿党和黄的自民党组成联合政府也是可能的。这三党相加共得选票52.2%，已超过半数，具备了联合执政的条件。问题是自民党一向反对绿党，认为两党理念不同，难以合作。

二是黑、黄、绿选择，这三种颜色和牙买加三色国旗一样，又称“牙买加选择”。三党选票相加共为53.1%，也超过了半数。然而绿的绿党和黑的联盟党一向水火不相容，是否能谈得成也是问题。

三是红、红、绿，三者相加选票51.1%。除了红的社民党外，第二个红色政党就是德国左翼党。但社民党内，对是否和左翼联盟联合存在很大争议。左翼党也在大选后重申，它宁愿当反对党，更好地维护基层人民的利益。

（2005年9月20日《解放日报》第4版）

施罗德时代留给德国什么

近日，施罗德在社民党的会议上表示，他并非出于个人的原因，而是出于策略的考虑，才坚持继续担任总理。从德国大选后形势来看，基民盟/基社盟和自民党以及绿党的配合难以实现；社民党也无法与绿党、左派党联合。因而，德国两大政党组成大联合政府的前景日趋明朗。看来，施罗德也将结束他七年的总理生涯。

贡献：外交上颇有建树

回顾施罗德任职七年期间，他在外交上颇有建树。

施罗德非常重视发展对中国的关系。他坚持年年访华，是访华频率最高的外国领导人之一。1999年美国炸毁中国驻南斯拉夫大使馆，施罗德仍坚持访华，成为第一位访华和表示“无条件道歉”的北约成员国领导人。在他执政的七年期间，中德两国关系发展稳定，德国始终是中国在欧盟最大的贸易伙伴国。施罗德明确反对“台独”。2003年，施罗德访华时就主张取消欧盟对华军售禁令，承认中国市场经济地位。此后他和法国领导人成为欧盟内部主张解禁的最坚定的支持派。即使美国向欧盟施加压力、反对解禁后，施罗德仍然坚持自己的一贯立场。

施罗德坚决反对一味追随美国的政策，坚决反对美国出兵伊拉克，反对美国威胁使用武力解决伊朗核问题，并得到德国广大人民的支持。

施罗德重新巩固德法轴心，保持两国在欧盟内部协调一致，发挥了重大的作用。

施罗德特别重视发展和俄罗斯的特殊关系，两国在重大国际问题上保持协调一致的立场，经济关系有了进一步发展。

施罗德正视历史，致力于发展和周边国家关系。施罗德去年首次应邀出席在法国举办的诺曼底登陆60周年纪念，今年又出席莫斯科二战结束60周年纪念活动，都表明德国日益被国际社会认可为“正常国家”。

遗憾：改革难立竿见影

在内政上，施罗德竭力推进经济、社会改革，但在经济全球化冲击下，德国经济不振，失业剧增，改革难以即时奏效是他失利的主要原因。

绿党和社民党执政初期，争执不断，影响执政能力。施罗德力挽狂澜，加强协作和政策调整，积极推出增加就业计划及税收、保险、医疗等改革措施。但由于国内外经济发展的种种制约因素，德国经济在施罗德执政下，逐渐陷入不景气的状态。从1999年到2004年，德国经济增长仅1.2%，仅达到1990年至1998年的半数。早在2002年施罗德再度当选后，面对经济增长缓慢、失业剧增、社会保障体制难以为继，开始采取了一系列改革措施。2003年6月，正式提出《2010议程》改革方案。这是一个涉及各个方面、改革力度很大的方案。其核心思想是基于德国社会福利待遇已经超过德国经济的承受能力，主张削减社会福利，采取增加企业家利润、鼓励企业投资的政策，调整社会公正和经济效益的关系。社民党内部面对《2010议程》展开了激烈辩论，一向比较接近社民党的工会组织也与社民党出现了严重分歧。各阶层市民纷纷走上街头进行示威游行。

在改革受到挫折后，红绿两党在地方选举中也一再失利。施罗德不得不于2004年3月辞去党主席的职务。

施罗德执政七年大力改革经济和社会制度，从总体上来看，是有利于改善经济环境和提高企业国际竞争力的。近两年来德国连续保持世界头号出口大国就是明证。施罗德政府在积极促进合法移民融入德国社会、广泛吸引高科技技术人才等方面，都取得了成果。现在德国还成为世界上第一个主动放弃核能的国家。

但是红绿联盟的基本社会和经济政策与保守政党相比，仍然强调社会公正，削弱了经济发展动力，过多强调环境保护，忽视了完善环境保护加重了企业负担。当施罗德政府开始认识到这一点时，其制定的政策又往往失掉支持它的基本选民，而这一政策调整也难以将本属支持反对党的选民争取过来。这就是施罗德政府陷入困境的原因。

（2005年9月30日《解放日报》第4版）

伊朗核问题的症结

近日，伊朗核问题似乎出现了新的转机。继中美俄英法德六国外长在纽约未能达成协议后，欧盟将重启外交努力，在一两周内提出解决伊朗核问题一揽子方案。美国国务卿赖斯向记者发表讲话称，在此之前，美国和欧盟将延缓安理会通过一项有关伊朗核问题的决议。与此同时，正在印度尼西亚访问的伊朗总统内贾德表示，伊朗准备与美国和其他西方国家对话，以解决在核问题方面的争论。

但人们也应该看到，当前出现的新转机依然孕育着潜在的危机，形势随时可能恶化。伊朗核问题的症结到底在哪里呢？

伊朗是《不扩散核武器条约》的签约国，根据这个条约的规定，伊朗享有和平使用核技术的权利。伊朗坚持认为它进行铀浓缩活动是符合这一规定的。同时伊朗表示在俄罗斯境内进行铀浓缩活动的建议是可以讨论的。迄今为止，西方国家认为，伊朗必须停止它的铀浓缩活动，并且认为，伊朗坚持自行进行铀浓缩活动，即意味着伊朗将会生产核武器。西方国家一方面声称希望通过外交活动解决伊朗核问题，另一方面又力主联合国安理会应通过决议，并且援引《联合国宪章》第七章的规定，允许使用制裁乃至最后使用武力手段“应对国际社会面临的安全威胁”。与此同时，美国派出“企业号”航空母舰驶向波斯湾，美国舆论则不时宣扬美国将对伊朗动武。

事实上，对于伊朗坚持进行铀浓缩活动，应分成两部分来解决：一是承认伊朗拥有和平使用核技术的权利；二是允许伊朗从事铀浓缩活动，又要确保伊朗不能通过这一活动，掌握用于生产核武器的核技术。这需要通过艰苦谈判，有关各方做出真诚的让步才有实现的可能。

但是当前的客观条件并不有利。一是美伊双方相互敌视。美攻击伊朗是“邪恶轴心”，并且认为只有向伊朗施加压力，才能缓解伊拉克等问题。而伊朗则认为，只有坚决抗击美国和以色列才能维护国家主权独立和领土完整。二是世界各国为了防止扩散核武器已经做出了不少努力，但是仍存在种种问题。美国、前苏联、英国等59国1968年签署了《不扩散核武器条约》，并于1970年生效，目前已有188个国家参加这个条约。但在坚持不参加这个条约的国家中，以色列、印度和巴基斯坦先后成为拥有核武器的国家。朝鲜于1985年加入这个条约，2003年退出，两年后宣布拥有核武器。而某些有核国家的做法也令人担忧：主张有权进行“先发制人打击”，并且不时以使用核武器相威胁。

面对这一现状，要防止任何国家走向发展核武器的道路，确实存在很大困难。对此，德国前总理施密特日前撰文指出，迄今为止没有证据表明伊朗将生产核武器，而且伊朗最高领袖哈梅内依在去年8月曾发表宗教诰令，禁止伊朗生产和使用核武器。因此施密特主张，美国应致力于谈判，而不要现在就奢言建立“志愿者联盟”以此威胁伊朗。

伊朗核问题出路何在？也许在欧盟将要出台的一揽子方案中，我们可以看出一些端倪。但有一点可以确信，目前仍然存在通过外交谈判解决伊朗核问题的余地。

（2006年5月13日《解放日报》第4版）

难解的死结

北约峰会将于4月2日—3日在罗马尼亚首都布加勒斯特召开。美国总统布什将主持这次峰会，随后即将离任的俄罗斯总统普京也将出席北约—俄罗斯理事会。

这两次会议要讨论的问题，从阿富汗、科索沃、北约继续东扩问题到北约与俄罗斯关系，无一不是矛盾重重、难解的死结。

近年来阿富汗局势日趋恶化，塔利班有卷土重来之势。去年加拿大一年有七八百名士兵死于阿富汗南部战场，而德国和一些欧盟国家在阿富汗北部驻军，相对较为安全。这些国家都愿意留在北部，而不愿意调往南部的战斗地区。美国国防部长盖茨一再呼吁欧盟应在阿富汗加强军力，主张德国应率先增兵，可是德国议会正在讨论的却不是增兵而是撤军。2009年将是德国大选年，目前组成大联合政府的两大政党基民盟/基社盟和社民党，没有一个敢冒这个风险。好在布什总统在3月31日答德国《世界报》记者时已表示，他不会要求德国增派军队去阿富汗南部，他不想使默克尔总理为难。这说明布什作为弱势总统，已难以说服盟国协调行动。冷战期间，北约相对团结一致，共同对付华约。冷战结束后，北约何去何从各方意见不一。此时正值南斯拉夫在国内外因素影响下局势动荡，这为北约找到新的定位——为了欧洲安全利益，要不惜一切代价进行干预。2001年“9·11”事件发生后，美国执意要使北约成为一个新型的军事组织，该组织可以干预一切被视为威胁西方安全的动荡地区和国家。现在北约在阿富汗已面临难以为继的境地，但是这次峰会恐怕也难以彻底解决这个问题。

这次北约—俄罗斯理事会或许将成为布什和普京在北约峰会上最后一次会晤。在科索沃问题上难以取得共识是可以意料到的。因此焦点很可能集中在北约东扩问题上，特别是围绕乌克兰和格鲁吉亚加入北约的问题上，双方立场都有松动的余地。即将上任的俄罗斯总统梅德韦杰夫此前表示，在乌克兰仅有20%的人支持加入北约。对俄罗斯而言，一个西方军事组织日益向俄边境推进，总不是一件令人高兴的事。至于在北约内部，对是否吸收乌格两国入盟，一向存在着严重分歧。波兰支持，德国反对，在欧盟内部早已分成两派。美国力主及早吸收两国加入北约，不过在北约峰会召开前夕，立场开始有所变化。布什对德国《世界报》记者发表谈话称，这次峰会不会通过吸收乌格两国加入北约的决定，但“他们有权利提出加入北约的申请”。这表明美国力主北约东扩的立场未变，只是口气有所缓和。

布什在会后将访问俄罗斯。可以预计，在北约峰会上美俄、欧俄双方的立场将不会十分强硬，但双方的利益冲突不会有本质的变化。

（2008年4月2日《解放日报》第4版）

俄美进入战略僵持期

上个月，北约布加勒斯特峰会后，俄美对乌克兰和格鲁吉亚的争夺进一步加剧。

美国的全球战略是控制欧亚两大陆，而挤压俄罗斯的战略空间，无疑是其更为紧迫的重大战略部署。除了推动乌克兰和格鲁吉亚早日加入北约，美国正加速在波兰和捷克修建反导基地，在科索沃问题上与俄罗斯较量，并致力于修建从中亚绕开俄罗斯，直通欧洲的油气管道。美国的长远目标是遏制俄罗斯在波罗的海和里海地区的影响，使巴尔干、外高加索直到中亚地区逐一落入北约的势力范围。为了实现这一目标，美国既要加强与欧盟的关系，共同对付俄罗斯，同时又利用新老欧洲的矛盾，牵制老欧洲加强独立自主的努力，防止其向俄罗斯妥协。

在俄罗斯方面，普京八年前上台之初即改弦易辙，致力于整治国内政治，振兴经济，加强国力。2007年2月普京发表著名的慕尼黑讲话，标志着俄罗斯再也不能容忍美国和欧洲势力向俄罗斯逼近。激烈反对美国在波捷修建反导基地，只是俄全面反击美国咄咄逼人攻势的一个组成部分，眼前更重要的则是防止或推迟乌克兰与格鲁吉亚加入北约。布热津斯基在他著的

《大棋局》一书中称，俄罗斯失去乌克兰，将再也不能成为横跨欧亚两大陆的大国。俄罗斯力阻乌克兰加入北约是其与西方国家关系的底线。今年4月的北约布加勒斯特峰会期间以及会后，俄罗斯更加紧了反对乌克兰和格鲁吉亚加入北约的步伐。

俄罗斯在这个问题上与美国的较量也远比在其他问题上与美国较量的手段多。首先，围绕乌克兰和格鲁吉亚加入北约问题，北约内部已经分成新老欧洲两派，德法反对，波兰和波罗的海三国支持。因此即使美国力主早日吸收这两个国家，也未必能如愿以偿；其次，乌克兰在能源问题上对俄依赖度很高。因俄罗斯买断一些中亚国家的能源，并垄断了它们的能源运输管道，使乌克兰至少在短期内仍不能摆脱受制于俄罗斯的状态；还有，围绕着是否加入北约的斗争，将是影响乌克兰政局的一个重要因素，这为俄罗斯向乌克兰施加影响提供了可能性。而克里米亚问题再度成为俄乌关系的议题，也是俄罗斯吓阻乌克兰加入北约的一个手段。俄罗斯官方曾声称，如果乌克兰加入北约进程加速，俄罗斯将提出克里米亚半岛的归属问题。此外，俄正在加强乌俄边境军事部署。普京在今年2月警告乌克兰，如果乌加入北约，俄有可能将核导弹对准乌克兰。至于对付格鲁吉亚加入北约一事，俄也不乏手段。3月，俄国家杜马建议政府考虑承认阿布哈兹和南奥塞梯，这无疑是防止格鲁吉亚加入北约的重要手段。

乌克兰和格鲁吉亚加入北约是俄美关系相互对峙的一个焦点。乌格面对俄罗斯的压力固然难以招架，但是这两个国家是得到美国的大力支持的。虽然北约布加勒斯特峰会没有启动乌格两国加入“成员国行动计划”，但美国力主北约进一步东扩的立场并没有实质性的变化。普京与布什日前在俄罗斯里海度假地索契举行会晤后发表的《俄美关系战略框架宣言》中，虽宣称“俄美互相将对方视为敌人或战略威胁的时代已经结束”，但俄美之间关于建立反导基地和乌格两国加入北约问题的分歧依然如故。而俄美两国领导人易人前后将是两国战略僵持期，时而紧张、时而缓和将是这一时期的特点。

（2008年5月19日《解放日报》第7版）

新兴国家、国际秩序与大国关系

上世纪90年代后，以发展中国家为主体的一批新兴国家经济迅速发展，并在国内生产总值方面开始逐步缩小和工业发达国家的差距。这一现象，已成为当今世界一个具有重大意义的变化。它所带来的影响也许将远远超过二战后亚、非、拉国家风起云涌的争取民族解放和独立斗争所取得的伟大成果。因为，长期以来，以发展中国家为主体的第三世界，即分布在亚、非、拉三大洲的一百多个国家，其经济发展速度虽已逐步超过以经济合作组织为代表的二十几个工业发达国家，但由于发展中国家和发达国家的发展基础极为悬殊，特别是发展中国家的人口增长率远远超过发达国家，贫富差距较大，这使得发展中国家在世界经济中的地位难有显著提升。

然而，这一局面在上世纪90年代以来的十几年间发生了巨大的改观。至2007年，新兴国家在全球经济总量中所占比重已超过49%；新兴国家的外汇储备迅猛增加，目前已占世界外汇储备的四分之三。这一经济力量的消长，必然对世界政治以及国家关系产生深刻的影响。

国际形势及变化

新兴国家的兴起及经济发展的强劲势头极大地冲击着发达国家的经济主导地位。新兴经济体正在改变世界经济的发展趋势。

2003年10月，美国高盛投资银行最先提出“金砖四国”概念，指的是巴西、俄罗斯、中国、印度这几个经济发展迅速、政治影响不断扩大、国际地位日益提高的新兴国家。2007年，这家银行又提出“钻石十一国”（包括菲律宾、孟加拉、埃及、印度尼西亚、伊朗、韩国、墨西哥、尼日利亚、巴基斯坦、土耳其、越南），日本“金砖四国”经济研究所则提出“VISTA五国”（越南、印度尼西亚、南非、土耳其、阿根廷），都是指继“金砖四国”之后，有望蓬勃发展的国家。其中，越南、土耳其和印度尼西亚分别在这两个名单上榜上有名。这些国家的兴起及经济发展的强劲势头极大地冲击着发达国家的经济主导地位。新兴经济体正在改变世界经济的发展趋势。预测到2050年，新兴经济体国家的经济总产量将占到全球产量的近78%。

在新兴国家中，发展最为迅速的是金砖四国。从1998到2006年，按年均生产总值实际增长率计算，巴西为2.2%，俄罗斯为5.4%，印度为6.6%，中国为9.1%。今年3月4日，“普华永道”发表最新报告，预测中国经济规模将于2025年或更早超越美国；印度的经济规模到2050年可能增长至美国的90%；巴西将超越日本，位列全球第四大经济体；俄罗斯、墨西哥及印度尼西亚可能在本世纪中叶超越德国或英国；越南的经济规模到2050年可能增至英国的70%。据美国金融人士预测，到2042

年，金砖四国的规模将超过当今的美、日、德、英、法、意和加拿大的总和。到2050年世界六大经济强国将是中国、美国、印度、日本、巴西和俄罗斯。金砖四国保持着强劲的经济发展势头，但是仍面临重重困难。比如，中印是人口大国，中国人口占世界人口的比例为20.7%，印度为17.3%。两国都面临贫富差距不断扩大的严峻形势。两国的教育事业发展并不平衡，印度的文盲仍然为数不少。两国经济飞速发展，对能源和原材料的需求不断增长。特别是改革开放以来，西方发达国家将大量对环境污染严重、原料消耗高的企业转移到中国，给中国带来了严重的环境污染问题。如何进一步发展在世界上占据越来越重要地位的制造业，已成为中国坚持可持续发展、防止环境污染的重要课题。印度发展的优势在于软件工业，而基础设施建设薄弱已成为进一步发展经济的瓶颈。世界银行2006年报告称，俄罗斯国内生产总值有25%来自石油的贡献。石油出口所获得的收入已占财政预算的一半。俄罗斯整体经济发展还面临许多艰巨问题。巴西享有最肥沃的农耕地、天然矿产，特殊金属蕴藏量极其丰富，但是巴西的增长率在“金砖四国”中，仍占末位。

总之，“金砖四国”以及其他的新兴国家在经济发展的道路上，仍面临一系列严重的问题。尽管发展前景乐观，但这并不意味着它们能像今天的美欧日那样主导世界经济。首先，美欧日目前在资金拥有量及高科技等方面仍处于世界领先地位；而西方权威经济组织在观察全球经济形势时，往往会高估新兴国家迅猛发展的经济能量。这在一定程度上，是出于未雨绸缪的考虑，以防止世界经济进一步朝着不利于西方工业发达国家的方向发展。

尽管西方发达国家在新兴国家发展趋势问题上，至今莫衷一是，但大体上看，有三点基本判断是一致的：

一、自从工业革命以来，西方发达国家对世界经济的主导地位将逐渐让位于新兴国家。

二、工业国家仍然拥有显而易见的优势，它们拥有高科技，基本控制着国际金融市场，拥有强大的政治、经济、军事力量。但与此同时，也存在着致命的弱点：人口老化，社会福利体制难以为继，外来人口不断增加，制造业竞争力日趋薄弱，一些产业部门向新兴国家转移等等。

三、西方工业国家不仅面对中国的经济挑战，还面对着中国发展模式的挑战。

国际组织与国际秩序

多年来，西方发达国家和新兴国家围绕着国际组织、国际政治经济秩序展开合作、竞争以至争夺主导地位的斗争。

2003年，美国出兵伊拉克，遭到法国、德国的坚决反对。此时在联合国五个常任理事国中，形成了俄法中对美英的3比2局面。随着欧美关系的改善，联合国五常在辩论一些国际问题，或者就一些重大问题进行辩论时，中俄立场往往比较接近，而美英法的立场比较一致。

长期以来，美国认为它的主张在联合国内得不到大多数国家支持，并将之说成是第三世界的“暴政”，因此对联合国的态度一向是能用则用之，不能用则将联合国搁置一旁。与此同时，美国更重视工业七国首脑会议的作用（1997年俄罗斯加入后变成八国首脑会议）。这一组织是在上一世纪70年代由法国总统德斯坦和德国总理施密特倡议成立的。1975年11月，在法国朗布依埃举行了第一次首脑会议，参加的有法、美、德、日、英、意等六国领导人。首次召开的首脑会议，主要目的是协调西方工业国家的经济政策，共商对策，对付苏联东欧社会主义阵营。1976年6月，在波多黎各的圣胡安举行第二次会议，加拿大正式出席，形成七国集团。自1991年以来，前苏联总统戈尔巴乔夫应邀参加，成为7+1首脑会晤的开端。直到1997年，七国首脑会议在美国丹佛举行，当时的美国总统克林顿作为东道主正式邀请俄罗斯总统叶利钦参加七国首脑会议，从此，七国集团改名为八国集团。七国首脑会议在酝酿过程中，最先将意大利排除在外。这成为德意关系中的一个棘手问题。意大利认为第二次世界大战中，德意日是轴心国，战后，德日通过西方国家首脑会议的创建，可以恢复大国地位，而唯独意大利被排除在外。意大利对此一直耿耿于怀。在联合国内，意大利成为咖啡俱乐部最积极的成员，坚决反对德国成为安理会常任理事会的成员。

西方工业国家高度重视八国集团峰会的意义与作用。美国一度想绕开联合国，使八国集团成为讨论国际大事、研究共同战略的中心平台。近年来随着新兴国家地位、影响的不断提高，八国集团在2003年会上邀请中国、印度、巴西、南非和墨西哥五个发展中国家参加非正式会议。2007年，在德国举行八国首脑会议，保持8+5的模式。德国总理默克尔主张将8+5对话机制固定下来，形成一个“G8+5集团”。发展中国家参加八国首脑会议非正式对话已有十多年历史，他们并不满意只是被动地应邀与会，希望在五国之间建立正式对话机制。由于可以理解的原因，墨西哥对此最为积极。早先，八国集团中，德法两国不断建议，应吸收中国参加。今年年初，法国总统萨科齐和英国首相布朗先后访问印度，均建议现行八国集团应增加中国、印度、巴西、墨西哥和南非等五国为峰会正式成员。美日两国一向认为G8，特别是G7是有着共同价值观的国家集团，对中国的加入持反对或保留的态度。德国前总理施密特今年2月初还公开致函美国总统候选人，质询美国最终是否会接受中国成为G8成员。中国国内多年以来不断有人主张加入八国集团，事实上，这将涉及两个问题：1. 加入对中国是有利还是不利；2. 中国要加入，也不能一厢情愿。

围绕着国际组织之争，最终还是要落脚到如何对待当前的国际政治和经济秩序。战后，中国一直被美国排挤在联合国之外，直到上世纪70年代初，才恢复了中国在联合国的合法席位。中国对当时的国际经济和政治秩序一直持否定的态度。50年代初，中国、印度两国共同倡导“和平共处五项原则”为处理国与国关系的准则，中国提出了以“和平共处五项原则”作为基础建立国际新秩序的主张。自从中国进行了市场经济导向的改革开放和加入世界贸易组织后，中国逐渐认可并融入了现行的国际经济秩序。但是，现行经济秩序多是西方国家主导制订的，有不少与发展中国家的利益是相抵触的。《联合国宪章》可以被认为是现行国际政治秩序最主要的一个组成部分。《联合国宪章》的中心内容，一是维护国家主权独立和领土完整，二是反对干涉别国内政，三是维护现行的国际法。战后，随着发展中国家摆脱殖民统治，取得民族独立，维护国家主权独立和领土完整，反对干涉别国内政这两项基本原则变得日益重要。而西方主要国家宣扬“民主国家互相不打仗”，认为世界动乱的根源在于“不良政府”，因此要修改“不干涉别国内政”这一准则，放手干涉别国内政。但是，近些年国际社会的实践证明，不按一国的实际情况，强行推行西方民主，结果往往是导致更大的动乱。可以说，现行的部分政治秩序，特别是战后确认的维护国家主权独立和领土完整，以及反对干涉别国内政两项原则是符合发展中国家的基本利益的。

国际新秩序往往是在一场大战之后才得以建立的。第二次世界大战后，联合国的创建，奠定了国际新秩序的基础，也是战胜国将自己的意志强加在战败国身上的结果。冷战结束之后，曾有“历史终结”之说。上一世纪90年代初，第一次海湾战争前后，美国总统布什曾主张按照美国的意图，建立冷战后的新秩序，后来逐渐销声匿迹。这当然与呼应者很少有关系，也说明“冷战”并非“热战”，难分战胜和战败。现在提出建立国际新秩序，和现行的秩序有什么区别？由于存在不同利益，势必引起激烈的争论。事实上国际关系中任何一个准则的确立，往往是力量对比的结果。面对这一形势，坚持维护发展中国家的权益，推动国际秩序朝着更为公正、合理的方向发展，可能更为现实。

大国关系变化

新兴国家的兴起，国际组织和国际秩序的变革，在大国关系中得到最为生动和微妙的反映。

国际形势的变化，经济发展的趋势，以及大国实力的盛衰，都是影响大国之间相互关系的主要因素。任何一个大国都在根据以往的发展经历，本国实力的增强或减弱，对外影响的上升或下降，为了维护自身的利益而不断调整政策，处理对外关系。冷战结束后，东欧剧变，苏联解体，美国成为唯一超级大国。上一世纪90年代，美国经济快速增强，超过欧洲、日本一倍以上，使美国稳稳地处于傲视群雄的地位。“9·11”事件后，随着美国被困在阿富汗和伊拉克，新保守主义思潮即从巅峰急剧跌落下来。近年来，欧盟德、法、英三大主要国家政府更迭，重新启动欧盟联合进程已取得共识。日本政坛接连变动，从小泉、安倍到福田的执政，都显示日本的对内、对外政策出现的变化。俄罗斯新总统于今年5月就任，中国召开了中共十七大，昭示两国政策的连续性；美国大选正在激烈地进行中，究竟谁将入主白宫，迄今尚无定数，但是改变布什的内外政策，已成定势。可以预计，大国关系发展的总趋势，不会发生根本性变化，而面对新的挑战，各国力量的消长，将会出现新的变数。

美国为维护其唯一超级大国地位，防止任何一个大国兴起，挑战美国全球霸权地位。当前，美国既要占有欧亚大陆的中间地带——中东，又要摆脱伊拉克战争带来的困境。美国将中国看作未来最有可能挑战美国霸权地位的新兴大国。因此，美国对中国始终采取两手政策，既要防范、遏制，也要谋求合作。欧日是美国的盟国，但美国并不完全放心，力图将欧日置于可控制的地位。而俄罗斯作为仅次于美国的第二军事大国，是对美国唯一具备战略核威胁的国家。因此美国把挤压俄罗斯战略空间作为美国当前的战略部署。美在波、捷建立反导基地，和俄罗斯争夺乌克兰、格鲁吉亚，在科索沃问题上与俄较量，修建从中亚绕开俄罗斯、直通欧洲的油气管道。看来美俄之争将持续下去。

美欧关系近年来有所修复，虽然相互利益并不一致，其共同点还是高于分歧。但是欧洲对美国推行单边主义、离间新老欧洲关系的做法，仍保持着戒心。欧洲国家更关心美国下任总统的政策趋向。德国前总理施密特在《时代》周刊上发表致美总统候选人的公开信表示，美国总统候选人很少谈论美国今后的外交政策。他提出12个大问题，其中包括：美国准备如何结束伊拉克战争，（在美国心目中）伊拉克应该什么样？如何和平解决巴勒斯坦和以色列冲突？全世界有四分之一的人生活在伊斯兰教国家，美国同意容忍伊斯兰的文化和宗教吗？还是要为“文明冲突”而斗争？美国是否同意，除了中近东之外，俄罗斯是对全球安全的最大挑战（布热津斯基语）？或者同意我们的判断，自从戈尔巴乔夫以来，并没有越过本国的边境线，要比沙皇和苏联时期对外更为和平。施密特至少是代表了不少欧洲政治家的看法。从中不难看出，欧美依然存在着深刻的分歧。

俄罗斯与其欧洲邻国的关系，也已经跌到了1991年以来的最低点。欧洲国家和美国一起继续挤压俄罗斯的战略空间，围绕中亚、黑海能源管线建设以及解决科索沃、格鲁吉亚和乌克兰等问题，与俄罗斯的争夺与摩擦日益加剧。俄英更因间谍案件，两国关系恶化。美国决定在波兰和捷克建立反导系统，俄罗斯做出强烈反应，宣布暂停履行《欧洲常规武装力量条约》。美俄争夺欧洲已进入炽热的时期，欧俄关系改善遇到重重障碍。面对俄罗斯，欧盟内部分成两派，新欧洲主张对俄强硬，而大多数欧盟成员国希望和俄罗斯改善关系，加强经济合作；或至少发展与俄罗斯正常的国家关系。2007年11月7日，欧盟外交委员会就欧俄关系发表公开文件称，俄罗斯问题已成为分裂欧盟最严重的问题。欧盟内部存在两个极端派，一派是经常维护俄罗斯利益的希腊和塞浦路斯，一派是经常动用否决票阻止欧盟与俄罗斯谈判的波兰和立陶宛。而德国、法国、意大利和西班牙等国则主张与俄建立特殊关系。欧盟在俄罗斯问题上无法用一个声音讲话，削弱了欧盟作为整体协调对俄罗斯关系的能力。

当前，欧俄双方面临两大问题：1. 启动欧俄新“伙伴合作协议”谈判；2. 欧盟提出建立“能源预警系统”。伙伴合作协议谈判一直未能启动。近年来，欧俄经济关系迅速发展，俄罗斯非常重视发展和欧盟的经济贸易关系，是有求于欧盟的。而在能源方面，则是欧盟有求于俄罗斯。欧盟对俄的能源依赖不断扩大。面对俄罗斯在能源领域保持的优势，欧盟提出建立“能源预警系统”。欧盟近年来在投资俄罗斯能源产业的同时，对生产和输送管道领域实行控制，并修建了绕开俄罗斯直接将里海能源输送欧洲的管道，但是收效不高。

人们从中不难看出，建立欧俄新的伙伴合作关系和建立“能源预警系统”两件事互相关联，互为影响，由于经济因素涉及重大利益，因此双方只能寻求妥协途径，才能妥善处理好欧俄关系。看来，欧俄关系受经济因素的制约，双方关系既有较量，又有妥协，不致走得太远。

而从政治层面上看，双方关系的改善还有一段路要走。这是当今欧俄关系的现状和基本发展趋势。

中国和各大国关系，总体来说，是朝着稳定的方向发展。中俄关系正在深化；中日关系有了修复；中欧关系有些波折，但保持着发展势头。就西方国家而言，出于价值观不同，它们对中国的敌视和带有偏见地观察中国，将保持一个很长的时期。它们对中国的兴起带有双重心态，在政治上，由于中国在国际、地区问题上采取公正的立场，承认中国的稳定发展有利于世界和平与稳定；另一方面，他们又担心中国扩大影响，危及西方国家在国际事务中的主导权。经济上，中国经济强劲发展，带动世界经济发展的作用日益增强，对西方国家也是有利的；但它们又担心，中国不仅成为它们的竞争对手，中国发展模式对发展中国家的吸引力日益增强，而且有可能超过西方模式的吸引力。

就中国和发展中国家而言，在经济全球化的过程中，双方关系日趋密切。探讨发展中国家在今天世界上的权益，远比过去更有成就，上海合作组织，中、俄、印三国关系，G8+5模式的五国关系，和东盟合作的10+3模式等等，都具有广阔前景。

（2008年5月25日《解放日报》第8版）

俄欧谈判路犹长

6月26日—27日，第21届俄罗斯与欧盟首脑会议在俄罗斯中部汉特-曼西自治区举行，会前双方都表示了改善关系的良好愿望。今年3月梅德韦杰夫当选俄总统后，德国总理默克尔成为西方国家第一个访俄的领导人，梅德韦杰夫也将德国作为他就任总统后出访的第一个欧洲国家。与此同时，普京总理也访问了法国。

近年来，欧盟的凝聚力有所加强，但欧盟内部对俄政策一直存在分歧，欧盟在俄罗斯问题上无法用一个声音讲话，以致削弱了欧盟作为整体协调对俄罗斯关系的能力。而大多数欧盟成员国还是希望和俄罗斯改善关系，加强经济合作；或至少发展与俄罗斯正常的国家关系。

欧俄关系中面临两大问题，一是启动欧俄新《伙伴关系与合作协定》谈判，二是欧盟提出建立“能源预警系统”一事。对欧俄新《伙伴关系与合作协定》谈判一事，过去一再遭到波兰否决，今年立陶宛再次否决。经欧盟内部多次协调终于取得一致意见。这次会后，欧俄双方将重新启动这一谈判。

欧俄经济关系也在近几年取得飞速发展。从2000年到2006年，俄罗斯与欧盟的贸易增长了近两倍，达到2310亿美元，欧洲在俄罗斯的对外贸易中占了近53%。在俄罗斯吸收的全部外资中，有一半以上来自西欧。因此，俄罗斯重视发展和欧盟的经济贸易关系，是基于在这一领域有求于欧盟。而在能源方面，则是欧盟有求于俄罗斯。欧盟对俄的能源依赖不断扩大：2005年，欧洲从俄罗斯进口石油和天然气分别占它总进口量的32.3%和33.8%；俄德还合作铺设跨越波罗的海的天然气管道；俄与匈牙利签订了修建延长到土耳其的"蓝色溪流"天然气管道协议，与保加利亚、希腊和意大利签订了修建连接这些国家输油管道协议。俄罗斯因而掌握着向欧洲输送能源的主动权。此外，俄罗斯还与土库曼斯坦、哈萨克斯坦和乌兹别克斯坦签订了共建中亚地区最大规模油气管线的重要协议。从这些协议来看，俄罗斯正在设法修建的管道绕过了反俄最为坚决的波兰和波罗的海三国，也给美欧绕过俄罗斯从中亚各国直接向欧洲出口天然气的计划制造了困难。面对俄罗斯在能源领域保持的优势，欧盟提出建立"能源预警系统"，欧盟担心俄罗斯和乌克兰以及白俄罗斯相继发生天然气危机，影响到西欧国家。欧盟近年来采取投资俄罗斯产业的措施，禁止能源企业同时对生产和输送管道领域实行控制，并加紧修建绕开俄罗斯直接将里海能源输送欧洲的管道，但收效不明显。

人们从中不难看出，建立欧俄新的伙伴合作关系和建立"能源预警系统"两件事互相关联，互为影响，由于经济因素涉及重大利益，因此双方只能寻求妥协，才能处理好欧俄关系。欧俄通过协商、谈判、寻求改善关系，符合双方利益。看来，欧俄关系受经济因素的制约，双方关系既有较量，又有妥协，不致走得太远；而从政治层面上看，双方关系的改善还有一段路要走。这是当今欧俄关系的现状。

（2008年6月30日《解放日报》第3版）

德国政坛格局要变？

德国联邦议会选举定于2009年9月举行。日前，德国社民党召开了高层闭门会议，社民党籍德国外长兼副总理施泰因迈尔被提名为该党2009年联邦议会选举的总理候选人。

实际上，大选的争斗早已展开。今年8月底，德国黑森州左派党党代会在黑森州罗拉尔召开。会上，左派党决定支持黑森州社民党和绿党组成少数派联合政府执政。左派党的这一重大决定，有可能成为德国政治格局变化的前奏。因此激起德国政界激烈的争论。

今天德国的舆论界往往用不同的颜色标志进入联邦议会的五个政党的政治倾向。黑色是基民盟/基社盟；红色是社民党；黄色是自民党；绿色是绿党；还有左派党也是红色。

德国两大政党基民盟/基社盟和社民党都主张建立社会福利国家，得到各阶层广大选民的支持，被视为全民党。从战后两党的政治主张来看，基民盟/基社盟是西方国家传统意义上的保守政党，而社民党则是“左”倾的政党。就基民盟/基社盟和社民党的区别而言，最本质的一点还是在于一个更多地维护企业主的利益，另一个更多地代表职工的利益，和工会比较接近。

而其他三个小党中，自民党主张国家应该减少对市场的干预，支持者多为高薪和高级知识分子阶层。绿党建立于1980年，保护环境、反对修建核电站是该党的基本政治主张。左派党建立于2007年，它是由两个党合并而成的。

目前在德国执政的是由联盟党（基民盟/基社盟）和社民党于2005年11月组成的大联合政府。但是近年来，这两个大党的优势地位已受到很大削弱。最为突出的是，2003年社民党执政期间制定了“2010议程”。这个“议程”认为，德国面对经济全球化的发展，经济停滞不前，同时人口不断减少，唯一的出路是减少目前德国的高福利待遇。多数职工不满意“2010议程”，特别在职工集中的鲁尔等工业地区的选举中，社民党纷纷失守于保守的基民盟。而基民盟在推动东德地区经济发展方面遇到了重重困难，导致东德地区人民希望早日和西德地区人民拉齐生活水平的期望落空。这引起了相当多的德国人的不满，对它的支持率不断下降。

此外，现在德国有不少青年人，并不固定支持哪一个政党。他们往往在选举前夕，根据各党不同的政治主张做出选择。这种状况促使两大党的支持率不断下降。今年8月，德国电视一台民意测验结果是：基民盟/基社盟的支持率36%，社民党24%，自民党12%，左派党14%，绿党11%。按照这个民意测验的结果，要么两个大党联合，要么一个大党联合另外两个小党，才能组成执政的联合政府。但现任总理默克尔表示，2009年大选后，不愿意和社民党组建大联合政府。她更倾向建立黑、黄、绿联合政府。而社民党的最佳选择也是建立红、绿、黄三党联合大政府。

社民党黑森州党代会将在今年10月召开，会上将对左派党的决定给出答复。不过，社民党目前还面临不少困难。一是基民盟正在施加压力，声称黑森州这一联合将会危及当前的两党大联合政府。二是社民党从中央领导到黑森州都有人反对和左派党合作。三是左派党表示，合作不是无条件的。

（2008年9月11日《解放日报》第6版）

奥巴马对华政策：有调整无大变

这次美国总统选举，使人们不禁回忆起2000年的大选。那次，布什总统在大选前后一再表示，不同意美中两国建立战略伙伴关系，强调美中两国是竞争关系。布什上台伊始，国务院领导班子换人，了解中国的专家纷纷离开岗位。不久后发生的中美撞机事件，使中美关系跌入低谷。

这次大选，选民更关注的是如何重振美国经济，恢复美国在国际上的声誉，中国问题已不再是一个众所关注的问题。两党候选人，不论是奥巴马，还是麦凯恩都很少提到中国。他们一改过去惯常做法，不再将攻击对方的对华政策作为争取选票的重要来源。

奥巴马将在2009年1月入主白宫，他的对华政策究竟怎么样？

首先，从民主党的竞选纲领来看，基本上对华政策仍是“两面下注”、“接触加遏制”的政策，在人权、西藏、言论自由等方面还是难免会继续指责中国，要求贸易平衡和人民币继续升值。

其二，奥巴马认为美国面临的主要威胁是新兴大国的崛起，美国应重视发展和新兴大国的关系。面对世界权力中心向亚洲转移，中国正在崛起，美国应主张建立美中日三边机制。美国全球影响下降，无法独自应对挑战，美应重振世界领导地位，而非搞孤立主义和战略收缩。但他也重申，“中国既不是我们的敌人，也不是我们的朋友，而是我们的竞争者。”在台湾问题上，美国将坚持执行《与台湾关系法》，继续售台武器。

由此可见，奥巴马支持与中国建立长期、积极和建设性的关系，并且深入美中经济安全和全球问题的高层讨论。奥巴马确认中国的重要性，寻求与中国的合作。

在预判奥巴马对华政策有何变化时，还不能忽视过去八年来在中美关系中出现的新因素：

首先，近年来，中美两国经济实力差距迅速缩小，预计2008年中国的国民生产总值接近4万亿美元，美国约为15万亿美元。这与以往中美差距相差十多倍已不可同日而语。

第二，中美贸易迅速发展，两国经济依存度不断加深。中美贸易额2007年已达3867亿美元，占中国对外贸易的20%。而且今天中国拥有1.9万亿美元外汇储备，位居世界第一。截至今年7月，中国持有的美国国债共计5187亿美元，仅次于同期持有美国国债5934亿美元的日本，位居世界第二。

第三，布什执政八年，内政、外交败绩累累，唯有稳定和中国的关系，成为一个亮点。中美两国在一系列的国际、地区问题上有着共识，加强合作符合两国利益，也有利于世界的和平与发展。

综观奥巴马在竞选中的言论和中美两国关系稳定发展的现状，我们可以乐观地看到，中美关系还将继续顺利发展。与此同时，也必须看到美国朝野仍然将中国看作挑战美国领导地位的最大威胁。因此中美两国在加强合作的同时，在一系列问题上出现分歧也在所难免，美国将不会放弃向中国施加压力、牵制中国、防止中国扩大影响的惯常做法。

（2008年11月7日《解放日报》第3版）

格乌加入北约再受阻
美欧俄关系微妙生变

12月2日，北约外长会议讨论吸收乌克兰和格鲁吉亚加入北约事宜。美国国务卿赖斯要求简化两国加入北约的程序，通过加强合作，径直成为北约成员国。这一建议立即遭到德国、西班牙和荷兰等西欧国家的反对。面对僵局，北约只好委托德、美、英、法四国磋商，最终达成妥协：一方面按照美国要求，北约加强与乌克兰和格鲁吉亚两国的合作；另一方面决定仍将两国排除在预备“成员国行动计划”之外。也就是说，近期不会吸收两国加入北约。这是美国在今年北约布加勒斯特四国峰会上未能将乌格两国列入“成员国行动计划”后，遭到的又一次挫折。美欧俄三角关系正在发生微妙的变化。

今年8月格鲁吉亚和俄罗斯发生武装冲突后，美欧双方的反应迥然不同。美国要求七国集团通过决议谴责俄罗斯，遭到欧盟否决。法国总统萨科齐未和美国商量，立即在俄格之间进行调停，促成六点停火协议。10月，欧盟开会决定恢复和俄罗斯关于合作伙伴协议的谈判。在本月2日和3日举行的北约外长会议上，德法等欧洲盟国又顶住美国的压力，使北约做出了逐步恢复与俄罗斯高层政治对话的决定。

上述一系列举动表明，欧盟已经迈开步子，谋求和俄罗斯进一步缓和关系。与远在大洋彼岸的盟友美国不同，欧盟在能源上依赖俄罗斯，又是近邻，不能不考虑俄罗斯的关切，而且美国目前尚自顾不暇，欧盟自然不会盲目追随美国。

值得注意的是，之前在如何对待格俄冲突问题上，美国内部也存在分歧。副总统切尼主张出兵支持格鲁吉亚，遭到总统布什、国务卿赖斯和国防部长盖茨的反对。即将入主白宫的奥巴马将如何应对俄罗斯，目前看来还是一个不确定因素。奥巴马早在竞选时就表示过要妥善处理与俄罗斯的关系。在他上台之后，美国新政府是继续挤压俄罗斯的空间，还是在对俄政策方面变得更灵活一些？这在很大程度上将取决于未来新政府能否摆脱金融危机造成的困境。

（2008年12月5日《解放日报》第4版）

《中美建交公报》发表30周年 双重因素交织，中美关系曲折前行

30年前的今天，中美两国发表了《中美建交公报》，宣布两国自1979年1月1日起相互承认并正式建立外交关系。

30年来，中美关系在持续稳定发展、不断深化的同时，始终跌宕起伏，曲折多变。

进入新世纪以来，中美两国高层接触往来日益密切和频繁，过去7年间，两国元首举行了不下20次的会晤。中美经济贸易额不断增长，已经成为相互最为重要的贸易伙伴，中国是世界上拥有美元储备和持有美国国债最多的国家，中美两国已经难以只谋求自己单方面的利益，而不顾对方利益。

冷战结束后，中美两国共同面对新的安全威胁和非常规威胁，双方不断协调立场，争取达成共识。中国同情并全力支持在“9·11”事件中遭受恐怖主义袭击的美国进行反恐斗争。在涉及朝核、伊核等热点问题上，均力图通过协调，促使双方立场有所接近。中美两国建立了60多个涵盖各个重要领域的战略对话机制。尽管中美两国仍然存在着种种分歧，但是都希望加强合作，寻求共识，维护国家利益。今年，金融、能源和粮食危机同时爆发，中美共同致力于缓解这些危机带来的影响，

凸显了两国合作的重大意义。

中美关系始终受双重因素的影响，一方面是双方利益交融、相互依存，在很大程度上保证了近年中美两国关系的稳定发展。而另一方面，由于中美两国实力存在着较大的差距，以及美国朝野对中国的负面看法，构成笼罩两国关系的浓重阴影。在美国看来，中国力量不断加强，必然会挑战美国的领导地位。一个新兴的中国，将成为西方的主要对手，中国的发展模式将和西方的“自由、民主”模式抗争。美国新保守派近年来一再主张认真对付中国，要做好与中国进行一场新冷战的准备。他们不仅反对美国政府的对华接触政策，而且认为即使对中国进行遏制也还是不够的，应该颠覆中国的“独裁专制”政权。当然这些主张对于美国政府而言，还不是现实的选择。

上世纪70年代初，中美两国出于各自的战略利益考虑开始相互接近。1972年2月，尼克松总统访华后发表了《上海公报》，标志着中美两国结束了23年的隔绝和对抗。但是台湾问题始终是实现中美建交的主要障碍。美国接受中国提出的“断交、撤军、废约”三原则之后，中美1979年终于建交了。此后不久，美国又通过《与台湾关系法》，坚持继续售台武器。继卡特总统之后的里根总统早在他竞选期间，就表示要恢复与台湾的官方关系，继续向台湾出售武器。为此中国和美国进行了严正交涉。经过10个月的谈判，中美终于在1982年8月17日发表了《联合公报》(《八·一七公报》)。此后，美国历届总统期间，中美之间风波始终不断。1989年春夏之交的政治风波后，老布什总统对中国进行制裁，并在其执政后期向台湾大规模出售武器；克林顿总统以人权问题压制中国，邀请李登辉访美，之后以美国为首的北约轰炸我驻南使馆；小布什总统上台后，反对与中国建立战略伙伴关系，强调美中之间是竞争的关系，随后又发生撞机事件。这些事件导致了中美关系始终起伏不定。

面对美国在不同时期对华政策变化，30年来中国历届领导人始终坚持冷静对待的一贯立场，逐一化解这些困难，维护了中国的利益，也符合美国的长远利益。

30年来，中美两国实力的差距已经大大地缩小，中美之间对话渠道保持前所未有的畅通。即将入主白宫的奥巴马多次表示重视美中关系，愿意进一步加强美中关系。人们完全有理由乐观地看待中美关系今后的发展，同时又要冷静地看到影响中美关系发展的消极因素依然存在。我们应该以“凡事预则立”的态度，消除一切可能造成两国关系逆转的可能性。

（2008年12月16日《解放日报》第4版）

美反恐重点向阿转移

美国宣布从伊拉克撤军后，反恐战争的重点将向阿富汗转移。奥巴马早在总统竞选时就表示，反恐战争的重心不在伊拉克，而在“9・11”事件的策源地阿富汗。奥巴马入主白宫后，于2月17日宣布，向阿富汗增兵1.7万人。据报道，美国最终计划将驻阿部队从目前的3.4万人增加到6.6万人。这表明美国正在将反恐重心转向阿富汗，准备以重兵围剿塔利班。

美国经过在阿富汗进行8年反恐战争，不仅没有找到策划“9・11”事件的基地组织领导人本・拉登，而且也未能沉重打击塔利班。塔利班在当年从大城市撤出后，又重新聚集力量，东山再起。去年，恐怖袭击、暴力冲突激增，造成逾5000人死亡，这是自2001年以来伤亡最为严重的一年。阿富汗受国际粮油价格上涨的影响，通货膨胀率高达24%，人民生活贫困，这是造成阿富汗政治不稳定的另一个重要因素。

阿富汗国内处于分裂状态，北方在部族长老统治下，南方塔利班势力不断扩大，卡尔扎伊政府难以控制阿富汗政局。最近德国电视台对阿富汗人民进行一次民意测验，结果只有三分之一的人认为美国和北约部队在阿富汗取得了积极成果。仅有三分之一的人相信，外国军队能战胜塔利班。约三分之二的阿富汗人主张和塔利班谈判，吸收塔利班参政。半数以上的阿富汗人希望外国军队撤出阿富汗。阿富汗政府此前也在沙特阿拉伯的调解下和塔利班有过接触。

奥巴马曾经说过，要解决阿富汗问题，首先要解决巴基斯坦问题。巴基斯坦当前饱受金融危机打击，经济形势恶化，人民群众不满，政局处于不稳定状态。孟买恐怖袭击事件后，印巴关系再度紧张。而稳定巴基斯坦，缓和印巴关系，正是阿富汗问题解决的前提。

从北约内部来看，美国增兵阿富汗后，北约的欧盟成员国反应并不积极。从外部看，中亚是进攻阿富汗的必经要道。而中亚各国对外政治动向正在发生微妙的变化。中亚各国更希望在大国之间发挥平衡作用，并不希望与任何一个大国搞坏关系。当前，美俄加紧争夺中亚，挤压中亚各国活动空间。吉尔吉斯斯坦已经宣布关闭美国设在其境内的马纳斯空军基地。可见，美国如何处理好与俄罗斯的关系，也是一个不能回避的问题。

面对这些重重困难，奥巴马不得不承认，仅通过军事手段不能从根本上解决塔利班和极端主义泛滥的问题，需辅以外交手段。美国国防部长盖茨表示，美国一向认为，某种政治和解必须成为阿富汗问题长期解决方案的一部分。眼下，奥巴马政府正在草拟对阿富汗局势的战略评估报告，可以预料，美国将重兵围剿塔利班，但与此同时也将软硬兼施，采取武力和和平两手，不会关闭和塔利班谈判的大门，但条件是塔利班要放下武器，实现和解。

阿富汗反恐战争如何开展，美国又将采取什么策略应对有关各方，即将露出端倪。不论美国在阿富汗的反恐战争顺利进行、僵持不下、甚或重蹈伊拉克战争覆辙，都将对南亚、中东、中亚产生深刻的影响。

（2009年3月9日《解放日报》第6版）

美伊闹出“间谍案”伊朗核问题增变数

日前传来一则消息称，伊朗一家法庭裁定伊朗裔美国女记者罗克萨娜·萨贝里间谍罪名成立，处以八年监禁。据伊朗媒体报道，伊朗总统内贾德呼吁伊朗司法当局保障美国“间谍记者”合法权益。

“间谍记者”一案使正处于好转的美伊关系出现新变数。而内贾德的呼吁又使人感到此事似乎仍有转圜余地。

伊朗核问题涉及四个问题：

一、美伊能否直接接触就核问题进行对话。伊朗一直放风，要解决伊朗核问题，关键是伊朗和美国直接谈判，而谈判的内容不能只限于伊朗核问题，还要加上伊美关系正常化问题。在美国和伊朗两国国内都有主张通过直接对话缓和两国关系的声音。实际上美伊两国通过秘密渠道对话始终不断。

二、国际社会对伊朗拥有和平使用核能的权利并无异议。但是大多西方国家认为，如果允许伊朗继续进行浓缩铀活动，有朝一日伊朗终将进入拥有核武器的行列。现在，美国有人主张，可以允许伊朗进行一定量的浓缩铀，但要接受国际原子能机构的严格监督，防止伊朗逾越这个界限。伊朗是否应首先放弃浓缩铀活动还是允许伊朗有限度地进行浓缩铀活动，在这两者之间还有谈判的空间。

三、伊朗在中东地区的作用。伊朗和伊拉克执政的什叶派有着密切的关系；伊朗一向和叙利亚合作支持巴勒斯坦哈马斯和黎巴嫩真主党；“9·11”恐怖袭击后，美国攻入阿富汗，伊朗曾暗中支持美国打击塔利班。美伊利益关系纠结，两国都在权衡利弊，在中东众多利益中寻求符合本国利益的最大可能性。

四、美伊关系正常化。美伊断交30年，以往美国一向企图利用核问题向伊朗施加压力，而不与美伊关系正常化问题挂钩，现在看来这似乎是不可能的。

伊朗核问题绝非短期内就可以彻底解决。奥巴马上台后一再表示，愿和伊朗直接谈判，至少是走出了第一步，缓和两国紧张关系有了好的开端。在这当口，“间谍案”将会对美伊关系产生什么影响，值得人们关注。

（2009年4月23日《解放日报》第4版）

美俄博弈未有竟期

八国首脑会议还未落幕，俄罗斯总统梅德韦杰夫就表示，如果美国在导弹防御系统问题上无法与俄罗斯达成协议，俄罗斯可能在与波兰接壤地区部署导弹。

梅德韦杰夫总统去年11月发表国情咨文时宣布，为了应对美国在东欧地区部署反导系统，俄将在与波兰接壤的加里宁格勒州部署“伊斯坎德尔”战术导弹系统。众所周知，美国总统奥巴马在上台前后，多次表示要妥善处理和俄罗斯的关系，认真考虑在东欧部署导弹防御系统计划。今年2月，美国副总统拜登在慕尼黑会见俄副总理伊万诺夫时表示，美国将重新评估导弹防御系统计划。随后，美国副国务卿伯恩斯访俄时，也称在这一领域考虑和俄开展新形式合作。这多少使俄罗斯看到，美国在这个问题上的立场与布什总统执政时期相比，已经有了松动。

不久以前，美国总统奥巴马访问莫斯科前夕，俄总统梅德韦杰夫强调美俄能否就两国新的战略武器控制条约达成协议，取决于美国能否放弃在东欧部署反导系统。

梅德韦杰夫再次重申要在加里宁格勒州部署导弹，给予人们的第一印象是，俄罗斯对俄美首脑莫斯科会晤取得的成果是不满意的。事实上7月初，俄美首脑在莫斯科会晤后，国际舆论反应是美国收获颇丰，俄罗斯并没有从美国取得任何现实的好处。特别是围绕反导系统问题上，两国发表的声明只称“依然存在分歧”，要“考虑就导弹的挑战和威胁进行共同评估”。因此现在俄罗斯重申自己在反导问题上的强硬立场，也就不足为奇了。

梅德韦杰夫在反导问题上施压，是在寻求美国对俄罗斯政策的突破口。俄罗斯从一开始就注意到，美国总统奥巴马对在东欧部署反导系统兴趣不大。奥巴马入主白宫之初，波兰总统府发言人表示，奥巴马在和波兰总统通电话后，承诺要继续在波兰部署反导系统。此言一出，立即遭到奥巴马的安全顾问反驳。后来，奥巴马又表示，是否继续在东欧部署反导系统，要看技术能否过关、经费能否有着落等。但是，当美俄两国领导人有了初步接触后，美国却一反常态，在反导问题上一点也不松口。看来，反导问题已经成为美国和俄罗斯讨价还价的筹码。

美俄首脑莫斯科会晤后发表了联合声明，双方信誓旦旦地强调“两国关系将有一个全新的开始”。但是美俄两国要“重启关系”谈何容易。美国不太可能改弦易辙、不再挤压俄罗斯的战略空间；何况俄罗斯一向反对美国支持的科索沃独立；美国也声称，不能接受俄罗斯承认南奥塞梯和阿布哈兹独立的事实。美俄两国围绕能源、反导问题，以及从中亚、里海修建通往欧洲的油、气管道问题争夺激烈。至于在乌克兰和格鲁吉亚加入北约问题上，美俄两国更是尖锐对立，寸步不让。看到美俄两国之间的这些冲突，人们不难想到围绕着东欧反导系统的争斗，恐怕是旷日持久的博弈，难在旦夕之内解决。

（2009年7月13日《解放日报》第3版）

德大选关键看选后组合

日前，德国基民盟总理候选人、现任总理默克尔和社民党总理候选人、现任副总理兼外长施泰因迈尔进行了今年大选前唯一的一场电视辩论。辩论后，两党争相表示，自己党的总理候选人略胜对方一筹。然而德国舆论普遍认为，这不是一场对决，更像是一场双重唱。两人虽然在不少问题上出现了分歧，但选民们并没有能通过这场辩论明确两党的根本分歧所在。

距离9月27日的大选还不到两周的时间，为什么两党候选人的电视辩论如此平平淡淡、不见尖锐的交锋呢？或许从德国选民对各党的支持率能略见端倪。

根据德国电视台9月第一周公布的民意测验来看，预计通过这次大选可以进入议会的有5个政党，支持率分别为：基民盟/基社盟35%；社民党23%；自民党14%；绿党12%；左派党12%；其他约4%。迄今为止尚有不少选民拿不定主意究竟投票支持哪一个党，因此在选举时还存在着变数。

按照德国选举法，只要有一个或两个以至三个政党取得半数以上选票，相互愿意联合，即可被认为取得胜利，组建新政府。从现在民意测验的结果来看，基民盟/基社盟和自民党相加，即已达到49%，似乎可以稳操胜券。默克尔总理在竞选中多次表示，她更希望能与自民党组成联合政府。不过，民意测验往往不那么准确，而且按照目前情况看，两党只要减少一个百分点，就难以组成联合政府。

社民党作为德国一个大党近年来支持率不断下降，这在很大程度上是由于过去施罗德担任总理时，因经济不振、失业增加、老龄化亟需调整社会保险等福利待遇，引起党内不满，最后导致党内分裂，原社民党主席奥斯卡·拉方丹退党另组新党，最后又和东部的左派党组建了新左派党。这就使社民党的支持率从40%左右下降到今天的23%。

根据当前民意测验结果，社民党和其他三个小党中的任何一个小党联合，都不能取得半数以上的多数。现在社民党、绿党和左派党三党的支持率是47%，如果幸运，再争取到2%—3%的支持率，那么从理论上讲，组成三党联合政府也是可能的。但社民党党内有一派坚决反对和左派党联合。当今在州议会中，只有柏林市是由社民党和左派党联合执政的。年初，黑森州曾有可能实现三党联合，但因遭到社民党党内的反对而未能实现。因此对社民党而言，还有一种可能，即基民盟/基社盟和自民党联合没有超过半数，那么今天两个大党联合政府将继续执政。

简而言之，如果近日国内外没有重大的政治、经济突发事件，那么9月27日德国大选，各党民意测验的支持率摆动的幅度不会超过2—3个百分点。从目前情况来看重要的是在于大选后各党究竟如何联合。

综观上述情况，不外乎存在四种可能性：一是，基民盟/基社盟和自民党组成联合政府；二是，如果上述两党未能取得半数，那么今天的两大党将继续执政；三是，也可能基民盟/基社盟、自民党和绿党三党组成联合政府；四是，社民党、绿党和左派党争取到半数以上的选票，那么这三个党组成联合政府的可能性固然很小，但是也不能完全排除。

（2009年9月17日《解放日报》第4版）

德国选后“向右走”？

9月27日，德国大选举行，初步计票结果表明，联盟党和自民党将联合执政已成定局，社民党落选成为反对党。

德媒称，在大选中损失最为惨重的是社民党，它获得的选票仅为23%，与2005年大选相比减少了11.2%，从而降到战后以来的历史最低点。联盟党虽然获得了33.8%的选票，保持继续执政的地位，但也比上次大选减少了1.4%的选票。自民党、绿党和左翼党三个小党都在不同程度上得到了更多选民的支持，而自民党获得14.6%的选票，增加了4.8%，一跃成为和联盟党联合执政的合作伙伴。自民党在战后以往的西德历史中多是左右逢源，虽为小党，但只要它倒向哪个大党就可以与之联合执政。自民党成员以自由职业者居多，在德各政党中属于较为右倾保守的政党。

这次选举结果反映了选民希望政权更迭，反对两大党组成的大联合政府继续执政，其矛头主要指向社民党。社民党作为德国左翼政党，它的基本选民多为工人和职员，一向主张维护广大职工的基本利益，改善生活福利。随着近十几年来德国经济不振、人口老龄化，社民党冀望通过削减福利，减轻企业负担，重振经济。社民党这一改革造成党内分裂，基本选民失望。在这次选举中，不少工人、工会会员特别是青年没有投票支持社民党。

联盟党在1998年和2002年两次大选中接连失败。联盟党是德国右翼保守政党，更多地代表企业主利益，认为只有企业主具有获取利润的空间才有利于经济发展。在野期间，它不断调整政策，适当顾及职工利益以争取选民的支持，特别是在过去四年和社民党联合执政期间，两大党在国内政策的界限已不再是泾渭分明，而是逐渐模糊。

即将组成的联盟党和自民党联合政府在内政方面显然将更为保守更为右倾。自民党一向主张减少税收；反对社民党要求制定禁止雇主随意解雇职工的法律。但是作为基民盟党主席，现任总理默克尔不太可能轻易和自民党就这些问题达成妥协。

事实上这次德国大选对任何一个党的支持和反对基本上是基于对这个党的内政和经济的考量。新政府上台后在这方面显然会做出重要的调整，将会进一步出现右倾化的趋势。德国朝野各党在外交政策方面除了在土耳其加入欧盟和从阿富汗及时撤军等问题上存在分歧外，从总体上看德国各党在外交政策问题方面基本不存在根本的分歧。德国媒体预测在新的联合政府中默克尔将继续担任总理，自民党主席韦斯特韦勒将出任副总理兼外交部长。德国外交政策是否有新的变化需要进一步观察。

（2009年9月29日《解放日报》第6版）

难啃的骨头

不论是美国的“越南战争”失败，还是苏联入侵阿富汗的溃不成军，都是“前车之鉴”的历史教训。尽管美国领导人宣扬说，这是“对历史的误读”，但对于世界上的老百姓，不论是美国的，还是其他国家的，这一段历史却给他们留下了抹之不去的印象。

奥巴马总统能做的是深信美国增兵阿富汗必定能取得胜利，同时许诺将从2011年中期开始从阿富汗撤军。但是美国“阿富汗新战略”面对的却是以下冷酷的现实：

一、阿富汗不是伊拉克，美军可以长驱直入巴格达，塔利班活跃地区多在崇山峻岭之间，扩大阿富汗战场谈何容易？

二、经历阿富汗八年战争，塔利班和“基地”组织已经密不可分，美国和北约部队不可能只打“基地”组织而不打塔利班，要分化两者之间关系，不是易事。

三、对塔利班而言，它的内部固然有激进与温和两派之争，但是美军如果不能在征战塔利班中取得重大胜利，断难瓦解塔利班。

四、美国面对老百姓的反战情绪不得不许诺早日从阿富汗撤军，但是对阿富汗和巴基斯坦政府而言，美国要想在没有战胜塔利班情况下撤军，势必影响这两个国家政府的安危。美国如何既安抚这两个国家协同作战，又从阿富汗脱身？

五、奥巴马以承诺从伊拉克撤军而大增人气，一举当选为总统，现在又陷入阿富汗战争泥潭，面对增兵计划，他得到六成共和党人支持，却遭到六成民主党人反对。奥巴马如失去民主党内支持，显然是得不偿失。

六、争取阿富汗，重要的先决条件是能否建立一个清廉、不腐败、不贪污、能让老百姓过上好日子的政府，从目前来看，距离这个目标尚是遥遥无期。

七、美国在阿富汗已能单打独斗，北约成员国对美国增兵计划反应并不热情，至少法德等欧盟大国面对国内民心向背，要完全响应也难。

八、美国尚没有摆脱金融危机，债台高筑，财政预算需求已达历史高峰，增兵阿富汗至少要花费300亿美元，如何应付，断非易事。

九、奥巴马上台一年有余，对国内许下不少承诺，但所有这一切还仅仅是停留在言论上，而不是行动。这次增兵阿富汗是一次真正的行动，但这确实是一块难啃的骨头。

（2009年12月4日《解放日报》第3版）

伊朗并未“越轨”

2月2日，伊朗总统艾哈迈迪-内贾德表示，可以将伊朗低纯度浓缩铀运往国外浓缩。11日，他却宣布伊朗已生产出第一批纯度为20%的浓缩铀。

可以说，近年来，伊朗在核问题上的举动有点儿反复无常，这让国际社会担心伊朗在争取时间生产核武器，一些国家认为，伊朗不断加工浓缩铀，迟早有一天可以用于生产核武器，但从目前来看，伊朗并没有越过和平利用原子能的门槛。

伊朗第一座用于科学研究的反应堆是上世纪60年代末由美国在德黑兰修建的。当时美国提供的铀燃料浓度比较高，进一步浓缩即可用于生产核武器。伊朗伊斯兰革命后，美国停止向伊朗供应核燃料。

上世纪80年代，阿根廷建议伊朗改造德黑兰反应堆，可以将纯度为20%的浓缩铀作为燃料。1993年，阿根廷向伊朗提供了116公斤的低浓度铀燃料，预计这些燃料可能即将用完。

德黑兰反应堆用于科学研究，包括和平利用核能，以及用于生产医学用的同位素。伊朗利用本国的铀矿砂，已经生产了1500公斤纯度为3.5%的浓缩铀，而进一步浓缩到20%的纯度，也只能用于德黑兰反应堆。

因此，从理论上来说，伊朗不论是提炼纯度为3.5%的浓缩铀，还是20%的浓缩铀，不论是在国内还是在国外进行铀浓缩，都没有逾越和平利用原子能的界限。因为浓缩铀的纯度至少要达到80%—90%，才能用于生产核武器。伊朗为了消除国际社会的疑虑，签约核不扩散条约，目前仍接受国际原子能机构的监督。

当前，国际社会既要承认伊朗和平利用核能的权利，又要防止伊朗走上核武器生产国的行列。如何达到这一目的，恐怕还是需要各方共同努力来劝和促谈。

（2010年2月12日《解放日报》第6版）

透视现代国际关系的三边博弈

当今世界上，集团政治依然在产生影响。在没有两大集团对抗的情况下，众多不等距离的三边关系，对国际形势、世界稳定、国际和地区格局、国与国之间的关系，解决热点问题应对人类面临的共同威胁等，产生日益重大的影响。

对抗趋缓反映国际形势变化

20世纪，不同集团和不同阵营之间的政治对抗、经济竞争、意识形态分歧明显，对世界、地区格局产生具有决定性的影响。上世纪90年代前后，东欧剧变，苏联解体，冷战终告结束。集团与集团的对抗，依然以不同的形式延续，但这种对抗对国际政治和国与国之间关系的影响正在不断衰变。

不同利益集团的对抗趋缓，反映在冷战结束以来的20年间，国际形势发生极为深刻的变化：一，在可以预见的未来，发生世界大战的可能性不大。没有一个集团具备这样的实力，可以与美国及其同盟国集团、北约分庭抗礼。二，美国深陷战争泥潭，调整政策，缓解了集团和集团之间的对抗势头。

三，随着经济全球化深化，对国与国关系的各个领域产生深刻的影响。中、美、欧、日相互贸易关系达到前所未有的密切程度。中国依赖于美、欧、日的投资和市场，这些国家也离不开中国市场和产品。特别是美国，近年来财政出现高额赤字，依赖发行国债，处境十分困难。中国、日本和英国成为美国的最大债权国。这种相互依赖的密切关系，使各个国家都认识到“零和游戏”不再是维护自身利益的最佳选择，在当今的条件下，争取双赢和多赢是可能的。四，反对恐怖主义，防止核武器扩散，反对毒品，应对气候变化、传染性流行疾病等各种非常规威胁，成为人类社会共同面对的挑战。

不等边三边关系蕴含变数多

美国前国家安全事务助理布热津斯基在其著作《大棋局》中指出，从里斯本到海参崴是一大棋局。美国要维持唯一超级大国和世界霸主地位，要在从欧洲、外高加索、中东、中亚直到太平洋这一广袤地域，始终居于主导地位。这一地区事实上也正是从大西洋一端美欧俄三边关系开始，直到太平洋的另一端美中日三边关系结束。在这一地区，各个国家组成多个三边关系，构成局势最为复杂多变的地区，任何一组三边关系的变化必然会影响其他三边关系的变化。

三边关系中的三个国家相互之间的合作和竞争，时起时伏。从力量制衡方面来看，两个集团之间的争斗更多的是你死我活，你胜我败。而在三边关系中，相对而言取得力量的平衡较为容易。三边关系中，既有相互合作，也有相互竞争。在不同的问题上，保持二对一的局面是常态。但这种局面处于不时变化之中。在三边关系中，有时两个国家关系密切缓和，有利于第三国，有时则不利于第三国。但总体上说，三边关系的对抗烈度要远低于两个集团的对抗烈度。

三边关系通常是不可能等边的，在三个国家中，往往有一个国家处于主导和较为有利的地位。美国在中美日和美欧俄的三边关系中，处于主导地位，美欧日由于意识形态和价值观相同，往往与中国和俄罗斯持不同立场。因此在这两个三边关系中，日美对中国、美欧对俄罗斯，形成二对一的局面是常见的态势。但是中日有共同利益，在某些方面的相互关系比两国与美国的关系还要密切。同样，在美欧俄关系中，美国固然在“弱俄、制俄”方面和欧洲合作，但美国对欧洲也并不完全放心，不时利用新老欧洲的矛盾，牵制欧洲作为独立的政治力量在国际事务中发挥作用。因此，在这一三边关系中，欧俄仍然有合作牵制美国的余地。

处理三边关系不能“非此即彼”

近年来，美国提出中美两国共同治理世界论，对各国造成一股强大的冲击波。欧洲认为，世界的政治重心正在从欧洲转移到亚洲，进而提出在此趋势下，欧洲何以应对？已故的“文明冲突论”作者亨廷顿早在两年前就预言，21世纪发生十大变化之一，就是欧洲和俄罗斯结成联盟。而德国前总理施罗德不久前以《世界强国欧洲》为题在德国《世界报》上撰文，主张欧盟只有接纳土耳其，联合俄罗斯，才能跻身美国和中国并肩的强国之林。施罗德认为美国前总统布什围堵俄罗斯的政策已经彻底失败，美国对俄罗斯政策发生了变化，波兰和俄罗斯关系正常化，消除了欧盟联合俄罗斯的障碍。这种种变化，都将有利于欧盟加强和俄罗斯联合。和俄罗斯联合，吸收土耳其加入欧盟，将使欧盟成为世界政治和全球经济化的权力中心。

近日，美俄关系日趋缓和。自从苏联解体后，俄罗斯一直致力于缓和与美国的关系。叶利钦全盘接受美式的西化模式；普京一度和布什合作也很好。现在梅德韦杰夫和奥巴马都在试探改善双方关系的可能性。但就在美俄关系刚刚有所改善之时，又发生间谍案件，从中不难看出，美俄改善关系也将是充满变数。现在西方舆论渲染俄美关系改善，对中俄关系将产生消极影响。而事实上美俄关系恶化时，双方都要求中国主持公道，对中国发展和对方的关系会有所抱怨；美俄关系缓和则会减少中国分别和这两个国家发展关系的障碍，这符合中国的利益。

处理三边关系应从整体和战略的角度出发，不能简单用两极化“非此即彼”的思路来加以判断。这也是三边关系不同于两极关系的一大特点。有合作，也有争斗，这原本是三边关系的常态，任何国家无需决定倒向哪一边，而是在政策逐步微调中，选择对自己最为有利的做法。

三边中的双边、三边之间的交叠互动，构成了当今国际政治格局的诸多博弈。双边和三边关系相互交叉，产生复杂的、相互影响又相互牵制的作用。透过这些，我们可以清晰地看到，世界正在变化，而且正在急剧地变化。

（2010年10月19日《解放日报》第14版）

世界重心东移　大国博弈激烈

——2010年国际形势盘点

国际形势动荡不定，领土争端加剧，核危机不断，大国博弈更趋激烈，构成2010年国际形势主要特点。

今年，世界经济和政治重心向亚洲太平洋地区转移。东北亚地区韩朝炮击，美韩军事演习持续不断，美日进行历史上规模最大的军事演习，使东北亚出现朝鲜战争以来最为紧张的局面。

东北亚气氛骤紧

美国从伊拉克撤军，计划2011年从阿富汗撤军，在欧洲谋求与俄缓和关系；同时加强在太平洋关岛基地的军事力量。这是冷战结束以来，美国全球战略最为重大的调整。东北亚也成为2010年国际形势紧张的聚焦点。

今年以来，韩朝关系持续恶化，韩国“天安”号沉没，韩朝相互炮击；中日围绕钓鱼岛领土争端加剧，日俄争议岛屿纷争又起。面对这一形势，美国加强了美日同盟和美韩同盟。

由于朝韩关系日趋紧张，美韩军演全年持续不断。按美国的说法，其目的在于威慑朝鲜，防止其铤而走险。从朝鲜方面来看，朝鲜向一位美国科学家展示用于铀浓缩的2000台离心机后，发生了延坪岛交火事件。朝鲜的行事举动，其目的在于迫美谈判，以弃核为条件，希冀实现朝美关系正常化。从目前发展趋势看，朝鲜半岛的紧张局势一时难以缓解。有关方面应当认识到，只有通过谈判，而不是使用武力威胁，才能妥善处理争端。

而在中日关系方面，最突出的是钓鱼岛事件导致的两国关系恶化。其实近年来日本早已加强对中国的防范，例如密切监视中国军舰经过冲绳主岛和宫古岛之间的公海驶向太平洋的活动，美日举行所谓的夺岛演习中也包括一些与中国有争议的岛屿和中国不承认为岛的冲之鸟礁。此外，年底最后审议的日本《防卫计划大纲》将确定强化包括冲绳岛在内的西南地区的防卫，对中国进行“警戒监视”。日媒体一再评述，这一大纲明显是针对中国的。

美借机重返亚太

在东北亚局势紧张加剧和中国崛起撼动了美国在该地区的领导地位这一大背景下，美国借机重返亚太。这首先压制了日本力主美军撤出冲绳的要求。今年6月菅直人上台后，忙于修补和美国的关系。9月发生钓鱼岛撞船事件，这正是美日求之不得的机会。日本在政治、军事、安全上需要依靠美国对付中国；在经济上则日益重视和中国的关系，希望在中国市场上站住脚。这种两面性由来已久，韩国同样也具有这种两面性。因此，对美国而言，需要加强和日本、韩国的军事同盟关系，对付中国；对日本而言，需要得到美国的支持，对付中国。对韩国而言，要以美国为后盾对付朝鲜。而在中国与东盟关系的问题上美国找到了一个切入点，这就是南海问题。中国和南海周边国家存在领土争端，今年9月东盟河内会议上，美国国务卿希拉里·克林顿就向中国发难。诚然，在中国周边确实也有些中小国家，希望向美国靠拢一些，借以平衡中国的力量，但是他们不会站在美国一边反对中国，也不会站在中国一边反对美国。东北亚和东南亚正在走上和平和发展的道路，这一进程，离不开美国的作用。而其中最为关键的应该是中美关系。

至于中美两国关系，可谓总体稳定，但仍有波折。就在今年初，美国批准向台湾出售武器，奥巴马总统晤见达赖，接着美国一再采取反倾销措施，千方百计压人民币升值。此外，在如何应对朝韩炮战、中日领土争端，如何解决南海争端等问题上，中美存在着深刻分歧。

但是也应当看到，中美两国保持着高层来往，对双方关心的问题，始终保持着接触。在今年的G20峰会上应对国际金融危机、在核安全峰会上防止大规模杀伤武器等问题上，中美两国合作密切。现在中国已经邀请美国国防部长盖茨访华，胡锦涛主席也将于明年1月应邀访美。中美存在着改善关系的前景。

世界经济复苏失衡

在全球大规模经济刺激政策和新兴经济体强劲内需的带动下，2010年世界经济持续复苏，国际货币基金组织（IMF）预计全年增长4.8%，高于2009年的负0.6%。但复苏进程不平衡，复苏势头脆弱，呈现前快后慢、东高西低的发展态势。

2010年发达国家经济增长2.7%，新兴市场和发展中国家增长7.1%。美国增长将达2.6%，欧洲还略低一点。中国增长率可达到10%，印度8%—9%，亚洲、非洲和拉丁美洲各国经济发展普遍看好。二季度开始，复苏势头明显放缓，经济刺激政策效应减弱。预计下半年，发达经济体增长降至1.8%，新兴市场和发展中国家为6.3%。世界经济状况分化，各国宏观经济政策协调难度增加，全球经济下行风险加大，IMF预计2011年世界经济增长为4.2%。

中东政局旧乱新愁

今年8月美军作战部队从伊拉克撤出后，伊暴力恐怖袭击仍不断升级，安全形势持续动荡。3月大选后，直至11月，各方才达成妥协，由前任总理马利基组阁，但至今仍未完成。伊国内政治斗争，与什叶派和逊尼派的宗教派别之争有着密切的关系。而伊斯兰世界各国，势必支持伊国内和自己同一的教派，这将激化这一地区国家间矛盾和斗争。

9月初巴以首脑终于在华盛顿举行了直接和平谈判。随后由于以色列拒绝延长约旦河西岸犹太人定居点停建禁令，和谈再度陷入僵局。

美国从伊拉克撤军，伊朗在这一地区影响凸显。以色列总理一再威胁对伊朗采取军事行动。美国则始终谈判和军事威胁双管齐下。土耳其和以色列近来交恶，一个重要原因是，以色列不满意土耳其和伊朗接近，特别是今年5月土耳其和巴西一起支持伊朗浓缩铀计划。土耳其和伊朗在防范各自国内库尔德人问题上也有共同利益。

反恐战争延及南亚

奥巴马上台伊始，就宣布要从伊拉克撤军，将反恐战争重点转移到阿富汗，并将歼灭塔利班的战争延伸到巴基斯坦。从此阿富汗和巴基斯坦反恐战争不断激化，并且在一定程度上波及印度。南亚几乎成为仅次于伊拉克的恐怖袭击热点地区。美国在阿富汗不断换将，但战斗仍然难有进展，只能更激起阿富汗人民反抗外国侵略的情绪。

美国有一派人主张歼灭重点不应是塔利班，而应是“基地”组织。这一派主张正在占上风。北约确定，2011年初即从阿富汗开始撤军，而美国早已确定在2011年7月开始撤军。不过，美国无疑将保持它在这两个国家的军事存在。

俄欧、俄美关系趋缓

今年国际关系最引人注目的莫过于俄欧、俄美关系趋缓。美国和欧盟已先后和俄罗斯达成协议，支持俄罗斯加入世贸组织。7月，俄总统梅德韦杰夫称，俄罗斯要为国家现代化和美国以及欧盟等建立“现代化联盟”。

2008年俄格冲突和今年乌克兰改弦易辙后，北约认识到继续东扩难有作为。今年4月，吉尔吉斯斯坦政局变化，俄罗斯及时支持新政权并与其加强了关系。俄罗斯在独联体国家的影响逐渐加强，为它着手发展和欧盟的关系创造了有利条件。今年10月法德俄首脑会晤，俄罗斯向欧盟提出欧洲安全新条约草案，引起美国的警惕。

而俄罗斯明白，欧美是盟国，不改善和美国的关系，就不可能改善和欧洲国家的关系。今年两国达成了签订《削减限制进攻性战略核武器条约》的协议。俄罗斯也向美国做出妥协，取消向伊朗出售S—300防空导弹。不过俄美、俄欧关系仍面临核武和反导系统等障碍。

全球性问题热点频仍

今年坎昆气候变化大会上，发达国家以日本打头阵，企图终止对发达国家有强制性的《京都议定书》第一期承诺的机制，遭到发展中国家坚决反对。最后通过的决议对第一期与第二期的承诺有了连接。发展中国家从求实出发，力求在资金、技术转让方面达成共识。中国团结小国、岛国，坚持原则取得了成效。潘基文秘书长说，中国的作用“确保了大会取得成功”。当然坎昆会议并不完美，《京都议定书》前途不明，发达国家减排目标过低，资金落实尚无切实保障。

以“基地”组织为主的恐怖活动，在北也门、德国、比利时、瑞典、法国呈增加之势，使美国等西方国家的神经处于绷紧状态；更值得关注的是，“基地”组织已呈“本土化”。

联合国两年多以前成立的“人权理事会”已逐渐呈现威力。美国六十多年来首次承认人权问题，对其他西方发达国家在人权问题上的“优越感”是一次冲击，有助于人权事业开始在正确的道路上发展。

（2010年12月16日、17日《解放日报》第6版）

日本想干什么?

据日本共同社7月22日报道，日本冲绳那霸检察审查会21日表决认为，仍应强制起诉去年钓鱼岛事件中的中国渔船船长詹其雄，从而否决了那霸地方检察厅此前做出的不再起诉的决定。

据去年9月7日的日本新闻报道，一艘中国渔船在钓鱼岛海域撞上了日本海上保安厅巡逻船，并被日方扣押。这一事件引起了中日之间持续9个月的严重外交冲突。在这一过程中，大部分西方舆论渲染，中国在与日本交涉尽早释放中国船长詹其雄时，采取极其强硬的手段。在这件事上，究竟是日本，还是中国首先采取强硬的手段呢?

众所周知，中国始终认为钓鱼岛是中国的领土。中国渔船有权利在钓鱼岛附近海域捕鱼。过去日本巡逻船经常和中国渔船发生冲突。但这一次，日本采取和过去完全不同的做法，在历史上第一次扣押中国船只和船员，并要以日本国内法起诉中国船长詹其雄。最后在中国的严正抗议和交涉下，日本不得不放船放人。西方舆论顾左右而言他，将此事说成是因为中国强大了，日本在压力下不得不出此下策。

至于这次日本政府为什么又采取异乎寻常的强硬做法，西方却避而不谈。

众所周知，2009年9月，日本民主党在大选中获胜，鸠山由纪夫上台后立即停止日本在印度洋上向美国供油，并要美国将军事基地撤出冲绳。与此同时，鸠山重视发展对华关系，主张建立排除美国的东亚共同体。美国和日本国内保守舆论一片哗然，批评鸠山由纪夫走“脱美入亚”、“疏美亲华”的政策路线。鸠山由纪夫执政不满一年，于2010年6月2日下台。他的下台固然有内政的原因，但其对美政策受到重大挫折也是一个重要原因。菅直人上台后，外务大臣前原诚司意欲重新踏上前首相小泉的道路——追随美国政策，牺牲日中关系。前原当时断然下令，扣船扣人，并以国内法起诉中国船长詹其雄。其目的不外乎为了修补日美关系，推行对华强硬政策。日本和中国是谁最先采取强硬政策，岂非一目了然？

22日，中国外交部发言人马朝旭在答记者问时重申，钓鱼岛及其附属岛屿自古以来就是中国的固有领土，日方在此问题上对中国公民采取任何所谓司法程序都是非法和无效的。可见，日本要想强制起诉詹其雄船长，多少有些异想天开。不过日本这一动向，倒是值得人们玩味！

（2011年7月23日《解放日报》第3版）

变化中的美俄欧关系

20世纪，以集团对集团对抗的形式爆发了两次世界大战。“二战”结束后，社会主义和资本主义国家两大阵营以及华约和北约两大军事组织又以集团对集团的全面对抗持续了半个世纪之久。直至90年代初东欧剧变，西方国家依然持续加强同盟关系。如今在集团与集团对抗趋缓的进程中，美俄欧成为当今国际政治中最为重要的三边关系，其变化对当今国际政治将产生深刻的影响。

在美俄欧三边关系中，美欧的共同利益更多一些，他们有着共同的意识形态和价值观，战略目标也保持一定程度的一致性。比如，美欧在安全问题上紧密合作以应对俄罗斯的威胁。俄欧互为近邻，相互经济关系远比美俄密切。在日本发生严重核电事故后，欧洲对俄罗斯能源的依赖在不断加深。这些都决定了欧俄在一些重大问题上也有共同利益，时而会出现欧俄联合抗美的态势。美俄欧三方构成一个相互制约、影响、争斗的极其错综复杂的关系。在这三边关系中，美国处于主导地位，它对美俄欧三边关系的发展、平衡或失衡具有决定性的影响。

2009年奥巴马入主白宫后，对美国全球战略作了重大调整，美国“重返”亚洲和太平洋，随之而来的是，美俄欧三边关系也发生了微妙的变化。在这一进程中，美俄关系趋于缓和；欧俄双方合作加强，关系进一步密切；美欧相互借重的势头也有新的发展。

奥巴马就任美国总统前后，调整美国对外政策，重视改善和俄罗斯的关系。"重启"后的美俄关系趋暖，但基础仍十分脆弱。美俄关系与欧俄关系最大的区别反映在经济贸易关系方面。欧盟和俄罗斯的进出口贸易额几乎占到俄罗斯对外贸易额的一半左右；而2010年美国和俄罗斯的贸易额仅占美国对外贸易额0.68%。美俄关系"重启"以来的最大成果是，2010年同俄罗斯签署对等裁减核武器条约，但这并不意味着美俄关系发展一帆风顺，美国针对俄罗斯推行的战略防御计划正在加速进行。最新事态发展是今年5月3日，美国宣布将在罗马尼亚军事基地部署导弹防御体系。美国坚持推行全球反弹道导弹计划，其主要目的显然是针对俄罗斯。如果美国在研发反导系统上取得重大进展，这势必会打破美俄现有的"核恐怖平衡"。因此美俄围绕反导计划之争将是一场长期的斗争。

2010年，欧俄关系趋缓态势进一步明显。俄罗斯为了引进外国科学技术和资金，需要缓和与西方国家的关系。从实际情况看，俄罗斯的重点还是要发展和欧洲国家，特别是法国和德国的关系。而俄罗斯在独联体国家的影响逐渐加强，这为它着手发展和欧盟的关系创造了有利条件。去年10月法国总统萨科齐、德国总理默克尔和俄罗斯总统梅德韦杰夫在法国多维尔会晤。德法均认为，欧洲与俄罗斯在冷战后面临共同威胁，应相互信任，加强合作，共同面对挑战。据德国《明镜》周刊报道，萨科齐计划将俄罗斯纳入欧洲中心，法俄应成为欧洲新安全和经济体系的支柱。俄罗斯与欧盟的接近以及俄罗斯向欧盟提出欧洲安全新条约草案，引起美国的警惕。特别是法德俄三国领导人会晤必然会使美国联想到，正是这三个国家的领导人当年极力反对美国发动伊拉克战争。

欧俄双方发展稳定的双边关系的愿望要大于美俄发展双边关系的愿望。不论是从地缘政治，还是从经济贸易关系方面考虑，欧俄都期望能克服重重困难，进一步发展双方关系。对俄罗斯来说，其对外贸易额的50%来自与欧盟的贸易往来。而对欧盟来说，它的能源需求主要依赖于俄罗斯。俄罗斯出口天然气中的84.8%是向欧盟供应的。而在欧盟三大国中，英国对俄罗斯一直持保留立场。不过，今年8月，英国首相卡梅伦成为6年来首次访问莫斯科的英国领导人。近年来英俄贸易关系也在不断发展。

欧俄关系一向起伏不定，今年处于较好的发展势头，这并不意味着今后必然一帆风顺。北约不会停止东扩；欧盟和俄罗斯在独联体地区的争夺也不会停顿下来。欧盟不时抨击俄罗斯“专制、独裁”，干涉俄罗斯内政。

美俄欧三边关系中，尽管美俄和欧俄相互关系的发展状况不尽相同，但主要倾向是美欧联合对付俄罗斯，美欧共同点仍然大于美欧对俄罗斯政策方面的分歧。比如在对待今年的中东乱局上，美欧的政策和介入的方式就和俄罗斯截然不同。

美欧在主导当今国际秩序中相互利益最为密切，协调力度远远强于美国与其他大国比如日本的协调力度。不过，美欧关系突出表现在美国对欧洲一体化的支持、牵制、质疑的基本立场，并视形势的发展和变化而不断调整。欧盟作为27个欧洲中小国家组成的联盟，很难利益一致、步调相同，这一点易为美国所利用。美国对欧盟防务一体化、经济上建立欧元区等举措，也是极尽可能地打压、分化、挑拨离间。面对当今动荡不定的世界，欧洲有人主张欧俄联合。目前来看，这并非欧洲主流思想，但这个问题的提出至少反映了欧洲一部分人正在酝酿这种想法。

（2011年11月8日《解放日报》第4版）

核谈，美伊各有算盘

伊朗与美、中、俄、英、法、德六国将在土耳其伊斯坦布尔举行新一轮核谈判，此次谈判受到国际舆论的高度关注。

据西方媒体报道，美欧在谈判中将提出三个条件：关闭建于深山下的福尔多核设施；停止生产等级较高的浓缩铀，现在已生产的库存浓缩铀运出伊朗；禁止伊朗生产浓度达到20%的浓缩铀。因此人们很难想像伊朗会接受这些条件，对此次核对话的前景难以看好。

引起人们注意的是在这次对话的前夕，美国和伊朗双方都放出试探的气球。伊朗最高领袖哈梅内伊多次公开表示伊朗不会生产核武器。对此，美国一向置之不理，强调这根本不可信。可是据《华盛顿邮报》4月6日报道，土耳其总理埃尔多安在访问伊朗时，向哈梅内伊转达了美国总统奥巴马的口信："如果哈梅内伊能履行最近做出的伊朗永远不发展核武器的承诺，美国将接受伊朗民用核计划。"与此同时，《华盛顿邮报》网站4月7日报道，美国三年以来，曾派出无人飞机入侵伊朗侦查数百次，并且通过其他方式搜集情报得出的结论是：伊朗迄今并没有决定研发核武器，也没有情报可以证实，伊朗已处于设计核弹头以及采取生产核武器的关键步骤。

这一切说明什么问题？自从美伊交恶以来，美国从来不讳言希望伊朗政权更迭。美国一直以伊朗企图制造核武器为由，意欲通过制裁和武力威胁逼迫伊朗就范。而在遏制伊朗的战略中，美国更是利用叙利亚动乱，迫使巴沙尔政权倒台以孤立伊朗。但从目前情况来看，尽管美国、海湾国家和土耳其三股力量大造声势，巴沙尔政权一时还难以撼动。这使得正在备战大选的奥巴马在对外事务上有失分之虞。毕竟今年以来美国经济日见好转，失业率略有下降，奥巴马支持率上升，国内形势发展对奥巴马竞选连任显然有利。但在外交层面可以拿得出手的成绩不多。特别是在中东问题上，叙利亚“久攻不下”，进一步孤立伊朗已成难题；制裁伊朗固然能收效，但能源价格上涨势必影响美欧经济复苏，结果可能反受其害。基于上述考量，在大选年，和高调主张对伊朗动武相比，奥巴马如今走出“支持伊朗拥有民用核计划”这步棋，倒是利大于弊。与此同时，美国也一再向以色列晓以利害，不要袭击伊朗核设施。近日美国媒体爆料，以色列将利用阿塞拜疆机场，袭击伊朗核设施。此举也是奥巴马政府为防患于未然而有意使之。

就在伊核谈判重启之际，伊朗议员穆加达姆在伊朗网站上称，伊朗有能力制造核武器。可以预料，在和伊朗对话中，美欧方面必然提出要求伊朗采取一切措施防止伊朗生产核武器，他们不会听信伊朗只是口头，甚至书面保证不生产核武器；而伊朗当然也不会接受西方提出的种种条件，谈判要达成协议绝非易事。对伊朗而言，可以利用对话，进进退退，希望和西方缓和关系；对美国而言，在继续向伊朗施压、牵制其在这一地区扩大影响的同时，如果可以取得一些进展，那么奥巴马就可以抵挡竞选对手的攻击，在大选中争取处于有利地位。

（2012年4月13日《解放日报》第6版）

李克强俄欧行的深意

继今年2月习近平副主席访问美国、爱尔兰和土耳其之后，李克强副总理于本月26日起将对俄罗斯、匈牙利、比利时和欧盟总部进行访问。这两次重要访问，既是基于当前动荡不定的国际形势，有加强与世界中心力量——美、欧、俄接触，增进相互了解、推进相互合作的需要，也是着眼于未来如何与这些力量发展关系，构建和谐世界。

作为此次李克强副总理出访的第一个国家，近年来，俄罗斯和我国全面战略协作伙伴关系不断加强。围绕着伊朗、叙利亚等地区热点问题，两国采取一致和接近的立场。李克强此访将就中俄关系未来十年发展规划等重大问题深入交换意见，这将是两国关系深入发展的重大标志。俄总理普京强调，俄罗斯的“经济之帆”需要搭乘“中国风”。今年，俄罗斯又是APEC峰会的主办国，俄罗斯将进一步发展和重视与发展中国家之间的关系。

在中俄美三边关系中，中俄面临西方国家挤压，两国共同点显然要多于中美和俄美之间的共同点。自从冷战结束、苏联解体以来，在大西洋一边，俄罗斯始终面临北约东扩的战略紧逼；在太平洋的另一边，美国不断以组建价值观共同体、加强盟国关系等手段挤压中国。当前，美国不仅已在欧洲部分建成反导系统，近日又扬言要在亚洲建立反导系统。美国宣称，这是为了对付伊朗和朝鲜。但对此最有体会的恐怕只有中国和俄罗斯。正当美国“重返”亚太、中国周边形势日趋紧张、中美关系面临考验之时，美国智库、舆论界近日又在强调，从文化和历史意义上说，俄罗斯的确是西方社会。他们甚至鼓吹，中俄加强合作，俄罗斯势必沦为中国的小伙伴。美、欧、土耳其和俄罗斯需要共同扩建“大西方”，这样才能和东方、和中国保持平衡。

李克强这次出访的另一个重点是欧盟总部，同时将访问地处欧洲中心的比利时，以及中国在欧洲地区的重要伙伴匈牙利。这次出访无疑对增进政治互信、拓展务实合作、深化中欧全面战略伙伴关系具有重要意义。

李克强将分别会见欧洲理事会主席范龙佩、欧盟委员会主席巴罗佐，与欧方领导人共同出席中欧城镇化高层论坛和中欧高层能源会议。作为中欧扩大合作的新创领域，能源合作和城镇合作具有开拓性意义。

而在中欧美三边关系中，欧美是同盟关系，它们之间的合作面大于它们各自与中国的合作面。欧美对中国经济实力日益增强、制造业不断升级深感不安，从而加剧了在经贸领域的竞争。与此同时，在人权等问题上，欧美也往往采取协调行动对中国施压。但由于美国影响力下降，美欧之间围绕着经济、金融问题的争斗不断，而欧盟正面临主权债务危机，经济、社会、政治矛盾加剧，对中国战略倚重加深，其加强对华务实合作的愿望变得更加强烈。可以预见，在中欧美三边关系中，中欧关系的稳定发展也将有力促进中美两国面对现实、增强互信，防止双边关系大起大落影响世界和地区形势的稳定。

（2012年4月28日《解放日报》第6版）

希腊“去留”搅动欧洲

5月15日，希腊大选后三次组阁失败，决定6月17日再次举行议会选举，期望能组成新政府。同一天，在野17年之久的法国社会党重新入主爱丽舍宫。5月18日—19日，八国集团峰会在戴维营举行，就欧洲主权债务危机进行磋商，成为峰会的中心议题。

十几天内发生的这三件大事，始终围绕着一个中心问题，那就是希腊主权危机再次告急。欧美担心希腊一旦退出是否会造成欧元区土崩瓦解，进而影响欧洲和世界经济？

自欧洲爆发主权债务危机以来，在德法两国领导人的共同努力下，制定了紧缩财政计划，向希腊、意大利、西班牙、葡萄牙、爱尔兰等国提供融资贷款。但是这些国家在推行紧缩财政计划后，经济并未见起色，而人民收入却相对减少，生活水平下降。在债务危机最为严重的希腊，在5月6日举行选举后的第一轮组阁谈判中，由于新民主党和泛希社运未能争取到第三党合作，它们主张建立“紧缩联盟”遭到失败，而希腊左派政党联盟力主组织“反紧缩联盟”政府，也因希共不合作、极右势力不可靠而告吹。希腊不得不将于6月17日再次举行议会选举。

面对希腊变局，欧洲舆论反应前后不一。先说希腊人民坚持留在欧元区，后来又说希腊宁愿退出欧元区，也不愿意坚持难见成效的财政紧缩政策。但德国、国际货币基金组织、欧洲央行一方面看到希腊国内生产总值仅占欧元区国家的国内生产总值的2%，即使希腊退出欧元区也不会对欧元区造成太大的影响，但又担心希腊退出欧元区将造成连锁反应。面对希腊即将开始议会选举，它们一方面告诫希腊应坚持紧缩财政政策，希望希腊留在欧元区；一方面又敲打希腊，称如不坚持紧缩，将得不到财政援助。

希腊前景不明，法国大选中左翼的社会党获胜，明年德国议会选举，中左翼的社民党可能再度进入政府。这一切表明，在欧洲各国经济不振、失业率增加、人心思变的情况下，选民更希望主张维护普通百姓利益的中左翼政党上台，取代较多代表企业家利益的右倾保守党。目前在欧洲仅有丹麦、奥地利等四五个国家仍由中左政党执政。继法国中左翼社会党上台后，明年德国、意大利都有可能政权更迭。欧洲这三大国政局的变化，在一定程度上代表欧洲今后一个时期的政治"左"倾趋势行将加强。

在法国大选之后，共同治理主权债务危机的"德法轴心"已经出现重大裂痕，但并不是不可弥补。这次八国首脑峰会发表的最终公报，中心意思是主张刺激经济增长，期望希腊不要退出欧元区。从八国首脑相互之间的接触来看，法国社会党显然和美国民主党在政见上较为接近。德国舆论先是担心，在治理经济问题上，美法接近、德美距离扩大，总理默克尔与会可能会受到冷遇。但是今年一季度欧元区经济没有衰退，这主要得益于德国经济保持增长。面对即将到来的美国总统大选，奥巴马最重要的是担心欧元区重新陷入衰退，冲击美国经济。因此奥巴马重视和默克尔的磋商，并肯定德国发挥的重要作用。

希腊是留在欧元区内，还是退出？如果一旦希腊退出欧元区，这对欧元区，以至于对世界经济将造成多大冲击，尚待观察。即将到来的6月17日希腊议会选举，有可能会给出答案。

（2012年5月22日《解放日报》第6版）

美对埃及“两面下注”

自埃及去年初政局动荡以来，埃及同邻国与大国的关系就令人关注，特别是埃及与美国的关系。早在6月30日穆尔西宣誓就任埃及总统前，华盛顿就审时度势，开始与埃及穆斯林兄弟会进行接触。穆尔西正式上任后，美国立即派出国务院分管近东事务的助理国务卿威廉·伯恩斯出访开罗，当面递交美国总统奥巴马邀请其9月出席联合国大会时访问美国的邀请信。7月14日—15日，美国国务卿希拉里·克林顿飞往开罗，分别会晤穆尔西和埃及武装部队最高委员会主席坦塔维。

作为埃及穆斯林兄弟会的代表，穆尔西仅以微弱多数击败穆巴拉克时代的前总理沙菲克，这表明穆尔西并没有取得稳定优势地位。他为了巩固其政治地位，需要解决埃及的经济问题，照顾各个派别的利益，和武装部队最高委员会较量，尽可能争取更多的权力。一个百废待兴的埃及更关注内政，其外交政策也只能服从内政。因此，在对外关系方面，穆尔西表现得相当务实。他公开表示要遵守国际条约，有分析认为，这是含蓄地暗示会遵守《埃以和平条约》。

此外，穆尔西宣誓就职总统后，最为重要的两项对外活动：一是出访海湾大国沙特阿拉伯；二是会见来访的美国国务卿希拉里·克林顿。埃及、美国、沙特重视发展相互关系，各有所需。美国、沙特希望埃及保持政治稳定，是从这一地区继续反对伊朗的大局出发，而埃及新总统穆尔西无疑也需要这两个国家政治上的支持和经济上的援助。穆尔西已向全国许诺，要救济三千万贫苦老百姓，向农民发放补贴。中东通讯社报道，穆尔西此次出访沙特，沙特已同意向埃及中央银行提供10亿美元资金和5亿美元经济援助。

同样，对美国来说，做好处境维艰的埃及新总统的工作，其重要意义不言而喻。如果美国能稳住埃及，就能在动荡不定的中东局势中，继续将矛头指向叙利亚和伊朗。当然，华盛顿绝不会全心全意支持穆尔西政权，而是对其"又拉又打"。埃及军方在会见美国国务卿希拉里·克林顿后不到几小时，就发表了针对穆兄会的强硬讲话。这反映了美国出于加强在中东战略地位的考虑，决意暗中支持埃及武装部队最高委员会，或者说至少反映了美国政府在"支持埃及民主转型"和希望埃及武装部队最高委员会继续发挥作用之间摇摆不定。而这又将对中东地区和埃及走向产生什么影响，是值得外界关注的一件大事。

（2012年8月9日《解放日报》第4版）

默克尔今起访华　中德续合作势头

德国总理默克尔今起对中国进行正式访问，届时中国总理温家宝将与默克尔共同举行第二轮中德政府磋商。

中德政府磋商是2010年10月温家宝总理在出席亚欧首脑会议期间专程访德时，与默克尔总理会晤时双方共同提出的，会后宣布正式建立中德政府磋商机制，由两国总理共同主持。第一次中德政府磋商于2011年6月在柏林举行。按双方商定每隔两年举行一次，第二次政府磋商应在2013年举行。考虑到今秋中国共产党将召开十八大，2013年秋德国又将举行大选。提前召开政府磋商，利于两国领导人讨论两国政府如何承前启后，进一步增进了解，加强合作，巩固全面战略伙伴关系的基础。

回顾两国建交40年来的历程，两国关系尽管时而出现波折，但从未有过大起大落，始终保持稳定发展的势头。德国每次政权更迭，都基本保持对华政策的连续性。没有对以往的政策进行重大调整，这已成为德国对华政策的传统。德国在西方国家中属于政治相对稳定的国家。可以预计2013年德国大选不论哪个党获胜，保持和中国发展关系的政策不会有太大的变化。

在中德关系中，两国领导人保持密切的接触，相互访问的频率远超过其他西方国家。此访是默克尔总理第六次访华，也是今年继她2月访华后的第二次访华。自两国建交以来，除了短期执政的勃兰特总理外，历届总理，如社民党总理施密特，它的继承者基民盟总理科尔，社民党总理施罗德都对中国进行过多次访问。值得一提的是，施密特总理不论在任还是退休以后，始终高度评价中国的作用和影响，对中国发展前景做出乐观的判断。科尔总理作为战后执政时间最长的总理，始终重视发展对华关系，他是在任期间唯一访问过西藏的西方领导人。施罗德总理在美国轰炸贝尔格莱德中国大使馆、中美关系陷入低潮时，仍坚持访华，表现出他一如既往地重视和理解中国。

中德经贸关系自2008年世界金融危机以来，继续保持着强劲的发展势头。自2002年中国超过日本成为德国最大贸易伙伴以来，去年中德双边贸易额达到1691亿美元，约占中国与欧盟贸易总额的30%。德国是欧洲对华技术转让最多的国家，也是世界各国中对华直接投资最多的国家。德国加强对华投资符合双方利益，这早已成为两国的共识。德国对中国在德投资正在摆脱初期担心中国获取技术、对德国就业不利的困扰，虽仍存疑虑，但逐渐看到中国在德投资对德国也是有利的一面。

中国和德国在国际政治、地区冲突、全球治理、克服欧债危机等方面存在广泛的一致性，但两国在对待不少问题上仍存在分歧。中德如何消除误解、增进双方相互了解，将是进一步发展两国关系面临的艰巨考验。

（2012年8月30日《解放日报》第4版）

美国，别忘了历史

当前，中日岛争仍在发酵，隔岸的华盛顿颇有几分渔翁得利的意思。不过，美国的算盘真灵验吗？恐怕未必。

日本前首相鸠山由纪夫2009年上台时，曾提出要求美国从冲绳撤军，摆脱对美国的依赖关系，建立排除美国在外的东亚共同体。一时间，在美国看来，日本似乎从最初“脱亚入欧”，之后“脱欧入美”发展到如今的“脱美返亚”，显示出日本“抗美”趋势。日本当时的政治动向，看似有利于加强中日关系，以及中、日、韩与东盟的经济格局。

第二次世界大战结束已经六十余年，日本要取得和美国平等的地位，原也是正当诉求。但是，日本并不是真正想做“普通的国家”，而只是想掩盖其重新称霸东亚的野心。鸠山在位的时候，日本右翼保守势力一再要求本国自行生产核武器，摆脱美国的“核保护伞”，此类呼声甚嚣尘上。如今，日本右翼保守势力不断坐大，这伙人对中美两国的心态各异，对中国是傲慢和轻视，对美国则更多是敌视和仇恨。因为在他们眼中，日本想成为“普通国家”，其障碍不在中国，而在美国。日本继续在靖国神社内供奉头号战争罪犯的牌位，其领导人还屡屡前去参拜，这是日本拒绝承认战争罪责再好不过的证明。靖国神社内陈列着日本偷袭夏威夷的“零式战斗机”等武器，其含义及矛头所指，美国恐怕不会不知道。

今年5月，日本松山昌广教授更在日本《正论》月刊上撰文悻悻然地称：“日本战后被美国占领，本质上与满洲国政府、美国占领下的伊拉克政府以及现在的阿富汗政府并无二致。”可见，在如今中日钓鱼岛争端中，华盛顿看似觅到了利用日本来遏制中国的良机。不过，从长远来看，美国应该认真考虑一下，在这场恶斗中，美国是不是被日本劫持了？希望借日制华，对美国来说，到底是“危”还是“机”呢？

美国国务卿希拉里·克林顿曾多次表示过，美国致力于建设美中两国合作伙伴关系，并以史无前例的方式证明一个守成大国和一个新兴大国能继续为各自人民创造美好未来，为世界和平和稳定做出贡献。中国人对此予以高度重视，并且以谨慎乐观态度看待中美关系发展的前景。同时中国人也不讳言，美国重返亚太以来的所作所为，已经为中美关系蒙上了一层阴影。如今中日之间的岛争，其复杂性、涉及面之广以及日本的真实意图，远非一般人所能看透。但有一点是清楚的，日本利用中美之间存在的相互猜疑，坚持依靠美国，其目的是削弱中国力量，再度称霸东亚。那之后呢？二战历史已经很清楚了，难道历史不会在未来重演？美国真得三思而后行。

（2012年9月19日《解放日报》第4版）

到底谁在挑事

德国《每日镜报》1月7日发表德国学者克里斯蒂安·哈克《中国傲慢对美国有利》一文，称“中国一再挑起冲突，相反美国则不对其他国家称霸，而是愿意和伙伴国家共同施加影响”。

文章说：“以往似乎多数亚洲国家要和美国拉开距离，保持中立，甚至倒向中国。而现在正当中国炫耀自己的时候，亚洲国家担心中国和其邻国的冲突，它们在向美国靠拢。这无疑是美国围堵中国的大好机会。当然如果美国经济真的一蹶不振，会有越来越多的亚洲国家出于经济利益的考虑，加强和中国的经济合作。但他们出于政治安全的考虑，也不会拒绝美国的保护。”

难道中国“不好战”，美国就不称霸吗？笔者对这种不问事实真相、一味讨好美国的说法，实在不以为然。正在思考如何驳斥这篇文章时，读到两位德国读者对这篇文章的批评。读者勋伦伯格带着嘲讽的口吻写道：“观察以往20余年的历史，似乎是中国入侵了伊拉克、巴拿马、阿富汗、南斯拉夫和利比亚，为了在那里建立中国乐见的政府。而美国只是坚持不干涉内政的原则，尊重其他国家的主权。”而另外一位读者何塞指出："这位作者是著名的大西洋学派，但如此吹捧美国难道不感到羞耻吗？美国是在推行仁慈的霸权主义吗？美国几十年来不停地发动一场又一场战争，特别在亚洲，美国总能找到骇人听闻的理由发动战争。而中国在国外不派一兵一卒，可是中国的影响日益增长。归根结底中国和各国发展经济关系，特别是中国有着勤劳、好学的人民，以及庞大的国内市场，这将给世界的未来带来最大的希望。"

西方总有些学者喜欢以己度人，拿自己的冷战思维来歪解中国的外交政策。但别忘了，群众的眼睛是雪亮的，中美谁在推动世界和平与发展，谁在全球到处挑事，公道自在人心。

（2013年1月10日《解放日报》第7版）

维也纳永远是维也纳

在我驻奥地利期间，曾走访过奥地利九个州的首府和无数城镇村庄。维也纳旧日的皇宫和议会大楼，布根兰州葡萄酒庄的田园风光都给人留下深刻印象。

若按人均计算，800多万人口的奥地利，其旅游产值一直名列世界第一。奥地利朋友告诉我，最主要的原因还是由于它重视保护民族遗产，保持城市的历史风貌。

我在维也纳生活了四年，从没见过摩天大楼，除了在1979年建成的联合国大厦以外，维也纳很少新建高楼大厦。维也纳有个市区，至今还保留着昔日沿着坡地所建的格局：一层层小台阶通向一座座居民楼，街头小巷比比皆是。

国人熟悉的维也纳金色大厅、国家歌剧院，都已近150年历史，但建筑风貌还是150年前的样子；舒伯特、莫扎特、贝多芬、施特劳斯等伟大音乐家的故居也是当年的模样，当你走进这些故居时，仿佛又回到二三百年前，这些音乐家日常起居、埋头创作的情景宛若眼前。

奥地利并不限制一些老建筑的买卖，但是，奥地利非常在乎购买者对古建筑的保护。几年前，中国购置了位于美泉宫东门附近的一处小楼作为大使官邸。这座小楼原属于奥地利国家历史文物，贝多芬曾在这座小楼的主楼大厅演奏过钢琴，而辅楼也一度是舒伯特的居所。听说最初有不少人想买这座房产，但奥地利方面最终还是卖给了中国大使馆，因为奥地利相信，中国官方会严格按照奥地利文物保护法修复这座历史文物。之后在修复过程中，中国派出了高水平的修建工人，奥地利也派出古建筑物修复技师现场指导和监督。现在，主楼大厅的凸形玻璃、壁炉、座钟、吊灯、地窖的壁画都保持原样。奥地利官员称赞中国修复这座古老的建筑堪称楷模。

还有一个小故事也颇能说明奥地利人“喜旧厌新”的个性。如今，矗立在维也纳城市公园中的约翰·施特劳斯金色铜像名闻遐迩，这位华尔兹圆舞曲之王，手拉小提琴，向前迈了半步，似乎在为天下来客演奏着美妙的乐章。其实，这座雕像当初并非现在的黄金色，而就是铜的本色。1985年，我初到维也纳时经常去城市公园散步，给我印象最深刻的就是这座古铜色的施特劳斯像了。然而，大约十年前，当我重访维也纳时，却意外发现塑像变成了金色。听说，是因为前几年塑像被人恶作剧地泼上了红漆，结果无法彻底清除，只好涂上金色用以掩盖。奥地利朋友告诉我，这件事引发公众很大的争论。有人说，金色太庸俗了！

第一次世界大战后，奥匈帝国崩溃。维也纳从帝国的首都沦落为小国的都城。然而，悠悠往昔让奥地利人很怀旧，他们偏爱原汁原味，无法容忍一丁点的改造。正如维也纳人最爱听的一首歌所唱的：维也纳永远是维也纳。

（2013年6月24日《解放日报》第9版）

德国大选如何洗牌

德国下月22日将举行联邦大选。德国电视一台按惯例在本月初发表民意测验结果，联盟党（基民盟和基社盟）支持率为42%，社民党26%，自民党5%，左派党7%，绿党13%。这就是说，联盟党和自民党的支持率已达到47%，而社民党、绿党和左派党加在一起是46%。如果在今后一个月内，德国国内与国际社会没有发生影响大选的重大事件，那么德国目前执政的联盟党和自民党将胜出，继续执政。而联盟党领导人、本届政府总理默克尔连任可能性较大。其原因在于，在美国金融危机和欧洲主权债务危机中，德国始终保持稳定发展，并且在解决欧元危机中发挥着日益重要的作用。

至于社民党，近年来每况愈下，其支持率在20%以上到30%之间徘徊。党内分裂，部分党员转而支持绿党以及缺少有力的领导人是社民党处于困境的重要原因。社民党总理候选人施泰因布吕克的民意支持率仅21%多一点。反观绿党，由于其主张保护绿色环境，反对战争，支持关闭核电站，日益得到广大选民支持。近年来，绿党在州选中屡屡获胜；在全国大选中，也始终保持14%—15%的支持率，稳坐德国第三大政党交椅。而自民党自从绿党兴起后一直陷入低潮，8月民意测验首次超过5%。

左派党作为德国第五大政党，由原东德地区民社党和从社民党分裂出来的劳动社会正义党于2005年合并而成。它在原东德地区有较大影响力，往往能以10%—20%的支持率进入州议会。不过，德国政坛其他党派大多排斥和其结盟。此外，尚有海盗党和新成立的主张退出欧元区的德国选择党，它们皆因支持率不过3%，尚不足为道。

在德国五大政党中，稳操胜券的应是联盟党。目前来看，它与自民党组成联合政府可能性较大。如果自民党支持率不超过5%，那么联盟党可能与社民党组成大联合政府。联盟党的另一种选择是和绿党以及自民党三党组成联合政府，这种联合的难点在于绿党和联盟党的政见不同，和自民党更是针锋相对，这种可能性看起来较小。

而对社民党而言，最理想的是和绿党组成联合政府。但目前两党支持率仅有41%，近期恐难有大的改观。它的一个可能是和联盟党组成大联合政府，另一可能则是与左派党、绿党组成三党联合政府。目前州一级政府中已有社民党和左派党组成政府的先例。但是组成全国性联合政府，对社民党和绿党而言仍然是一大禁忌，但是不能绝对排除这种可能性。

德国在大选前，各种政治选择都有可能出现，但大体上不会超越上述预测范畴。

（2013年8月27日《解放日报》第6版）

卡梅伦明日起访华
经贸合作是重头戏

明日起，英国首相卡梅伦将开启中国之行。这将是他出任首相后第二次访华。英国媒体称，卡梅伦此行将打破自其2012年会见达赖喇嘛以来两国长达一年之久的外交“僵局”。

卡梅伦曾在2010年11月访华，但在2012年5月，他不顾中国反对会见了达赖喇嘛。此后，中国对英国政府采取了一系列反制措施，包括取消了和英国的多个部长级会议，中英关系由此陷入低潮。

在经历了一年多时间的“冰冻期”后，卡梅伦此次得以二度访华，离不开中英双方的共同努力与前期铺垫。据英国媒体报道，今年6月，中国外交部长王毅与英国外交大臣黑格互通电话被看作是中英关系“解冻”的信号。随着英国能源与气候变化大臣爱德华·戴维9月访华，英中关系开始“融冰”。同月，王毅在纽约联合国总部会见黑格时表示，“经过努力，中英关系已克服干扰，进入新的发展阶段。”卡梅伦的到来无疑会将这一“新发展阶段”再向前推进。

据悉，卡梅伦此次将率领一支迄今最大规模的代表团访华，而经贸领域的合作预计是此行的“重头戏”。

目前，英国是中国在欧盟内第三大贸易伙伴，中国是英国在欧盟外第二大贸易伙伴。今年1月—8月，中英贸易额达到430亿美元，同比增长4.7%。截至2012年底，英国累计在华投资项目达7241个，实际使用金额180.76亿美元。据不完全统计，中国在英国的投资并购（含参股）也已超过了120亿美元。目前，英国急需维护现有基础设施建设，急需外来资金，中国在这方面有巨大的潜力。英方还积极推动伦敦人民币离岸中心建设，今年6月，中英央行间签署2000亿元人民币本币互换协定。英国拥有丰富的国外投资经验，同时随着中国在海外投资不断增长，中英在这一领域的合作前景将十分广阔。此外，两国在全球治理以及教育科技人文等领域也有合作的“共同话语”。

回顾整个中英关系发展史，见证的是一个传统国家和新兴国家之间相互增加认知、减少误判的历程。

新中国成立以后，英国成为最早承认中国的大国，中英也很快建立了代办级关系。但是，两国外交关系从代办级升格为大使级，却等了二十多年。关键障碍在于，英国政府一方面承认中华人民共和国政府是唯一代表中国的政府，一方面又在联合国投票反对恢复中国的合法席位。而在漫长的岁月里，因慑于美国的压力，英国在这一问题上始终没有迈出实质性的一步。直到上世纪70年代初，随着中美关系的解冻，西欧国家纷纷与中国建交，英国才改变了立场。

此后，中英关系时起时伏，但总体上朝着积极稳定的方向发展：1997年，香港顺利交接后，两国关系进入全面发展的新阶段；1998年，两国宣布建立全面伙伴关系；2004年，宣布建立中英全面战略伙伴关系。

2009年1月，英国政府首次发表题为《英国与中国：合作框架》的对华关系战略文件。时任英国首相布朗在为文件撰写的前言中表示，未来十年内，中国为英国商界提供的机会可能超过其他任何国家，英国需要更好地了解中国。相信，卡梅伦在此次访华中，应该会“更好地了解中国”，无疑也将推动中英关系向前进一步发展。

（2013年12月1日《解放日报》第4版）

第三编

波谲云诡、变幻无常的国际政治

在世纪之交，国际形势发生重大变化，如何看待20世纪的政治变迁和21世纪国际政治前景的预测，以及世界进入21世纪发生的重大变化，在第三编论文中均有深入的探讨和分析。

这些论文除了已标明刊登的有关书刊外，均发表于中国国际问题研究基金会的年度国际问题论文集。

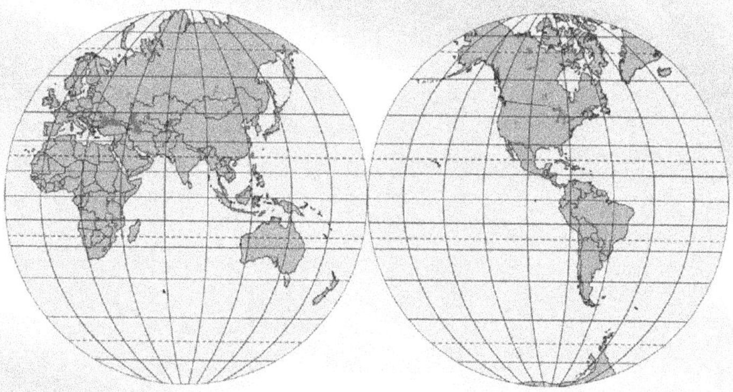

欧洲领导人更迭对欧盟与大国关系的影响

2006年11月，德国总理默克尔主政；2007年5月，法国萨科齐入主爱丽舍宫；同年6月，布朗成为英国首相。德、法、英三个欧洲大国领导人先后更迭，对欧盟的发展和大国关系产生的影响，成为世人关注的焦点。

自从法国、荷兰公决否决欧洲宪法草案后，欧盟扩大进程继续，但由于内部分歧加剧，实际上陷入停滞不前的状态。希拉克和施罗德反对伊拉克战争，恶化的欧美关系有所改善。欧俄关系面临种种困难，发展前景难以预测。面对中国的迅猛发展，欧盟受到竞争的压力，要求中国承担更大的责任。

默克尔成长、受教育于东德，萨科齐是出生在法国的匈牙利后裔，布朗是苏格兰人。这三个领导人有着不同的经历、不同的经验，而默克尔和她的前任施罗德又分属两个不同的政党。国际形势的变化，欧盟处境维艰，欧洲这三位新领导人又具有和他们的前任不同的政治风格，他们的作为也必然有所不同。看来，布朗和布莱尔之间在政策上的差异显然要小于默克尔和施罗德之间以及萨科齐和希拉克之间在政策上的差异。

推动欧盟　摆脱困境

摆脱困境，这是欧盟各国共同的愿望。默克尔上台伊始就提出要解决欧盟宪法条约问题。2007年上半年，默克尔在担任欧盟轮值主席期间，开展了频繁的外交活动。萨科齐在当选新总统的当天即表示“法国又回到欧洲来了”，并立即着手推动欧盟各国重新启动对欧洲宪法的讨论。德波、法波、德法首脑互访密集，相互做出妥协，为6月23日布鲁塞尔首脑会议上的成功奠定了基础。这次会议就替代《欧洲宪法条约》的新条约框架内容和“路线图”达成一致。10月18日，欧盟里斯本峰会27国领导人终于就取代欧盟宪法条约的新条约达成一致意见，并将其命名为《里斯本条约》。12月13日，欧盟各国首脑在里斯本正式签署该条约，在欧盟成员国批准后，将正式生效。欧洲舆论强调，2005年，法国和荷兰否定欧洲宪章条约后陷入政治危机的欧盟将重新获得活力。这次欧盟最为重要的革新是就推行双重决定制基本达成一致。欧盟对重要问题的决策需要27个成员国一致同意，因此只要有一个国家不同意，欧盟就无法行动。迄今为止有137项，今后将有181项按少数服从多数的原则做出决定。还有70多项如税收、社会保障、欧盟财政预算仍需要采取一致通过的原则。在各成员国投票权的问题方面，也做出了新的规定。例如过去德国拥有8.4%投票权，波兰则有7.8%投票权，而德国人口要比波兰人口多一倍，这显然对人口多的国家是不合乎情理的。按照新的规定，德国拥有17.2%投票权，波兰拥有8%的投票权。按照双重决定制的规定，至少有55%的成员国，代表65%的欧盟公民的国家同意才能通过有关重大问题的决定。不过由于波兰的坚决反对，这一新的双重决定制要到2014年部分实施，到2017年才能全部付诸实施。在解决“条约”和“双重决定制”的过程中，法、德两国努力说服波、英、捷、荷从大局出发、相互妥协，显示德法轴心仍然是扩大后欧盟的主要推动力。欧盟27国弥合分歧，以大局为重，增强凝聚力，维护了欧盟发展方向，增强民众对欧盟未来发展的信心。

欧盟三国领导人中，默克尔以稳健见长，布朗寡于言辞，只有萨科齐频出奇招，出语惊人，被视为政治界中的“另类”。布朗一向反对英镑加入欧元区，他将会长期观察欧盟的发展趋势是否符合英国的利益。在最近的将来，布朗和一向崇尚英国经济体制的萨科齐会和好相处。默克尔和布朗两人都比较务实，两人的父亲又都是牧师，相处应该不会太难。而萨科齐和默克尔则由于性格差异较大，要做到以往德法两国领导人那种默契合作关系，看来尚需时日。萨科齐认为欧元币值过高，对欧洲经济不利，力主干预欧洲央行，降低欧元汇率，遭到德国反对。德国对萨科齐未与德国和欧盟协调就与利比亚签署核能备忘录等多项合作项目，也颇有微辞。美国利用新老欧洲分歧，企图加强操控欧盟，俄罗斯也利用能源分化离间欧盟。面对这种种压力，欧盟领导人经过磨合，会逐步缓和相互存在的分歧，推动欧盟团结自强，提高在国际上拥有的大国地位。

修补与美国关系

2003年，美英发动伊拉克战争，德美、法美关系跌入低谷。而随着施罗德和希拉克下台，美国反战呼声日益高涨以及近来欧美关系的加强，使欧盟德、法、英三国领导人更迭成为修复欧美关系的最好契机。

默克尔上台后，先后六次晤见美国总统布什，两国在中东、伊朗核等重大国际问题上，密切配合，加强协作。默克尔采取不同于施罗德的对美政策，其中一个最为根本的原因在于，近年来国际形势发生了深刻的变化，美国作为冷战后唯一的超级大国，深陷阿富汗和伊拉克战争之中，而欧美关系恶化，削弱了美国在国际上的主导作用。近年来，德国舆论一再惊呼："亚洲的崛起意味着西方的衰落"，并认为：中国在35年内将取代美国成为超级大国，印度则紧随中国之后；一个超级大国的崛起必然伴随另一个超级大国的没落；世界的中心正在从欧美向亚洲转移，西方国家主导世界的历史将宣告结束；欧美跨国公司、中小企业不断将生产基地向中国等亚洲国家转移，这些国家生产成本低、劳动力充裕、利润高、又能满足发达国家老百姓购置价廉物美商品的愿望，因此西方国家很难和这一发展趋势抗衡；特别是中国正在从生产技术含量低的产品开始，逐步走向生产技术含量高的产品过渡，构成对发达工业国家巨大的威胁。正是在这一背景下，2006年11月，默克尔初次访美就建议构建"欧美自由贸易区"和"跨大西洋经济伙伴关系"，推动欧美在统一技术标准及监管规定、加强投资、保护知识产权、推动金融市场一体化进程达成共识。这在很大程度上，显示欧美加强同盟关系、对付兴起的发展中国家一个重大的战略调整动向。

德国在加强和美国关系的同时，对美国也保持一定的距离。

默克尔上台初访美前，公开批评美国黑狱虐囚事件，即是一例。面对美国分别和波兰、捷克就建立反导系统进行谈判一事，默克尔公开表示，此事应在北约内部就解决方案达成一致意见，并和俄罗斯公开讨论。欧洲舆论反映，美国在波、捷部署反导系统，造成欧盟内部分歧深化，也有分化欧盟的意图。而欧洲民众保持强烈的反美势头。欧美在能源和减排问题上的利益差异和分歧也很明显。

2007年11月，默克尔再度访美，晤见布什总统。两人在会后的记者招待会上，都一致主张通过外交途径解决伊朗问题。众所周知，默克尔曾经公开批评她的前任施罗德的反美立场。据这次随行的德国《时代》周刊记者报道称，如果关起门讲伊朗问题，默克尔也和施罗德反对伊拉克战争一样反对美国和伊朗打仗，也反对对伊朗进行军事打击。但是默克尔并不是公开地反对美国的立场，而是劝说美国，如果对伊朗下手，会对这一地区产生难以估计的影响。默克尔在会谈中提及德国和伊朗的贸易在2006年达到56亿美元，近年来年均下降7%，而中国、印度和伊朗的贸易却成倍增长。因此，德国反对在联合国框架以外，对伊朗采取制裁措施。按照德国记者的说法，默克尔正在校正她和布什的关系，她不会像施罗德这样远离布什，也不像萨科齐和布什这样地接近。

萨科齐被认为是亲美的右翼政治家，他尽管认为美国入侵伊拉克是严重错误，但是他对美的态度和希拉克还是大有不同。萨科齐在当选总统前去美国，会见布什总统后对美国媒体表示，“反美主义只是一种精英们迷恋的产物，绝对不是法国大多数民众的观点。”萨科齐当选总统后，再次至美国“休假”，步普京后尘，到老布什家做客。特别是萨科齐就任总统后首次正式访美，向美国公众发表热情洋溢的讲话，要“永远地赢得美国的心”，“法美从来都是朋友、盟国，今后将永远如此”。萨科齐在美国国会参众两院发表讲话时称，他热爱“美国梦”，尊重美国价值观，并且深动感情地感谢美国在两次世界大战中为保卫法国做出的贡献。萨科齐在反恐斗争、解决阿富汗问题、对付伊朗核问题等方面，都和美国政策趋近，调整了希拉克时期的对美政策。法国国防部长莫兰和前外长韦德里约向萨科齐建议法国全面重返北约，主张北约与欧盟建立“互补而非竞争”的关系。此举在于和美国修好，重返北约，提升法国在北约中的地位。可以说，法美关系进入了全面升温的阶段。

进入升温的法美关系并不意味着法美之间已不存在分歧。在气候变暖问题上、美元币值问题上，萨科齐并不能苟同美国的立场。至于法国重返北约一事，法美之间立场相距仍然很大。美国一向主张欧洲的防务只能融入到北约来，欧洲不应谋求建立独立于北约之外的防务。法国欲重返北约，要在北约内部“占据全部应有的位置”，美国又如何对付？这还是个很大的问号。

英美两国始终保持着特殊的关系，英国政坛易人不会给这种格局带来实质性的变化。英国始终发挥美国通向欧洲的桥梁作用，这是英国在欧盟内部拥有一定地位和影响的重要原因。布莱尔下台前，即已将英国在伊拉克驻军从1.8万人减少到5500人。布朗主政后，多次表示要从伊拉克撤军。10月8日宣布，英国计划在今后几个月内，将从目前的5500人削减到4000人，而从2008年春天，将驻伊拉克英军减少到2500人。在伊朗问题上，英国与法国萨科齐采取的强硬立场也不同。美国对此做出强烈反应，宣称“美英特殊关系有降到新低点的危险”。布朗上台之初，民调走高，企图适当疏远美国，争取提前大选获得更多的选票。后来，英国人对布朗支持率下降，布朗一看形势不妙，打消提前大选的念头。为了消除美国对他有不满，于11月12日发表外交政策讲话，强调美国是英国最重要的盟友，支持欧盟的德国与法国加强和美国的关系。在伊朗问题上，布朗也一改常态，表示不排除对伊朗动武的可能性。

看来欧盟政坛更迭，将改善与美国的关系，但从维护欧盟自身的利益出发，欧美关系的改善仍有一定的限度。

降温的欧俄关系

俄罗斯与其欧洲邻国的关系已经跌到了1991年以来的最低点。欧洲国家指责俄罗斯民主倒退，走上专制政治道路。欧美继续挤压俄罗斯战略空间，围绕中亚、黑海能源管线建设以及解决科索沃、格鲁吉亚和乌克兰等问题与俄罗斯的争夺与摩擦加剧。俄英更因间谍案件，两国关系跌到最低点。德、法、英领导人更迭，并没有能改变欧俄关系继续恶化的势头。美国决定在波兰和捷克建立反导系统，俄罗斯做出强烈反应，宣布暂停履行《欧洲常规武装力量条约》甚至威胁将核武器重新瞄准欧洲。美俄争夺欧洲已进入炽热的时期，欧俄关系改善遇到重重障碍。美国将欧洲分成新老欧洲，东欧国家特别是波兰和波罗的海国家成为美国在欧洲的代言人。面对俄罗斯，欧盟内部分成两派，新欧洲主张对俄强硬，而大多数欧盟成员国希望和俄罗斯改善关系、加强合作。

2007年11月7日，欧盟外交委员会发表欧俄关系讲话称，俄罗斯问题已成为分裂欧盟最严重的问题。欧盟内部存在两个极端派，一是经常维护俄罗斯利益的希腊和塞浦路斯，一是经常动用否决票阻止欧盟与俄罗斯谈判的波兰和立陶宛。而德国、法国、意大利和西班牙等国与俄建立特殊关系，以致削弱了欧盟作为整体协调对俄罗斯关系的能力。其他大部分国家多主张采取经济优先于政治的立场。[①]

2007年欧俄召开两次峰会，第一次是5月17日—18日在俄罗斯南部城市萨马拉召开，第二次是10月26日在葡萄牙小镇马夫拉召开。这两次会议主要讨论了启动欧俄新“伙伴合作协议”谈判和欧盟在萨马拉峰会上提出建立“能源预警系统”一事。但由于波兰一再以俄罗斯继续禁运进口波兰肉类产品为由在欧盟内部行使否决权。2005年11月，俄政府以波兰肉类生产不符合卫生条件为由，禁止从波兰进口肉类产品。波兰认为，由于2004年底，当时的波兰总统克瓦希涅夫斯基对乌克兰大选的“舞弊”案进行调停，最终造成了对接近俄罗斯的扬努科维奇不利的结果。因此，俄利用禁止进口波兰肉类产品对波兰进行政治报复。在波俄关系不断恶化的情况下，欧俄新“伙伴合作协议”谈判至今无法启动。但是10月21日，波兰新一届议会大选，在野党挫败了坚决反对俄罗斯的卡钦茨基兄弟，组成波兰新政府。新任总理唐纳德·图斯克表示愿意和俄罗斯改善关系，并且主张俄罗斯参与修建革坦斯克“第二次世界大战博物馆”。波兰新外长西科尔斯基表示，愿意就波兰修建美国导弹基地一事和俄罗斯进行对话。在10月26日的欧俄峰会上，俄罗斯总统普京表示希望欧盟尽快启动有关新协议的谈判。欧盟负责对外关系的委员瓦尔德纳反应谨慎，仅表示谈判有望在明年3月俄总统选举后举行。12月中旬，俄波通过双边协商，就俄进口波肉类产品达成原则协议。据悉俄罗斯和欧盟就“伙伴合作协议”的谈判有望在2008年5月重新启动。

近年来，欧俄经济关系迅速发展。从2000年到2006年，俄罗斯与欧盟的贸易增长了近两倍，达到2310亿美元，欧洲

① 参见中国日报网环球在线消息，2007年11月7日。

在俄罗斯的对外贸易中占了近53%。俄罗斯吸收全部外资中有一半以上来自西欧。因此，俄罗斯重视发展和欧盟的经济贸易关系，是有求于欧盟的。而在能源方面，则是欧盟有求于俄罗斯。俄罗斯是天然气和石油分居第一和第二的油气出口大国。欧盟对俄的能源依赖不断扩大。俄德合作铺设跨越波罗的海的天然气管道。俄与匈牙利签订了延长到土耳其的“蓝色溪流”天然气管道，与保加利亚、希腊和意大利签订了修建连接这些国家的输油管道。还有被称为“南部溪流”的天然气管道将从俄罗斯经黑海抵达保加利亚，然后分为两支：一支抵达奥地利和斯洛文尼亚，另一支经希腊，抵达意大利南部地区。俄罗斯还与土库曼斯坦、哈萨克斯坦和乌兹别克斯坦签订了扩大它们的油气过境到俄罗斯输往欧洲的重要协议。这些协议显示俄罗斯正在设法修建的管道绕过了反俄最为坚决的波兰和波罗的海三国，也对美欧绕过了俄罗斯从中亚各国直接向欧洲出口天然气的计划制造了困难。2007年上半年和2006年同期相比，俄罗斯向西欧出口的天然气数量减少了24.74%，其中对德国出口减少30%左右，对法国减少20.64%。面对俄罗斯在能源领域保持的优势，欧盟提出建立“能源预警系统”。欧盟主要担心2006年初和2007年初，俄罗斯和乌克兰以及白俄罗斯相继发生天然气危机，影响到西欧国家。欧盟近年来采取投资俄罗斯产业，禁止能源企业同时对生产和输送管道领域实行控制以及修建绕开俄罗斯直接将里海能源输送欧洲的管道，但是收效不高。

人们从中不难看出，建立欧俄新的伙伴合作关系和建立“能源预警系统”两件事互相关联、互相影响，双方只能寻求妥协途径，才能妥善处理好欧俄关系。

欧俄通过协商、谈判、寻求改善关系，是符合双方利益的。德国舆论认为，“从长期看，与不断冲突相比，和睦的改进关系对双方都更为有利。结成伙伴关系越快越好。”“欧洲人没有理由匆匆忙忙。他们首先应该加强自己的团结，然后耐心地力争与莫斯科缔结新条约。”①

中欧关系前景

在欧盟与中国之间，有着美国和俄罗斯。从地缘政治上看，中欧没有利益冲突，从战略上看，欧美、欧俄关系变化从根本上不会严重影响中欧关系。而从经济上看，欧盟近年来一直保持中国头号贸易伙伴的地位。

欧洲新旧领导人更迭之后，新领导人对中国的了解、感情上对中国文化的亲切感不如老领导人。这种变化还不会改变双方继续发展关系的总趋势。但是近年来，随着中国经济迅猛发展，欧洲日益将中国视作竞争对手，要中国承担更大的责任。在这一形势下，有的领导人将会更突出价值观的分歧以制约中国，在贸易上要求采取保护主义，以对付中国。在气候变化、非洲问题上更是要保持对中国的压力。美国因素和日本因素也在不时地影响欧洲领导人的决策，默克尔在解决武器禁运的立场和施罗德有着明显的不同。2007年3月下旬，日本首相安倍访问德国谈及对华武器禁运问题，默克尔明确表示“德国反对的立场不变”。特别是默克尔在2007年8月访华后，不顾中国政府反对，成为历史上德国政府领导人在总理府会见达赖喇嘛的第一人，给德中关系带来难以估计的损害。部分德国舆论扬

---

① 见2007年5月16日《南德意志报》，马丁·温特：“静对俄罗斯”。

言，默克尔推行的价值观外交，不像她的前任基民盟的科尔总理和社民党的施罗德总理为了经济利益而屈从于中国。随后10月23日，德国联邦议院执政党基民盟/基社盟议会党团发表《新亚洲战略文件》，为默克尔采取的做法做了很好的注解。这份文件认为“欧洲由于亚洲政治崛起，而对全球议事日程的影响逐渐减弱”，它力主加强欧美联盟，联合对付正在兴起的中国。文件称：“中国在过去25年中塑造了一种发展和现代化的模式”，这种极其成功的发展模式“对一些发展中国家产生巨大的吸引力，因而减弱了西方自由秩序原则的吸引力”。德国执政的基民盟和基社盟要求德国，在亚洲和大洋洲不应重点发展对华关系，而是应加强与西方国家意识形态和价值观相同的日本、印度、韩国、澳大利亚和新西兰等国家的关系。

继德国总理默克尔来访后，法国总统萨科齐也于11月25日—28日访问中国。他曾于1991年、1995年和2004年三次访华，对中国的认识和了解显然和默克尔存在差别。他不仅在就任总统后将中国作为他出访亚洲的第一个国家，而且在支持解除欧盟对华武器禁运问题上，选择继承希拉克的对华政策，明确表示取消禁运对中国和法国来说都是公正、有利的。在中国国家主席胡锦涛和萨科齐总统会谈时，萨科齐表示，法国坚定奉行一个中国政策，承认台湾是中国不可分割的一部分，反对“台独”，反对“入联公投”。萨科齐总统访华显示了法国对华政策不同于德国的一面，这有助于增进中法两国相互信任关系。

中国正在期待英国首相2008年初来访。欧洲德、法、英三大国领导人更迭后，通过他们的先后访华，将会有机会对这三个国家对华政策做出初步观察，对他们今后的政策走向也可以做出初步判断。

多年以来，中欧双方始终保持良好的发展势头，政治互信有所增加，欧盟是一个最大的政治、经济的区域性组织，欧盟并不是合众国，其对外政策的一体化还有很长的路要走。随着国际形势的变化，欧盟几个大国领导人更迭后，欧美开始重新接近，欧美同盟关系正在恢复常态化；欧俄关系恶化，急需调整，又面临重重困难；随着中国国力增强、国际影响扩大，在欧盟看来，使欧盟面临新的挑战。欧盟除了要求中国承担更大的国际责任外，在政治上，将加强影响发展中国家，对付中国；在经济上，对中国产品反倾销以及贸易摩擦将会加剧。在经济全球化不断发展的今天，市场经济原则为各国广泛接受，国与国相互依存度日增，价值观分歧对国与国关系将具有多少影响，还有待观察。

从总体上来看，欧盟认识到中国经济发展为欧盟创造了机遇，对中国采取相对而言比较务实的态度，中欧全面战略伙伴关系进一步发展仍是今后发展的总趋势。

（2007年12月）

2010年世界重心转移
国际形势急剧变化

国际形势动荡不定，领土争端加剧，核危机不断，大国博弈更趋激烈，构成2010年国际形势的主要特点。

世界经济和政治重心向亚洲太平洋地区转移。东北亚地区韩朝炮击，美韩军事演习长年不断，美日进行有史以来规模最大的军事演习，东北亚出现朝鲜战争以来最紧张的局面。中东地区，美国战斗部队从伊拉克开始撤出，巴以和谈难免重蹈失败覆辙，阿富汗围剿塔利班陷入僵局，美国与伊朗紧张对峙，政治格局出现新变化。

新兴国家保持经济发展势头，中国和印度成为推动世界经济复苏的动力。亚洲一些地区恐怖活动猖獗，但从总体上来看，保持着经济发展势头。非洲和拉丁美洲战乱、武装冲突减少，政局基本稳定，经济增长率高于欧美西方国家。

恐怖活动正在加剧。随着大气层污染、气候变化、火山爆发、洪水泛滥以及海啸地震频发，种种气候异常现象严重威胁着人类的正常生活。

南北经济发展不平衡

在全球大规模经济刺激政策和新兴经济体内需强劲的带动下，2010年世界经济持续复苏，IMF预计全年增长4.8%，高于2009年的-0.6%，但复苏进程不平衡，复苏势头脆弱，呈现前快后慢、东高西低的发展态势。2010年发达国家增长2.7%，新兴市场和发展中国家增长7.1%。美国增长将达2.6%，欧洲还略低一点，特别是继希腊和爱尔兰爆发债务信任危机后，葡萄牙、意大利和西班牙也处于岌岌可危的状况。在新兴国家中，中国增长率可达到10%，印度8%—9%，亚洲、非洲和拉丁美洲各国经济发展普遍看好。

二季度开始复苏势头明显放缓，经济刺激政策效应减弱，发达经济体消费疲弱，失业率居高不下，产能过剩，受发达经济体外需的拖累，发展中经济体增速也开始放缓。世界经济上半年增长5.3%，其中发达国家经济增长3.3%，新兴经济体和发展中国家增长8%，预计下半年，发达经济体经济增长1.8%，新兴市场和发展中国家为6.3%。世界经济分化发展，导致各国宏观经济政策的自顾性加剧，经济协调难度加大，全球经济下行风险加大，预计2011年世界经济增长为4.2%。

中东政治格局新变化

伊拉克战争、巴以冲突以及美国和伊朗的对峙，是中东地区三大热点问题。今年8月美军作战部队开始从伊拉克撤军。

伊拉克暴力恐怖袭击事件不断升级，安全形势持续动荡。3月大选后，直至11月才决定总统由塔拉巴尼连任，议长由属于阿拉维“伊拉克名单党”的努贾伊菲出任。阿拉维将出任国家安全委员会主席。经妥协才同意前任总理马立基组阁。马立基的“法治国家党”在这次议会选举328个席位中得了91席。但迄今为止，组阁一直没有取得进展。

5月巴勒斯坦与以色列进行了四个月的间接和谈后，经过美国的斡旋终于在9月初以色列内塔尼亚胡和巴勒斯坦权力机构主席阿巴斯在华盛顿举行了直接和平谈判。随后由于以色列拒绝延长约旦河西岸犹太人定居点停建禁令，巴以和谈再度陷入僵局。美国一再向以色列施压未能奏效。直至12月初美国不得已宣布停止向以色列施压，寻求新途径推动巴以和谈继续进行。

美国从伊拉克撤军，凸显伊朗在这一地区影响加大。安理会今年通过1929号决议，对伊朗实行第四轮制裁。以色列总理内塔尼亚胡一再威胁对伊朗采取军事行动，美国始终用谈判和军事威胁两手，时而大军压境，波斯湾一度部署三艘航空母舰和不停地军事演习，威胁伊朗。

美国从伊拉克撤出武装部队，对美国而言如释重负，但伊拉克问题难解。伊拉克国内什叶派和逊尼派宗教派别之争，和伊拉克政治斗争有着密切的关系。而在伊斯兰世界中，两个不同的教派势必支持伊拉克国内和自己同一的教派。这将激化这一地区国与国之间的矛盾、分歧和斗争。

而伊朗在这一地区的影响日益增强，将成为诱使以色列甚至美国对伊朗采取武装打击的潜在因素。中东地区，伊朗和叙利亚一向关系密切，是支持巴勒斯坦哈马斯和黎巴嫩真主党的重要国家。特别是伊朗和黎巴嫩两国关系有了新发展。11月黎巴嫩总理萨阿德哈里里和伊朗总统内贾德相互访问对方国家，成为这一地区的重大事件。内贾德总统在访问黎巴嫩期间还视察了黎伊边境地区，与黎巴嫩真主党领袖纳斯鲁拉会晤。

土耳其和以色列关系恶化，而和伊朗关系有了发展。6月，以色列军队袭击驶往加沙地带的国际人道救援船队，死者多为土耳其人。这件事造成土以关系进一步恶化。去年，土耳其和以色列两国领导人围绕着加沙问题公开展开激烈辩论。这两个国家过去有着密切关系，尤为重要的是军事上的合作。土耳其是伊斯兰国家中唯一的北约成员国。土以两国交恶的一个重要原因是，以色列不满意土耳其和伊朗关系有了新的发展，特别是今年5月土耳其和巴西一起支持伊朗的浓缩铀计划。事实上，土耳其对伊拉克库尔德自治政府日益稳定、可能对土耳其库尔德族人产生影响十分担忧。土耳其和伊朗两国在防范各自国内库尔德人有着共同利益。

阿富汗和南亚的动荡

奥巴马上台伊始，就宣布要从伊拉克撤军，将反对恐怖主义战争的重点转移到阿富汗，并进一步将歼灭塔利班的战争延伸到巴基斯坦。从此阿富汗和巴基斯坦反恐战争不断激化，并且在一定程度上波及印度。南亚几乎成为仅次于以往伊拉克恐怖袭击持续不停的热点地区。美国反恐政策不断调整，它实际上是通过向阿富汗增军，达到早日从阿富汗撤军的目的。美国在阿富汗不断换将，但战斗仍然难有进展。北约、美国军队在阿富汗围剿塔利班，只能激起阿富汗人民更加反抗外国侵略的情绪。

美国有一派人士主张重点不应放在歼灭塔利班，而是恐怖分子的基地组织。这对美国来说，着重使用特种部队和无人飞机即可完成这一任务。看来这一派主张正在占上风。迄今，美国等北约部队围剿塔利班成果聊聊。北约宣称，阿富汗对北约已不构成威胁。德国制定的阿富汗战争文件称，不可能在军事上战胜塔利班。北约确定，2011年初即从阿富汗开始撤军，美国早已确定在2011年7月开始撤军。

二战结束后六十多年以来，美国始终保持在日本、韩国和欧洲一些国家的驻军。美国在全世界的驻军和建立的军事基地一直根据形势发展的需要弱化或强化。而美国从伊拉克和阿富汗撤出战斗部队后，无疑将依然保持它在这两个国家的军事存在。

俄罗斯、西方关系趋缓

今年最为引人注目的莫过于俄欧关系、俄美关系开始缓和。美国和欧盟已先后和俄罗斯达成协议，支持俄罗斯加入世贸组织。今年5月，美国《新闻周刊》发表俄罗斯外交部拟定的“推动俄罗斯长期发展计划”，其中心含意是俄罗斯为了引进国外科学技术和资金，需要缓和与西方国家的关系。7月，俄罗斯总统梅德韦杰夫在出席俄罗斯驻外使节会议上称，俄罗斯要为国家现代化和美国以及欧盟等国结盟，建立“现代化联盟”，促进贸易和投资活动。但从实际情况看，俄罗斯的重点还是要发展和欧洲国家，特别是同德国和法国的关系。

近年来，俄罗斯在国际上的地位上升，影响力加强。冷战结束后，从东欧延伸到巴尔干、外高加索，中亚的颜色革命正在走下坡路。俄罗斯为北约东扩划定了底线，不容北约染指乌、格和白俄。2008年，俄罗斯和格鲁吉亚发生冲突，乌克兰改弦易辙后，使北约认识到北约继续东扩难有作为。

今年2月，乌克兰大选，亲俄的亚努科维奇当选为总统后，立即首访莫斯科。俄罗斯和乌克兰军事合作不断加强。4月，两国签订协议，俄黑海舰队将在塞瓦斯托波尔港口继续驻扎到2041年。正在此时，吉尔吉斯斯坦爆发街头运动，国内形势动荡。俄罗斯及时支持新政权。吉尔吉斯斯坦经过大选，局面逐渐走向稳定。近日传出，俄罗斯正在筹划在吉尔吉斯斯坦建第二个军事基地。

俄罗斯积极谋求改善和欧盟的关系

俄罗斯在独联体国家的影响逐渐加强，这为它着手发展和欧盟的关系创造了有利条件。今年10月，法国总统萨科齐、德国总理默克尔和俄罗斯总统梅德韦杰夫在法国西部城市多维尔会晤。欧盟大国中，德国和法国与俄罗斯关系最为密切。德法两国认为，欧洲与俄罗斯在冷战后面临共同威胁，应相互信任，加强合作，共同面对挑战。据德国《明镜》周刊报道，萨科齐计划将俄罗斯纳入欧洲中心，法俄应成为欧洲新安全和经济体系的支柱。据此，俄、德、法正在酝酿建立“欧盟—俄罗斯经济区”。

对欧俄加强关系的前景，今年5月德国前总理施罗德撰文主张，欧盟只有接纳土耳其、联合俄罗斯，才能跻身于美国和中国并肩的世界强国之林。施罗德认为，美国遏制俄罗斯政策已失败；波兰和俄罗斯关系正常化，都有利于和俄罗斯联合，使欧盟成为世界政治和经济全球化的权力中心。

俄罗斯和欧盟的接近以及俄罗斯向欧盟提出欧洲安全新条约草案，引起美国的警惕。俄罗斯总统府外交政策顾问普里霍季科并不讳言，这份于2009年起草的新条约主张俄罗斯向欧盟靠拢，但与北约保持距离。特别是这次法、德、俄三国领导人会晤必然会使美国联想到，正是这三个国家的领导人当年极力反对美国发动伊拉克战争。

至于俄罗斯，它当然明白，欧美是盟国，不改善和美国的关系，就不可能改善和欧洲国家的关系。奥巴马总统一上台就强调要“重启美俄关系”，今年两国达成了签订《削减限制进攻性战略核武器条约》的协议。美国早于欧盟支持俄罗斯加入世界贸易组织。在制裁伊朗问题上，俄罗斯也向美国做出妥协，取消向伊朗出售S-300 防空导弹。不过在美俄、欧俄改进关系的道路上将充满艰难险阻。今年美国中期选举后，美国民主党已在参议院失去多数党地位，只有争取部分共和党的支持才能批准《削减限制进攻性战略核武器条约》。此外，俄罗斯对由美国主导的北约建立覆盖欧洲的反导系统存在着很大的疑虑。现在俄罗斯同意和北约就主要是拦截中短程导弹的战区反导系统进行合作；而对防御远程战略导弹的领土反导系统，俄罗斯则同意可以就合作的可能性进行评估。梅德韦杰夫警告西方，除非俄罗斯和西方国家就合作建设反导系统达成协议，否则俄罗斯将不得不部署新的进攻性武器，未来十年内，将爆发新的军备竞赛。

亚太局势紧张前所未有

美国从伊拉克撤军，计划2011年从阿富汗撤军，在欧洲谋求与俄罗斯缓和关系；同时加强在太平洋关岛基地的军事力量。这是冷战结束以来，美国全球战略最为重大的调整。

在南亚，恐怖活动加剧的同时，东北亚成为2010年国际形势紧张的聚焦点。今年以来，韩朝关系持续恶化，韩国天安舰沉没，韩朝相互炮击；中日围绕钓鱼岛领土争端加剧，日俄千岛群岛（北方四岛）之争又起。面对这一形势，美国加强美日同盟和美韩同盟，并且企图进一步建立美日韩三国同盟。从而使中、日、朝、韩和美、俄都卷入了这些纷争之中。

以朝韩关系日趋紧张为背景，美韩军演2010年全年持续不断。按照美国的说法，其目的在于威慑朝鲜，防止其铤而走险。美韩媒体和智库近年来一再估计，朝鲜国内困难重重，国家领导人接班等问题，政局可能突变。美韩军演似是应急之举，必要时需要接管平壤政权。对此韩国政府已经予以否认。朝鲜向一位美国科学家展示用于铀浓缩的2000台离心机后发生了朝鲜炮击韩国西海岸延坪岛事件。选择的时机是美国朝鲜问题特使博思沃思在访问日、韩后抵达北京，与中国代表就朝核问题进行磋商。朝鲜不断制造核危机，其目的是迫美谈判，以弃核为条件，希冀实现朝美关系正常化。天安舰沉没后朝韩炮击，是擦枪走火一个典型例子。从目前发展趋势看，朝鲜半岛的紧张局势一时难以缓解。要使有关方面认识到，只有通过谈判，而不是使用武力威胁，才能妥善处理争端，尚须假以时日。

去年日本鸠山内阁力主和美国建立平等伙伴关系，要求美国从冲绳撤军，遭到美国断然拒绝，一时美日关系恶化。今年和中国又发生钓鱼岛事件，在俄罗斯总统视察南千岛群岛国后岛（日本称北方四岛）后，日本临时召回日本驻俄大使。其中最为突出的是中日关系恶化。

菅直人出任日本首相，突发的钓鱼岛事件导致中日关系恶化。近年来日本早已加强对中国的防范：密切监视中国军舰经过冲绳主岛和宫古岛之间的公海驶向太平洋的活动；正在酝酿将包括钓鱼岛在内的一些岛屿和岛礁收归国有；美日举行所谓的夺岛演习，也包括一些与中国有争议的岛屿和中国不承认为岛的冲之鸟礁。年底最后审议的日本《防卫计划大纲》将确定强化包括冲绳岛在内的西南地区的防卫，对中国进行“警戒监视”。日本传媒一再评述，这一大纲对中国抱有强烈的防范意识，明显是针对中国的。

美国重返亚太地区

美国重返亚太地区，最大的动因是随着中国的兴起，中日、中韩、中国和东盟国家强劲发展的经济贸易关系以及政治上互动和合作的加强，撼动了美国在亚太地区的领导地位。早在金大中、卢武铉时代，韩国在阳光政策指导下，和朝鲜关系有了改善。韩国人民掀起比以往更加声势浩大的反美示威游行，要求美国驻军撤出韩国，并力争美国交还战时军事作战指挥权。李明博出任总统后，政策出现变化，韩朝关系恶化，美韩关系逐步好转和加强。而使美国更为担忧的是日本的政治动向，鸠山出任首相后，立即停止日本在印度洋向美军供油；查明美日之间确有密约，过去默许美国核武器运进日本。更让美国吃惊的是鸠山要求美军不仅撤出冲绳，而且还要求美军搬到关岛去。鸠山主张和美国建立平等伙伴关系；发展和中国友好合作关系；建立排除美国在外的东亚共同体（后又改口）。

至于中国和东盟的关系，近年来更有长足进展，中国已成为东盟第三大贸易伙伴国。中、日、韩三国和东盟的10+3机制，在防范金融危机、促进了解、加强合作方面已成为一个不可或缺的平台。

美国重返亚太，压制了日本力主美军撤出冲绳的要求。今年6月菅直人上台后，忙于修补和美国的关系。9月发生钓鱼岛事件，这正是美日求之不得的机会。日本在政治、军事、安全上需要依靠美国对付中国；在经济上则日益重视和中国的关系，希望在中国市场上站住脚。这种两面性由来已久。韩国同样也具有这种两面性。因此，对美国而言，需要加强和日本、韩国的军事同盟关系，对付中国；对日本而言，需要得到美国的支持，对付中国；对韩国而言，要以美国为后盾对付朝鲜。因此，无论对美日，还是美韩关系来说，不管威胁朝鲜，还是针对中国，都是可以起作用的。而在中国与东盟关系的问题上美国找到了一个切入点，这就是南海问题。中国和南海周边国家存在领土争端，今年9月东盟河内会议上，美国国务卿希拉里向中国发难，提出南海问题涉及美国利益，希望东盟和中国存在领海、领土争端的国家以多边方式和中国解决问题。美国这一主张立即遭到我杨外长的严厉驳斥。不少东盟国家支持中国，当然美国的主张在东盟国家中自会有人呼应的。新加坡资政李光耀说："如果对方是拥有13亿人口的中国，而你是只有1亿人口的越南，你的谈判力量在哪里？”[1]

在中国周边确实也有些中小国家，希望向美国靠拢一些，借以平衡中国的力量，但是他们不会站在美国一边反对中国，也不会站在中国一边反对美国。

当前美国在亚太的作为，从长远来看未必符合亚太有关国家的利益。2007年中国已取代美国成为日本的第一大贸易伙伴。日本对华贸易比重由2001年的11.8%上升到2009年的20.9%。而日本对美贸易的贸易比重则由2001年的24.5%，下降到2009年的13.5%。2009年，中韩贸易总额达到1562亿美元，要比韩美贸易总额678亿美元高出一倍以上；而韩国对华出口1026亿美元，更超过对美出口392亿美元。2010年1月9日，中国与东盟贸易额达2113.1亿美元，同比增长43.7%。东北亚和东南亚正在走上和平和发展的道路。这个过程将是曲折的，既可能受到挫折，也可能有反复。这一地区的和平与发展，离不开美国的作用，并且相互增进信任，才有可能顺利发展。而其中最为关键的应该是中美关系。

中美两国关系总体稳定发展，但今年以来两国关系发展时起波折。奥巴马总统去年年底访华，一改过去一位新总统上台之初就和中国麻烦不断的状况，似乎有了好的开局。国务卿希拉里也提出美中两国要“同舟共济”，美国一些学者更主张美中两国应“共同领导世界”。

今年年初，美国批准向台湾出售武器，奥巴马总统唔见达赖，接着美国一再采取反倾销措施，千方百计压中国人民币升值。在如何应对朝韩炮战、中日领土争端，如何解决南海争端等问题上，中美存在着深刻分歧。

---

① 见2010年9月23日《联合早报》。

但是我们也还应看到，中美两国保持着高层来往，对双方关心的问题，始终保持着接触。在今年的20国峰会上对待国际金融危机，在核安全峰会上防止大规模杀伤武器等问题上，中美两国合作密切。现在中国已经邀请美国国防部长盖茨访华，胡锦涛主席也将于明年1月应邀访美。中美存在着改善关系的前景。

气候变暖、反恐等问题

在应对全球气候变暖问题上，发达国家与发展中国家的较量异常激烈，但经双方妥协原则问题仍达成协议，且取得一定进展。以基地组织为骨干的恐怖袭击仍呈猖獗之势，矛头主要针对西方，反恐任务依然任重道远。联合国人权理事会规定的两年评审制度操作性加强，对遏制人权问题上的“双重标准”发挥了重要作用。

今年坎昆气候变化大会上，发达国家以日本打头阵，企图改变对发达国家有强制性的《京都协议书》第一期承诺的机制，代之以有灵活性的其他机制，遭到发展中国家坚决反对。最后通过《京都协议书》决议，措辞虽有些模糊，但对第一期与第二期的承诺有了连接，为2011年南非德班气候大会做了有利铺垫。美国由于中期选举结果，无力在议会通过立法条款，因而在坎昆大会上想夺回气候问题主导权显得异常无奈。发展中国家从求实出发，力求在资金、技术转让方面达成共识，使发达国家企图使会议“告败”方面难以施展更多“余地”。中国力求成功，团结小国、岛国，坚持原则取得了成效。用潘基文秘书长的话来说，中国的作用“确保了大会取得成功”。当然坎昆会议在关键问题上未能突破,《京都协议书》前途不明，发达国家减排目标过低，资金落实尚无切实保障。

以“基地组织”为主的恐怖活动，在北也门、德国、比利时、瑞典、法国的恐怖袭击呈增加之势，使美国等西方国家的神经处于绷紧状态；更加值得关注的是，“基地组织”已呈“本土化”，北也门“基地组织”头子已由本地人担任，西方的白人激进青年也加入其中；与此同时，在巴基斯坦发生的自杀性恐怖袭击，今年已达到惊人的程度：据2010年上半年统计，死伤在200人以上的大恐怖袭击事件已达六十多起。

西方在人权问题上施展“双重标准”似遇到更多困难。联合国两年多以前成立的“人权理事会”，确立了对联合国192个成员国每隔两年必须对其人权进展情况给予评审的制度，已逐渐呈现威力。

西方借此人权问题上的话语权似开始有所制约。美国为此不得不提出本国的人权报告供该理事会评审，被迫承认自己在种族歧视方面存有缺陷。这是美国六十多年来首次承认人权问题，对其他西方发达国家在人权问题上的“优越感”是一次冲击，从而有助于人权事业开始在正确的道路上向前发展。

（2010年12月）

乌云密布　战端将起
隧道尽头　或见光明

2011年是21世纪第二个十年的新开端。21世纪第一个十年，国际格局发生深刻变化，大国博弈加剧，发达国家与新兴国家力量对比朝着有利于双方力量平衡的方向发展，世界政治、经济重心开始向亚洲东移。“9·11”恐怖袭击，阿富汗、伊拉克战争，世界金融危机成为主导世界格局变化的重大因素。2010年，美国从伊拉克撤出战斗部队，宣布将在2011年7月开始从阿富汗撤军，调整对大国的关系，战略重心向亚太地区转移，其影响将在2011年初见端倪。随着2010年岁末东北亚炮声隆隆，新的一年开始了。即将到来的2011年将成为冷战结束以来，悬念最多的一年。

世界经济虽已渡过世界经济危机最困难的时刻，但遥望前景依然渺茫。美国经济缓慢复苏，私人储蓄开始增加，但美国经济将向何处发展，国债和私人债务如何弥补依然是个未知数。欧洲在希腊和爱尔兰相继陷入债务信任危机后，预计2011年葡萄牙、西班牙和意大利的上空将继续笼罩着不测的风云。欧洲各国的预算赤字，国债债台高筑，已经拖住欧洲经济发展的步伐。中国和印度等亚洲大部分国家仍将保持世界上国民生产总值最高增长率。在非洲大陆上，一些国家不时出现战乱，但大体保持相对较高的经济增长率，而拉丁美洲正在稳定发展，前景看好。

东北亚局势瞬息万变

2010年东北亚形势剧变，成为世界关注焦点。朝韩对峙，相互较劲，不惜走向战争边缘。朝韩两国或是军事演习持续进行，或是要以核战争孤注一掷，双方调门越来越高，一时看不到形势缓解的前景。美国第三艘航空母舰正朝着西太平洋驶来。东北亚的山雨欲来风满楼，还是在即将爆发战争的关头上戛然而止，世人将拭目以待。

中、美、俄、日、朝、韩六个国家没有一个愿意，或者已经做好一切准备要打一场大战，但这并不意味着排除爆发战争的可能性。有关各方通过谈判，寻求消除产生危机的根源的可能性依然存在。

明年新年伊始，美国国防部长盖茨即将访华，中国国家主席胡锦涛也将对美进行国事访问。近年来，中美两国在加强合作的同时，竞争加剧，相互防范力度加强的同时，美国国内主张对中国进行遏制的势力也呈上升的趋势。中美两国领导人不论在双边互访时的会谈，还是在多边会议场外的会晤，多是取得积极的成果。在中美领导人年初会晤的前夕，美国舆论正在换个腔调，对中国在东北亚危机中的作用给予积极的评价。新墨西哥州长理查森在访朝回美后向奥巴马作了两次汇报。近日，美国忽然传出，理查森不久将在卸任新墨西哥州长后取代希拉里出任国务卿。不论这个消息是否属实，至少反映了美国有一部分人，希望美国重新思考对朝政策是否明智。

预计中国在与周边亚洲国家的友好合作伙伴关系中，在新的一年将进一步发展。中俄两国在应对东北亚危机中，显示了最大的一致。中印两国会进一步意识到两国在竞争中的合作远比交恶更符合各自的利益。日本正在进一步防范中国，无疑对两国关系不利。中国和东盟各国的关系在不断加强，在谋求打开东盟—中国自由贸易区序幕的同时，正在寻求制定有关南海争端的行为准则。可以预计在新的一年中，中国面对的将不是慌惶不安而是增强相互信任的亚洲邻国。

美俄关系仍遇障碍

2011年，俄罗斯在加强和独联体国家关系的基础上，将进一步发展和欧洲国家的关系。特别是俄德、俄法的关系将有新的发展。年底以前，美国众议院终于批准俄美削减和限制战略核武器条约。但是在投票表决前，在议案技术性文本中增加了一些不具有约束力的修正条款，其中包括要求美国政府承诺再次部署导弹防御系统；对核武库进行现代化升级。特别要求美国政府和俄罗斯就限制战术核武器展开新一轮谈判。据悉，美国拥有500件战术核武器，其中180枚部署在比利时、德国、意大利、荷兰及土耳其。由于美俄双方核武器在总体上美国占有优势，而在战术核武器方面，俄罗斯至少在数量上占优势。这一谈判将如何进行，俄罗斯又将做出什么反应，将直接影响2011年的美俄关系。

中东局势时紧时松

继美国从伊拉克撤军后，2011年7月美国将开始从阿富汗撤军。但中东以至南亚地区形势好转可能性不大。

伊拉克在年底前，通过各派妥协，终于决定由什叶派的马立基组织内阁。2011年，伊拉克国内局势仍将动荡不定，炸弹袭击事件不会停下来，不仅在国内各党的斗争将会加剧，什叶派和逊尼派的斗争也会由于周边不同宗教派系国家的支持，而变得异常复杂。

巴以谈判陷入僵局，双方冲突的可能性在增加。

在这一地区坐大的伊朗加强和叙利亚关系，密切和黎巴嫩关系，支持巴勒斯坦哈马斯、黎巴嫩的真主党。以色列有可能出兵黎巴嫩，打一场短时间的战争。而由于身为北约成员国却并不反美的土耳其和伊朗相互靠拢，这一地区的形势将变幻无常。鉴于伊朗在这一地区影响日增以及国内各派力量的斗争日趋激烈，美国和西方国家将进一步加强对伊朗的制裁；并以和伊朗核谈判作为切入点，进一步孤立伊朗。在美国对伊朗制裁、孤立和不排除战争可能性的情况下，2011年这一地区将出现高度紧张的局面。

阿富汗和南亚局势动荡不定

自从阿富汗成为美国反恐战争重点，并且进一步扩展到巴基斯坦以来，恐怖袭击在印度也有发展。自从北约宣布，阿富汗对北约已不构成威胁，美国决定2011年7月开始从阿富汗撤军以来，阿富汗局势并未见好转。预计2011年，在美国、北约部队开始撤离前，同塔利班的战斗将会加剧，但是和塔利班的谈判也将加紧进行。美国和北约部队开始撤离阿富汗之前，阿富汗周边国家将进一步关注阿富汗国内局势的发展，巴基斯坦、伊朗和印度将力图对阿富汗施加影响，这三个国家竞争、合作和博弈将进一步升级。

预计2011年，不太可能发生全球性重大战争，地区性战争有可能升级，局部动乱将有所增加。但是就世界全局而言，和平与发展、各国之间友好合作将是主旋律。

（2011年1月）

全球权力中心东移

——西方国家经济增长停滞不前 新兴国家面临新挑战

过去十多年来，国际风云变幻，战端迭起，南北力量差距缩小，大国之间博弈日趋激烈，国与国之间领土争端加剧，恐怖主义和“不同文明冲突”更加走向极端。

2001年9月11日，恐怖主义分子劫机撞击美国纽约两座大楼事件，震惊世界。美国调整战略，突出反对恐怖主义斗争。美国在这十年的时间里，攻打阿富汗，入侵伊拉克，伤亡逾万，债台高筑，经济不振，无暇他顾，民心思变。

在经济全球化过程中，中国、俄罗斯、印度、巴西和南非金砖五国的影响日益上升，经济实力加速增长。亚洲经济始终保持增长的势头，成为推动世界经济增长的重要力量。非洲和拉丁美洲广大发展中国家，逐步摆脱上世纪经济陷入的困境，呈现前所未有的发展势头。

2008年以来，美国陷入金融危机，接踵而来的是欧洲国家主权债务危机。华尔街的游行示威，质疑美国听任虚拟经济蔓延，忽视实体经济。欧洲政党更迭，多以许诺改善民生争取选票，靠借债度日，这种模式已到了难以为继的地步。

“颜色革命”从西向东发展，兴起于格鲁吉亚、乌克兰，止于乌兹别克、吉尔吉斯斯坦等中亚国家。“阿拉伯之春”始于突尼斯，蔓延到埃及、利比亚、也门、叙利亚、巴林。西亚北非地区各国的政治动荡和战乱不止，造成人民颠沛流离、家破人亡，国家前途未卜。在推翻旧统治后的一些国家里，人民觉醒，社会进步，已见端倪的并不是“西方价值观的胜利”，而是崇尚伊斯兰教教义思想逐步占了上风。阿拉伯国家人民掀起的反美浪潮，一浪高过一浪。正是在“9·11”事件11年后的同一天，美国驻利比亚大使史蒂文斯在班加西遇袭身亡。这件事的发生具有重大象征意义，几乎可以说，为美国与中东阿拉伯国家之间的关系，西方和伊斯兰教文明冲突作了一个阶段性的结论。

中国的迅速崛起及其影响

中国在以往的十多年时间内，经济高速、稳定发展。2009年中国超过德国成为世界外贸出口第一大国。2010年中国国内生产总值超过日本，成为世界第二经济大国。人们预计2012年中国机器制造业将超过美国，位居世界第一。中国自己的报道是:“2002年到2011年，国内生产总值年均增长10.7%，从世界第六位上升到第二位，人均国内生产总值由1000多美元提高到5432美元，对外贸易总额由世界第六位上升到第二位，外汇储备超过3万亿美元；产业结构优化升级，农业基础进一步巩固，区域发展协调性明显增强；各项社会事业全面发展，人民生活显著改善。”

战后至今，美国始终保持着全球第一经济大国的地位。以中美经济总量比较，按名义汇率计算，2010年美国为14.66万亿美元，占世界总量的23.6%；中国为5.88万亿美元，占世界总量9.3%。国际货币基金组织和世界银行2012年推出估算结果是，中国国内生产总值的购买力，以平价计算已达美国的70%。近年来世界舆论谈论中国可望在2015—2020年间超过美国成为世界第一经济大国。

布热津斯基指出，“21世纪头十年，中国迅速崛起，跻身于世界大国的前列。”“中国的崛起不仅标志着西方‘一家独大’的终结，也标志着全球权力中心的相应东移”，并认为，中国的经济增长势头、做出政治决断的能力、对外国削弱中国实力的抗衡力、军事潜力的提高，全世界都认为中国将挑战美国的全球地位等，都表示中国理应处于仅次于美国的位置。[①]

中国兴起，改变了中国在世界上的地位，增强了中国的影响，这既得到一些国家的支持和欢迎，也引起了一些国家的恐惧和疑虑。美国重返亚太战略，突出反映在美国对华政策中，遏制中国的比重在加强。

新兴大国挑战守成大国

在美国看来，美国在阿富汗、伊拉克鏖战十年，中国冷静对待，是为中国最佳的机遇期。在此期间，中国迅猛兴起，今后可能挑战美国主导地位，非中国莫属。

---

① 详见兹比格涅夫·布热津斯基著《战略远见》，第14、15、19页。

西方国家渲染，一个新兴的大国势必挑战守成的大国，其结果往往以爆发一场战争而告终。美国不时引用古希腊历史学家修昔底德所著《伯罗奔尼撒战争史》一书论述，雅典实力增长，引起斯巴达的恐惧，最终导致爆发一场长期的战争。上世纪，德国强大后，挑战英法等老牌帝国主义，酿成两次世界大战。美国教授米尔斯海默著书《大国政治的悲剧》论述大国之间必然争霸，战争最终不可避免。中国实力日益强大，势必挑战美国在亚洲的存在。为了防止悲剧的重演，美国不应“接触”中国，而应“遏制”中国。[①] 而美国新保守主义派，如罗伯特·卡根等人不时渲染“中国威胁论”，力主美国应早日作好和中国打仗的准备，美中之间“一场战略冲突在所难免”，只是迟早的问题。

中美两国在过去的几十年内，经贸关系迅猛发展。两国之间既有相互依存的一面，又有十分矛盾的一面。中美两国都认识到这种模式难以持续下去。两国都希望自己的经济不断发展，在竞争中取得有利地位，同时又希望对方的经济持续发展，才能保证自己的产品不断开拓新市场，投入的资本得到更好的回报。中美两国经济的这种发展趋势，也表现在两国的相互关系上，和在涉及国际和地区的重大问题以及国际秩序方面。

美国通常公开表示，中国对美国来说，是“非敌非友”。似乎随着国际形势的变化，两国力量对比差距缩小，双方竞争与合作的力度和着重点不时互相置换，其内涵也在不断更迭。“非敌非友”这一概念在中国又被引申为“可敌可友”和“亦敌亦友”。总之，不论中国还是美国对相互是敌人还是朋友，

① 详见美国约翰·米尔斯海默著《大国政治的悲剧》。

各自有着不同的想法。中美两国由于历史、文化传统、价值观念、意识形态的不同，存在着分歧和利益冲突也是很自然的。“非敌非友”这个概念的内涵并不是固定不变的，而是处于不停的变化之中。

我们应重视中美关系，通过领导人保持密切接触，开展各个级别的磋商、对话，达到增信释疑的目的。美国国务卿希拉里·克林顿多次说过：“美国要以史无前例的方式证明，一个守成大国和一个新兴大国能继续为各自的人民创造美好未来，为世界和平与稳定做出贡献。”2012年9月，她在联合国与中国外交部长杨洁篪会晤后举行的记者招待会上说，美中“两国正在尝试从事一件历史上从未有人做过的事情，它将会写下新的答案，来回答一个老牌大国和一个新兴大国相遇时将会发生什么问题”。看来，希拉里·克林顿就这个问题的讲话似乎在信念上有所微调。或许这是在不同的场合下，强调策略不同。但中美两国如何建立稳定的关系，阐明新兴大国与守成大国之间必然走向战争未必是唯一的答案，无疑成为中美两国共同关心的问题。

中国关注的问题

对中国来说，21世纪初的十年剧变，意味着亚太、中美关系、中国与周边国家的关系已成为中国外交的重中之重。中国与周边的俄罗斯、中亚、日本、韩国、东盟十国、印度、巴基斯坦，有着广泛的共同利益，也有着利害冲突的复杂关系。其中有些国家和中国的经贸关系不断加强，但在安全问题上则希望依赖美国。中国与这些国家的安全和经济关系相互排斥和背道而驰的状态，已经持续多年，预计今后仍将大体上保持这种状况。对美国而言，要在亚太地区保持对中国的威慑，对中国进行遏制，必然要加强同盟关系，争取更多的伙伴。对这一地区的中小国家而言，近年来中国经济不断增长，加强和日韩两国的经贸关系，有力地带动了东盟十国的经济增长。今后，中国周边国家无疑期望继续保持这种势头。看来，中日不和，在不久的将来，仍将持续一个时期，但从这一地区的整体发展来看，中日韩和东盟（10+3）的经济合作模式仍是最有效的，也对中国周边中小国家最有利。这将保证在亚洲地区，虽然各国时起风波，但不至于陷入严重的困境。中国周边有些中小国家和中国存在领土争端或其他利益冲突，希望借助美国这样的超级大国平衡中国的强势。未来十年，在中国与不同国家之间的这种经济和安全相互矛盾的状态，会发生或正面或负面的变化。消除这种矛盾的现象，在很大程度上将取决于中美关系的变化。

西亚北非、欧亚大陆地区与我国的关系日趋密切，这些地区国家已成为中国能源供应的主要来源国，是我未来开拓新市场、进口其他矿物原材料、海外基础设施的重点。这一地区的动静与美、欧、俄利益有着密切的关系；而我国基本上在军事、安全方面仍处在鞭长莫及的状态。但中国由于和这些国家的经济贸易关系日益发展，在这一地区通过主张公正解决社会、经济问题，支持这些国家维护主权独立、领土完整、反对外来侵略方面，仍有一定的影响和发言权。

非洲和拉丁美洲国家已经展示出在今后十年具有广阔的发展远景。非洲资源丰富，经济发展迅速，过去十年经济增长平均接近于5%。国际货币基金组织预测，非洲经济平均5%的增长率至少可延续到2015年。预计今后，非洲的城市化、基础设施建设、工农业发展均具备良好的发展前景。拉丁美洲各国采取稳定的经济金融政策，经济保持持续增长，过去十年大体上接近4%的增长率。目前，各国加强调整经济结构，正在制订中长期发展战略，大力发展基础设施建设。中国发展和这些国家的关系仍然受到来自西方国家的干扰，但与中国和周边国家、中东西亚国家发展关系受到的干扰相比，相对要小一些。

联合国、G20会议、APEC会议、世界气候会议、国际金融组织以及上海合作组织、金砖五国会议，是中国发挥作用、承担责任、维护发展中国家利益的重要国际舞台。中国的一举一动，将对世界显示中国的诚信、能力和影响。

对今后十年世界变局的预测

中美两国都不否认两国关系是当今世界最为重要的关系。2012年11月美国大选，奥巴马战胜罗姆尼，进入第二任总统任期，在对华政策上突出强硬的一面，这并非美国对华政策的常态。2013年或者在今后相当长的时期内，中美关系是走好还是走坏，在很大程度上将对亚太地区局势产生重要的影响。如果美国经济开始复苏，国债增幅处于可控状态，实体经济取得新的进展，一个有信心的美国可能会适度缓和对华关系；如果美国经济进一步陷入困境，美中关系仍有进一步恶化的可能。

中国能否改善和一些周边国家的关系，在很大程度上也将受到美国对华政策走向的影响。亚太地区是持续动荡，还是紧张与缓和交叉出现，这和中美关系的发展变化有着密切的关系。与此同时，近年来美国重返亚太战略最为突出的表现是加强与盟国的关系，不断联合军演，渲染美国威慑力量，纵容支持一些国家与中国抗衡。如果美国重返亚太带来的只是局势紧张，而没能促进各国经济的发展、推动各国经贸关系的发展，亚太各国将会重新审视美国重返亚太的战略。

今后十年，世界一大动荡地区仍为中东。1943年，美国总统罗斯福告诉英国驻美大使哈里法克斯勋爵（Lord Halifax）："波斯的石油是你们的。我们共享伊拉克和科威特的石油。至于沙特阿拉伯的石油那是我们的。"[①] 今天，美国并不太依赖中东石油。但这一地区具有重要战略意义，美国企图独霸世界，控制欧亚两大陆，就决不能忽视中东。美国继续主宰这一地区，无疑可以制约依靠中东能源供应的亚洲大国。美国对伊朗进行制裁，直接遭到打击的是中国、印度、日本和韩国。印度在十多年前就设想，从伊朗铺设石油、天然气管道，通过阿富汗、巴基斯坦，连接到印度，另外修建一条管道可以通到中国。毫无疑问，美国决不愿意坐视此事成功。

在美国看来，自从伊朗宗教领袖霍梅尼实现伊斯兰教建国，和美国断交以来，伊朗成为美国主导中东事务的最大障碍。美国曾经纵容伊拉克攻打伊朗，八年战争，打成平手。美国未曾想到在推翻萨达姆政权后，两伊的什叶派成为关系密切的伙伴。而叙利亚、黎巴嫩"真主党"和巴勒斯坦的哈马斯构成以伊朗为主力的什叶派弧形地带，成为抗衡美国和以色列具有巨大威胁的力量。美国最早要求叙利亚巴沙尔下台。不料巴沙尔政权久攻不破，一直不能利用叙利亚作为突破口，挫败伊朗。美欧发誓要制服伊朗，以经济制裁，甚至必要时通过武力摧毁伊朗核设施。何况周边多由逊尼派领导的沙特等海湾国家一向与什叶派为敌，只要教派斗争一起，就难以收场。而分布

---

① 参见彼特·诺兰（Peter Nolan）《十字路口》，伦敦，2009年。

在土耳其、伊朗、伊拉克和叙利亚的库尔德人，一直希望独立，建立统一的国家。伊拉克的库尔德人偏安一角，取得相当大的自治权利，这势必将进一步鼓励周边国家库尔德人进行反政府的活动。土耳其和叙利亚友好相处时，共同对付库尔德人。当前两国政府交恶，又利用库尔德反政府活动，削弱对方政府。可以预计在这一地区围绕西方国家和伊朗、叙利亚争斗，库尔德独立运动，以伊斯兰教什叶派和逊尼派两个教派斗争，随时都有可能加剧目前的武装斗争，甚至引起局部战争。可以预见，在美国大选以后，在美国等北约部队将于2014年底之前从阿富汗撤军后，美国仍将采取另一种形式，保留部分美国驻军，维持对阿富汗的控制。十年阿富汗战争，并没有解决塔利班问题。苏联入侵阿富汗十年，战争的溃败成为苏联衰败的拐点。美国撤出阿富汗，相比苏联当年的处境也不相上下。未来十年，阿富汗面临的首要问题是如何实现国内和平。这个问题的解决，首先离不开巴基斯坦。阿富汗国民40%由普什图人组成，人口将近1300万；与其毗邻的巴基斯坦普什图人加在一起，将达4000万，两国的普什图人关系密切，塔利班影响巨大。阿富汗周边的重要国家，有伊朗、俄罗斯、中国、巴基斯坦和印度。如何与阿富汗打交道，特别是印度和巴基斯坦，如何争夺阿富汗，这个问题可以预见将会进一步加剧。阿富汗已经经历了二三十年连绵不断的战争，再度成为世界热点的可能性不大，但对酿成地区性的冲突和战争的可能性要有充分的估计。

在当今世界中，可能突发事端或走向有限缓和的可能是朝鲜半岛。韩国总统李明博在年底大选后下台，继任者不可能继承李明博对朝鲜的强硬政策。美国决意扩大它在朝鲜半岛的影响和主导力量；六方会谈仍将是十分艰巨和反复无常的，一时难以取得成果。但这总比以武力威胁或以核爆要挟使东北亚一直处于紧张之中要好一些。

今后十年国际形势急剧动荡，中国如何应对？

我们必须清醒地认识到，过去十年，世界的局部战争、武装斗争和政局动荡的国家，或距离我国较远，或虽接近我国，但我国仍能偏安一角。而今后中国成为世界第二经济大国，不仅美、日、欧等西方国家密切关注中国的一举一动，其他国家也将比以往更加重视中国的政策走向。美欧西方国家要求中国作为大国承担更大的责任，实际上更多的是要我国按照他们的主张治理世界。而发展中国家要求我国主持正义维护他们的正当权益的期望也在不断增大。这就迫使中国不可避免地进一步介入到全球和地域事务中去。

今后十年中国必须进一步完善具有远见的长期战略，执行切合实际的对外政策，才能继续走向和平、稳定和发展这三大目标。

随着中国国力增强、国际地位提高，中国无疑也要承担更多的责任与义务。在当今更加复杂多变的世界上，中国理应得到更大的话语权。

过去十年相对较为平静的太平洋，在美国重返亚太、掀起阵阵凶涛恶浪后，已经变得很不平静。美国的作为几乎是中国战国时代“合纵连横”历史的重演。公元前318年至前246年，秦、楚、齐三大国之间或秦楚东西联盟，谓之“连横”，或齐楚南北联盟是为“合纵”。由于“连横”，迫使秦达29年之久，未敢交兵。当时，秦以外的六国，地域大秦5倍，兵强秦10倍，最终不免覆灭。

今日，美国国力下降，全球权力中心东移，西方全球优势地位终结。美国一再誓言，绝不能当“老二”，更担心中国兴起，有朝一日会夺取美国世界领导地位。美国重返亚太，不断加强和中国周边邻国同盟和伙伴关系，力图围堵中国。近日在亚太地区，中美之间的争斗，当然不能与当年的“合纵连横”同日而语。如果亚太地区各国关系进一步恶化，不会符合任何国家利益。中国为了和平，一再表示，不和任何一个国家结盟，主张加强与各国的关系。

从当前亚太形势看，中国外交仍大有可为。在缓解中美紧张关系的同时，应重视处理和周边国家的关系。在中美日、中美印（度）、中美俄等三边关系中，争取我国处于有利地位，利用三个国家的相互合作和制衡关系，推动两国关系的发展，缓解在不同问题上中国与邻国存在的紧张关系。

在中美日三边关系中，美日正在加强关系对付中国。最先响应美国重返亚太战略的是日本，这个国家在一个相当长的时期内，“对美从属”还是占主流地位，但不时也会有人主张“对美自立”。2009年日本民主党在大选中战胜自民党，其第一任首相鸠山要和美国拉开距离，主张发展和中国更为密切的关系。但鸠山执政不到一年，就因为不能解决美国从冲绳撤军问题，以未能实现在日本大选时许下的诺言而下台。鸠山的下台，无疑反映了美国绝对不能容忍日本企图“脱美入亚”，甚至希望与中国接近的立场。2010年中国国内生产总值超过日本，成为世界第二经济大国。由于中国和日本拉开的距离并不太大，日本舆论希望今后仍能很快夺回世界第二经济大国的地位（中国国内生产总值为5.88万亿美元，日本为5.47亿美元）。但随之而来的地震、海啸、核电站遭到毁灭性的打击，使日本即使对中国不服气，也难以摆脱落后于中国的颓势。一向有着右翼保守势力根基的日本，大事渲染“中国威胁论”。因未能处理好美日关系的鸠山内阁下台后，“对美从属”之说比之以往得到更多的支持。从石原慎太郎募集“购买钓鱼岛”捐款到野田政府“购买钓鱼岛”，使中日关系陷入恢复邦交40年来的最低谷。日本以实际行动有力地支持美国重返亚太战略，从短期看，有利于加强美日同盟关系；从中长期看，对中美日三国之间如何处理相互关系，将带来消极的影响。

但是中日改善关系，制衡美国，无疑也符合两国利益。对日本来说，恶化对华关系，只能一时加强日美同盟，但并不能摆脱从属美国的地位，而只能进一步“从属美国”，更难以争取和美国处于平等的地位。日本担心美国国债已处悬崖之边，一旦无法偿还国债，前景更难以预料。何况中美关系走势如何，也难以卜算，其最大的担心是，如果中美密切合作，美国更不会重视日本的作用。以上种种均表明，在中美日三边关系中，中国仍有充分的活动余地。

在中美印三边关系中，舆论渲染较多的是美国正在拉拢印度，共同对付中国，似乎在这三边关系中，美印处于上风，中国处于弱势地位。舆论不断宣传，中国在印度洋沿岸，通过修建深水港、军港，建立珍珠链，对付印度。印度为了对付中国，正在不断加强与美国、日本、越南、缅甸等国家的关系。一个时期以来，较少为人们注意的是，印度坚持不结盟政策，在维护主权独立方面，并不和美国一致。在涉及世界气候和环境保护等重大国际问题方面，中印的一致性远远超过美印的一致性。而在涉及伊朗、利比亚、叙利亚等地区冲突问题上，中印立场显然更为接近或更为一致。印度国内智库认为，基于中国的发展趋势，印度将有可能与中国共同度过一个相对和平的十年。对印度外交走向，在印度一向持有两种不同主张。钱德拉·拉贾·莫汉和已故的苏布拉·马尼亚姆等思想家主张印美核心利益一致，印度应该和美国结盟；另一派中有前印度外交部长希亚姆·萨兰等，他们反对和美国结盟，按照他们的意见，“印度明智的做法是两面下注，以不同亲近的程度与所有的国家接触，但不和任何国家结盟”。

在中俄美三边关系中，中俄两国处于共同对付美国的优势地位。中俄战略合作远远优于中美和俄美的战略合作。冷战结束以来，俄国在西方一直受到北约东扩对俄战略空间的挤压，中国在东方则面临日美加强军事同盟的压力。美国在欧洲建立反导基地声称针对伊朗，在亚洲部署反导基地针对朝鲜，任何人都明白，其矛头所指显然是俄罗斯和中国。美国战略重心东移，不仅加深中美矛盾，也加深了俄美矛盾。中俄两国在重大国际问题上协调较好，在西非、北非乱局中，采取基本上一致的立场。俄罗斯日益成为我国重要的经济伙伴，俄罗斯的石油、天然气对我国供应的安全性要远远超过来自海湾国家、取道印度洋和马六甲海峡输往我国的能源。西方国家始终在挑战中俄关系，美国忽而拉拢中国，忽而拉拢俄罗斯。美国近来甚至有人主张联合欧洲、土耳其、俄罗斯，以平衡中国的力量。

（2011年7月2日）

变化中的美俄欧关系

20世纪，以集团对集团对抗的形式爆发了两次世界大战。第二次世界大战结束后，社会主义和资本主义国家两大阵营，华约、北约两大军事集团，集团对集团的全面对抗持续了半个世纪之久。直至90年代初，东欧剧变，苏联解体，冷战结束。西方国家依然持续加强相互的同盟关系，在欧洲，北约不断东扩，挤压俄罗斯的战略空间；在亚洲，和日本等国加强联盟关系防范、遏制中国的和平发展。美国作为当今世界唯一的超级大国，深谙保持对欧亚两大洲的影响、控制和确保在这一广袤地区的领导地位，方能维护其世界霸权地位。在集团与集团对抗趋缓的进程中，美欧俄和美中日等大国之间构成的三边关系，形成当今国际政治中展现各大国纵横捭阖、相互影响、相互牵制的最为重要的三边关系。

2009年，奥巴马入主白宫后，对美国全球战略作了重大调整。美军逐步从伊拉克和阿富汗撤出，重返亚洲和太平洋，战略重点向东转移，使美国无暇西顾。在一个动荡不停、各种力量较量日趋激化的进程中，美俄关系趋于缓和，欧俄双方合作加强，关系进一步密切，美欧相互借重的势头也有新的发展。美俄欧三边关系的变化对当今国际政治产生深刻的影响。在这个三边关系中，美国处于主导地位，它对美俄欧三边关系的发展、平衡或失衡具有决定性的影响。

美国是当今世界最强大的工业发达国家，与之相比，俄罗斯是仅次于美国的军事大国，美欧在安全问题上紧密合作对付俄罗斯的威胁，是欧洲加强与美国同盟的重要动因。而面对“美中共同治理世界”的两国论，对欧俄政治上的接近产生微妙的影响。俄欧互为近邻，相互经济关系远比美俄经济关系密切。在日本发生严重核电事故后，欧洲对俄罗斯能源的依赖将会不断加深。在美俄欧三边关系中，美欧的共同利益更多一些，他们有着共同的意识形态和价值观，战略目标也保持一定程度的一致性。在这一三边关系中，美欧在联合制俄、弱俄方面有着共同利益，但并不完全一致。欧俄不时在一些重大问题上，有着共同利益。因而在三边关系中，时而也会出现欧俄联合抗美的态势。美欧俄三个方面构成一个相互制约、影响、争斗的极其错综复杂的关系。

俄罗斯现代化 缓和与西方关系

苏联解体冷战结束后，俄罗斯第一任总统叶利钦推动俄政治经济全盘西化。俄罗斯接受美国建议，对俄经济采取“休克疗法”，使俄罗斯陷入政治和经济危机。此时，北约加紧东扩，东欧国家一一落入西方国家之手，俄罗斯已经弱得无力与西方对抗。普京取代叶利钦出任总统后，大力整顿国内政治与经济秩序，俄在世界能源价格急剧上涨过程中，经济迅速好转，国力加强。美指责俄政治倒退，恢复专制体制；北约继续东扩，挤压俄战略空间；在吸收曾经是苏联加盟共和国的波罗的海三国加入北约后，继续支持格鲁吉亚、乌克兰以及中亚国家的颜色革命。特别是美国决定在波兰、捷克部署反导导弹基地，引起俄罗斯强烈反应。

2009年奥巴马就任美国总统前后，一再强调要实现变革，反对单边主义，调整美国对外政策，重视改善和俄罗斯的关系。俄罗斯在经历和美欧两方关系恶化的一个时期后，亟需转圜。俄罗斯外交部制定新的外交政策，主张“发展俄欧美三角互动”，要和欧盟建立伙伴和同盟关系。① 按照俄罗斯国内和世界舆论的判断，这份原本是俄外交部内部的文件是有意对外披露的。这份文件的中心思想是俄罗斯今日需要引进国外科学技术和投资；实现俄罗斯现代化，缓和和西方国家关系。俄争取的重点在于欧盟，不过俄罗斯也重视和美国改善关系。

“重新启动”后的美俄关系

美俄关系趋暖，但是基础尚十分脆弱。

美俄关系与欧俄关系最大的区别反映在经济贸易关系方面。欧盟和俄罗斯的进出口贸易额几乎占到俄罗斯对外贸易额的一半左右。而2010年美国和俄罗斯的贸易额为216亿美元，占美国对外贸易额还不到1%，仅为0.68%。在美国重返亚太、无暇西顾、北约东扩势头受阻、中亚颜色革命进入低潮的情况下，奥巴马总统“重启美俄关系”以来最大的成果就是2010年同俄罗斯签署对等裁减核武器条约，确保美俄之间战略核力量

---

① 见2010年5月11日《美国新闻》周刊俄文版刊登俄外交部发表的《在系统基础上有效利用外交因素，推动俄联邦长期发展的计划》。

的基本均势。2010年期间，俄罗斯先是支持美国在联合国内通过决议，制裁伊朗，随后梅德韦杰夫又签署总统令，决定不再向伊朗提供S-300导弹系统。俄美经济关系也取得进展，从2010年到2011年初，俄罗斯两次购买价值50亿美元的波音客机，2010年10月，俄美经过漫长的谈判，终于取得一致意见，美国支持俄罗斯加入世界贸易组织，并承诺说服格鲁吉亚也支持俄罗斯入世。

但这并不意味着美俄关系发展一帆风顺，美国是不会放弃谋求绝对军事优势的国家安全战略的。美国针对俄罗斯推行的战略防御计划正在加速进行。最新的事态发展是今年5月3日，美国与罗马尼亚达成一致，美国将在原罗马尼亚军事基地“德维塞卢”部署导弹防御体系。根据协议，美国可以在2015年之前，在罗马尼亚部署陆基SM-3弹道导弹拦截装置，成为美国全球反导系统的组成部分。按照美国国务院的说法，这是为了保护欧洲和美国免遭中东弹道导弹的袭击。2009年9月，奥巴马政府宣布放弃在东欧建立导弹防御基地计划后，随即制定新的“反导系统”部署方案，得到罗马尼亚和波兰的支持。2010年11月，北约成员国领导人决定建立欧洲导弹防御系统并和美国相连接。此前，在美国和罗马尼亚达成协议后，俄罗斯外交部5月13日发表声明，要求美国和北约必须做出具有法律效力的明确承诺，保证其在欧洲部署的反导系统不是针对俄罗斯的。美国一向认为，在战略核武器方面，只有俄罗斯具备真正威胁美国的力量。美国坚持推行全球反弹道导弹计划，其主要目的显然是对准俄罗斯。美国致力于打造能拦截和摧毁敌方使用战略核武器袭击美国。如果美国研发的反导系统取得重大进展，势必使美国的核武器可以袭击俄罗斯，而俄罗斯则对美国无可奈何。这势必打破美俄现有的“核恐怖平衡”。因此美俄围绕反导计划之争将是一场长期的斗争。

2012年，美俄将相继举行总统大选，对美国而言，需要在改善与俄罗斯的关系方面取得进展。与此同时，美国并不讳言，美国更期望梅德韦杰夫继续连任总统，因此在俄罗斯大选前，美更多地将持观望态度，预计双方在这一期望方面不会取得重大进展，虽然俄美之间时而出现一些矛盾分歧，但也不至造成美俄关系严重倒退。

欧俄关系从低潮到缓和

21世纪开端，俄欧关系进展并不顺利。双方关系一度跌到了1991年以来的最低点。欧洲国家指责俄罗斯民主倒退，走上专制政治道路。欧洲与俄罗斯围绕中亚、黑海能源管线建设以及解决科索沃、格鲁吉亚和乌克兰等问题与俄罗斯的摩擦不断加剧。俄英更因2005年间谍案件，两国关系跌到最低点，欧俄关系改善遇到障碍。面对俄罗斯，欧盟内部分成两派，新欧洲主张对俄强硬，而大多数欧盟成员国希望和俄罗斯改善关系、加强合作。

2007年11月7日，欧盟外交委员会发表欧俄关系文件称，俄罗斯问题已成为分裂欧盟最严重的问题。欧盟内部存在两个极端派，一是经常维护俄罗斯利益的希腊和塞浦路斯，一是经常动用否决票阻止欧盟与俄罗斯谈判的波兰和立陶宛。而德国、法国和西班牙等国与俄建立特殊关系，以至削弱了欧盟作为整体协调对俄罗斯关系的能力。其他大部分国家多主张采取经济优先于政治的立场。

在欧俄关系起伏不定的过程中，法德两个主要国家始终坚持不论在北约东扩，还是美欧推行颜色革命过程中，与美国相比比较顾及俄罗斯反应的做法，往往留有余地，不使双方关系走到绝境。在北约东扩到格鲁吉亚和乌克兰时，美国仍一意孤行，法德两国担心影响和俄罗斯的关系，一再说服美国不要操之过急。2008年，法国总统萨科齐没有和美国协商，就直接推动俄罗斯和格鲁吉亚达成停火协议。在俄罗斯与格鲁吉亚发生武装冲突时，美国力主制裁俄罗斯，要求七国集团通过决议谴责俄罗斯"侵略格鲁吉亚"，遭到法德两国坚决反对。美国在波捷部署反导基地，法德的立场也和美国的立场并不一致。当然，在涉及北约东扩、反导基地和俄吉冲突等问题时，美欧在挤压俄罗斯战略空间的一致性要远远大于美欧在对俄政策方面存在的分歧。

2010年，欧俄关系趋缓态势进一步明显。俄罗斯为了引进外国科学技术和资金，需要缓和与西方国家的关系。7月，俄罗斯总统梅德韦杰夫在出席俄罗斯驻外使节会议上称，俄罗斯要为国家现代化和美国以及欧盟等国结盟，建立"现代化联盟"，促进贸易和投资活动。但从实际情况看，俄罗斯的重点还是要发展和欧洲国家，特别是同法国和德国的关系。近年来俄罗斯在国际上的地位上升，影响力加强。冷战结束后，从东欧延伸到巴尔干、外高加索，中亚的颜色革命正在走下坡路。俄罗斯为北约东扩划定了底线，不容北约染指乌克兰、格鲁吉亚和白俄罗斯。2008年，俄罗斯和格鲁吉亚发生冲突，以及乌克兰改弦易辙后，使德法等国认识到北约继续东扩难有作为。

2010年2月，乌克兰大选，比较接近俄罗斯的亚努科维奇当选为总统后，立即首访莫斯科。俄罗斯和乌克兰军事合作不断加强。4月，两国签订协议，俄黑海舰队将在塞瓦斯托波尔港口继续驻扎到2041年。正在此时，吉尔吉斯斯坦爆发街头运动，国内形势动荡。俄罗斯及时支持新政权。吉尔吉斯斯坦经过大选，局面逐渐走向稳定。

俄罗斯在独联体国家的影响逐渐加强，这为它着手发展和欧盟的关系创造了有利条件。去年10月，法国总统萨科齐、德国总理默克尔和俄罗斯总统梅德韦杰夫在法国西部城市多维尔会晤。欧盟大国中，德国、法国和俄罗斯关系最为密切。德法两国认为，欧洲与俄罗斯在冷战后面临共同威胁，应相互信任，加强合作，共同面对挑战。据德国《明镜》周刊报道，萨科齐计划将俄罗斯纳入欧洲中心，法俄应成为欧洲新安全和经济体系的支柱。据此，俄、德、法三国在酝酿建立"欧盟—俄罗斯经济区"。

俄罗斯与欧盟的接近以及俄罗斯向欧盟提出欧洲安全新条约草案，引起美国的警惕。俄罗斯总统府外交政策顾问霍季科并不讳言，这份于2009年起草的新条约主张俄罗斯向欧盟靠拢，但与北约保持距离。特别是这次法、德、俄三国领导人会晤必然会使美国联想到，正是这三个国家的领导人当年极力反对美国发动伊拉克战争。

欧俄双方发展稳定双边关系的愿望要大于美俄发展双边关系的愿望。不论是从欧俄是相互毗邻的国家，还是从地缘政治，特别从经济贸易关系方面考虑，欧俄都期望能克服重重困难，进一步发展双方关系。2010年，欧盟最大的贸易伙伴是美国、中国和俄罗斯。俄罗斯是欧盟第三大贸易伙伴，不过俄罗斯和欧盟的贸易额占其总贸易额的50%。而对欧盟来说，它的能源需求主要依赖于俄罗斯。俄罗斯75%的出口收入直接依赖于欧洲能源市场，俄罗斯出口天然气中的84.8%是向欧盟供应的。

日本发生核灾难，对德国国内政局产生了重大影响。德国一向主张放弃核能的绿党，今年的支持率一直扶摇直上。在德国16个州中，年初，社民党和绿党联合执政的只有2个州，到9月份将增加到5个州。德国总理默克尔改变基民盟反对放弃核电能的主张，决定在2022年前彻底放弃核电能。在这一背景下，德国和俄罗斯的能源合作，迅速发生变化。德国一反常态，欢迎俄罗斯在德国能源领域投资。今年7月18日俄德两国政府在汉诺威市达成两国进一步加强能源领域合作的协议。据统计，德国目前40%以上的天然气、三分之一的石油从俄罗斯进口。

俄德合作铺设跨越波罗的海的天然气管道，俄与匈牙利签订了延长到土耳其的“蓝色溪流”天然气管道，与保加利亚、希腊、意大利签订了修建连接这些国家的输油管道，还有被称为“南部溪流”的天然气管道将从俄罗斯经黑海抵达保加利亚，然后分为两支，一支抵达奥地利和斯洛文尼亚，另一支经希腊抵达意大利南部地区。俄罗斯还与土库曼斯坦、哈萨克斯坦和乌兹别克斯坦签订了扩大它们的油气过境到俄罗斯输往欧洲的重要协议。而美欧计划中的纳布科输气管道，绕过俄罗斯从中亚各国直接向欧洲出口天然气的计划，遇到了巨大困难。德国报刊载文称，俄德达成的汉诺威加强能源合作规划，将沉重打击纳布科输油管道建设计划，为纳布科输气管道的投资迄今尚无着落，黑海沿岸的阿塞拜疆和土库曼的供气问题也没有保障。在欧盟内部就建设纳布科问题并未能取得共识。

欧俄关系发展中的另一个重大进展是酝酿多年的法国向俄罗斯出售“西北风”级战舰的协议终于达成。今年5月26日，法国总统萨科齐在法国海滨小城多维尔和前来出席8国集团峰会的俄罗斯总统梅德韦杰夫会晤后正式宣布，法国将向俄罗斯出售四艘“西北风”级战舰，其中两艘在法国建造，两艘在俄罗斯建造。此前，美国时任国防部长盖茨曾批评法国向俄罗斯出售“西北风”级战舰，损害西方国家利益。这是战后北约第一个国家向俄罗斯出售战舰，其意义不能低估。

在欧盟德、法、英三个大国中，英国对俄罗斯一直持有保留立场。不过，今年8月，英国首相卡梅伦成为六年来首次访问莫斯科的英国领导人。英俄关系一向比法国、德国与俄罗斯关系有所不同。2006年，俄罗斯前特工利特维年科遇害身亡，英国认定俄罗斯克格勃卢戈沃伊是嫌疑犯，要求从俄罗斯引渡，遭俄拒绝。这次卡梅伦在莫斯科24小时的访问中，向俄总统梅德韦杰夫重提此事，依然遭到拒绝。卡梅伦访俄之行收获不大。但近年来英俄贸易关系却在不断发展。2010年两国贸易额增加20%，达到160亿美元。今年上半年又增加至50%，特别是英国对俄投资已达400亿美元，在外国投资中居第五位。

欧俄关系一向起伏不定，今年处于较好的发展势头，这并不意味着今后必然一帆风顺。北约不会停止东扩，将继续支持格鲁吉亚谋求领土完整。欧盟和俄罗斯在独联体地区的争夺也不会停顿下来。欧盟不时抨击俄罗斯“专制、独裁”，“保梅贬普”，干涉俄罗斯内政。

复杂的美欧关系与欧俄能联合吗?

美欧俄三边关系中，主要倾向是美欧联合对付俄罗斯。美欧在主导当今国际秩序中相互利益最为密切，协调力度远远强于美国与其他大国的协调力度。欧盟高于日本是美国最为亲密的伙伴。欧盟作为27个欧洲中小国家组成的联盟，很难利益一致、步调相同。这一点易为美国所利用。美欧关系突出表现在美国对欧洲一体化的支持、牵制、质疑的基本立场，将视形势的发展和变化而不断调整。美国对欧盟防务一体化、政治上时而和美国采取不一致的立场、经济上建立欧元区和美国分庭抗礼，极尽可能地打压、分化、挑拨离间。国际货币基金组织总裁卡恩下台，国际舆论界认为其中难免没有美国黑手的操纵。在美欧俄三边关系中，尽管美俄和欧俄相互关系的发展状况不尽相同，欧洲和美国相比和俄罗斯更为接近一些，但美欧共同点仍然大于美欧对俄罗斯政策方面的分歧。从今年北非、中东、突尼斯、埃及、利比亚、也门、叙利亚和巴林的乱局中，美欧之间的共识、政策和介入的方式，和俄罗斯截然不同。

近年来，美国提出美中两国共同治理论（G2），对欧洲造成一股极强的冲击波，舆论反应强烈，哀叹世界的政治重心正在从欧洲向亚洲转移。已故的《文明冲突论》作者亨廷顿生前曾预言，21世纪发生的十大变化之一，就是欧洲与俄罗斯联盟。德国前总理施罗德2010年撰文主张欧盟只有接纳土耳其，联合俄罗斯，才能跻身于美国和中国并肩的强国之林。施罗德认为美国前总统布什围堵俄罗斯的政策已经彻底失败，美国对俄罗斯政策发生了变化，波兰和俄罗斯关系正常化，消除欧盟内部障碍。这种种变化，都将有利于欧盟加强和俄罗斯联合。和俄罗斯联合，吸收土耳其加入欧盟，将使欧盟成为世界政治和全球经济化的权力中心。[①] 而今年，德国莱茵—威斯特伐利亚发电厂与俄罗斯天然气工业股份有限公司就合资问题开始谈判。法国历史学家亚历山大·阿德勒7月23日为法国《费加罗报》撰文称，2011年欧洲出现三件大事，一是德俄建立能源电力合资企业，表明德国面向东方的战略选择完全符合欧洲利

---

① 见2010年5月3日德国《世界报》。

益，也符合俄罗斯的利益；二是法国和德国发挥欧盟核心作用，共同合作拯救欧元；三是默多克报业集团窃听事件曝光，主张加强英美关系的盎格鲁—撒克逊派失败惨重，英国迅速向欧洲大陆接近，这有可能为法国和英国的战略融合打开大门。亚历山大·阿德勒表示，只要法德、英法加强关系，相互融合，欧洲可以向俄罗斯开放，同时欧盟也应接近土耳其。

面对当今世界的动荡不定、矛盾突出、利益交错，欧洲有人主张欧俄联合。眼前看来这并非欧洲主流思想，但从这个问题的提出，也可以看出，这至少是一部分人正在酝酿的一种想法。

（2011年9月24日

在上海华东师范大学国际关系与地区发展研究院的报告）

美欧经济困难　亚太地区变动
西亚北非乱局

2011年国际上重大事件接踵而来，从阿拉伯之“春”，伦敦之“夏”，到华尔街之“秋”，或许正在进入叙利亚和伊朗之“冬”。与20世纪相比，21世纪至今除了没有发生世界大战以外，国际局势之剧烈动荡，大国博弈之复杂多变，国与国之间公开和隐蔽斗争之交替，不同文化、宗教、信仰之相互排斥，一国之内不同部族之激烈对峙，恐怖主义自杀性袭击之持续不断，都在以前所未有的烈度和广度蔓延和开展之中。而美欧经济陷入困境，美国调整战略重点，引起亚太地区形势的变动以及西亚北非乱局，是2011年影响国际形势发展最为重要的三件大事。

美欧经济困境　影响世界政治经济

美国国债和欧洲主权债务危机是2011年撼动世界经济、影响国际政治最为重大的事件。

美国经济在2008年金融危机之后，复苏前景不明，经济始终疲软，失业率居高不下。8月标准普尔对美国长期主权信用评级由AAA降到AA+，美国历史上首次失去了AAA信用评级。这一消息公布之次日，国际股市大跌，美国信用度一泻千里，震动全世界。发生这件事的来源还是在5月16日美国国债接近14.29万亿美元举债上限，面临违约风险，联邦财政支付能力仅能维持到8月2日。经过美国两党协商，终于就提高债务上限达成共识，但面临2012年美国大选，两党激烈的政治博弈，除了提高债务上限外，并没有能对真正的减少债务、推动经济增长产生积极影响。至今美国两党未能就削减财政赤字达成协议，影响2012年美国经济走向。

在2008年美国金融危机冲击下，2010年希腊引爆欧洲主权债务危机，并迅速波及爱尔兰、西班牙、葡萄牙和意大利。2011年，危机日趋严重，其影响已从经济领域扩大到政治领域。2011年因债务危机下台的第一个欧洲国家总理是爱尔兰的赖恩·考恩。第二位是葡萄牙总理苏格拉底因财政紧缩计划遭议会否决而辞职。在接近岁末时刻，希腊、意大利、西班牙三国领导人相继更迭。希腊由帕帕季莫斯取代帕潘德里欧出任总理，随后意大利总理贝卢斯科尼终于辞去总理，新任命的总理为经济学家马里奥·蒙蒂。面对难以缓解的债务危机，迫使西班牙不得不提前大选，反对党人民党获得大胜，人民党主席马里亚诺·拉霍伊当选为下届政府首相。

美国先后在阿富汗和伊拉克的十年战争，军费开支持续增加，已占美国全部预算的20%，两场战争耗资数以万亿美元。这一切只能促使美国国债问题进一步恶化。在经济全球化的进程中，美欧各国经济虚拟化不断深化，实体经济不同程度萎缩和空心化。在高福利、高消费的同时，储蓄率不断下降，失业率剧增，已成为这些国家经济的痼疾。而造成美欧债务危机的根本原因是多年以来，这些国家一直采取赤字预算，刺激经济，致使债台高筑。西方国家各政党通过选举上台执政，往往以高福利作为吸引选民的手段，一旦经济状况恶化，又要求人民节衣缩食，就必然引起人民的不满，其结局就是示威游行、罢工不断、政府更迭。

民意表明，美国人对国家的整体满意度已跌到11%，近3/4的人认为“美国正走在错误的道路上”。作为一个最为突出的反应是，美国纽约曼哈顿金融区9月中旬爆发了“占领华尔街”示威运动，抗议华尔街金融机构贪婪腐败，指责政府为了救助它们而让美国绝大多数人陷入经济困境。运动规模迅速扩大，而且产生“蝴蝶效应”，可持续性也惊人。美国各大、中城市都相继发生“占领”运动，参加者既有学生，也有退伍军人。12月，示威者又占领华盛顿“说客一条街”，他们提出不能让政府和国会为1%的富人服务。这些运动震动着美国，引起全世界的关注，“是当前美国社会矛盾的真实写照”，是“美国经济、社会、政治领域矛盾多年积累的一次大爆发”。

而欧洲国家反政府的示威游行更为频繁，其涉及问题之严重、政府更迭之多，可以认为这几乎与20世纪80年代初东欧剧变达到了同样的规模和深度。这次的不同之处在于，当时东欧人民要求改变的是社会制度，而现在欧洲国家人民固然对当前的社会制度有所置疑，但并不要求根本改变，而是反对执政当局紧缩财政支出、减少福利，或者反对贫富差距扩大、失业增加。欧洲国家的老龄化、福利多早已超出国家的承受能力。以往这些国家为了争取选票，保持执政地位，不断增加债务，现在已经达到了极限，处于难以为继的地步。尽管建立了欧盟，成立了欧元区，但是欧洲国家原来基础不一样，发展水平也有很大区别。现在处境较好的西欧国家，不愿将自己辛勤劳动的收入拿去援助陷入困境的南欧国家。当然欧洲国家的政治家们知道，在当今大国博弈的时代，欧洲作为一个强大的政治集团，欧元不能崩溃，欧盟不能解体。他们要说服自己国家的人民，救援南欧国家不容易；要迫使南欧国家紧缩开支，保证偿还贷款，也不容易。债务国和债权国的矛盾，政府和人民的矛盾一时难以缓解。可以预见，欧元区不会骤然崩溃。欧元主权债务危机也不可能在短时期内解决。这将在各种力量反复较量中，经过残酷、曲折而深刻的斗争，才能见分晓。

排外、狭隘、民族主义思想抬头

32岁的挪威人布雷维克6月22日在奥斯陆市中心政府办公楼附近引爆炸弹，随后又登上奥斯陆以西的于特岛，向当地的挪威工党夏令营成员疯狂开枪扫射，在这两起惨案中，共有92人死亡，不少人受伤。这是自第二次世界大战以来，在挪威发生的最为严重的屠杀事件。布雷维克自称是一个“保守的人”，极右翼反穆斯林分子，极力反对不同文化共存。这一事件的发生绝非偶然。早在2010年德国银行董事萨拉辛发表种族歧视言论，发泄排外情绪，他著书《德国的自我毁灭》声称由于大量移民涌入，德国正在自我毁灭。尽管德国社会声色俱厉地批判了萨拉辛，但这本书成了畅销书，认同萨拉辛观点的人也不在少数。2011年8月，伦敦一名黑人男子达根被警察开枪打死。这件事发生在白色贫民和有色移民杂居的伦敦托特纳姆区。最后证实达根死于无辜。这一事件最初是人们上街抗议种族歧视，但迅速演变成一场大规模骚乱，从伦敦蔓延到英国各大城市。参加这场骚乱的多为年轻人。在不断上升的失业率、民间排外情绪增长、极右翼势力极其活跃的影响下，欧洲不少国家如法国、德国、意大利、丹麦等极右翼政党在当地选举中，支持率日益上升，正在对本国的政局产生重大影响。

美重返亚太　地区形势变化

继2010年，美日、美韩加强军事同盟关系，挑动南海问题之后，2011年美国正式宣称，战略重点转移到亚太，重视经济问题，深化和盟国关系，加强和中国对话。围绕夏威夷亚太经合组织会议和巴厘东亚峰会前后，美国在亚太地区空前活跃。美、日、韩进一步协调加强盟国关系；美国鼓励印度关切缅甸，进一步向东看，负起更大责任；加强和菲律宾、越南的军事合作。东亚峰会前，奥巴马总统访问澳大利亚，希拉里国务卿访问菲律宾和泰国，12月初访问50年来从来也没有访问过的缅甸。10月美国国防部长帕内塔访问印度尼西亚、日本和菲律宾。按照美国主流媒体的说法，帕内塔这次访问意在向中国表明，美国因为反恐战争错过10年之后，现在美国战略重点已经确定放在亚太了。与此同时，日本、印度、越南和菲律宾相互访问异常频繁。在这些双边活动中，南海问题成了不可缺少的话题。9月菲律宾总统阿基诺三世访问日本，两国主张尽早制定一个具有法律约束力的南海行为准则。10月日越签署《海洋战略安保协议》，两国要对南海争议问题采取统一协调政策。同一时期日本外相玄叶光一朗走访新加坡、马来西亚和印度尼西亚三国，游说它们支持日本在东亚峰会上提出建立南海安全论坛的建议。同月，日本《产经新闻》撰文将中国比作中国战国时代的秦国，将越南、菲律宾、美国、日本、印度、澳大利亚比作“六国”，鼓励这六个国家在南海问题上推行连横战略，共同对抗中国。国际舆论对美国重返亚太，是攻还是守莫衷一是。2009年，日本民主党大选获胜，由鸠山由纪夫组阁出任首相。他公开宣称的对美、对华和建立东亚共同体的政策主张，被美日一些舆论认为日本正在“脱美入亚”，撼动了美日联盟。而韩国在李明博2007年出任总理前，美韩关系也并不十分融洽。美国反恐战争十年间，美国和它在亚洲关系最密切的日韩两个盟国出现麻烦。恰恰就在此期间，中国崛起，在亚太地区影响扩大、地位上升。特别是中日、中韩以及中国和东盟的贸易额均已超过美国和这些国家的贸易额。20世纪70年代，日本和东南亚国家的贸易额第一次超过美国和东南亚国家的贸易额，成为美国在这一地区最大的经济竞争对手，引起美国的警惕。美国力压日元升值，以加强美国产品的竞争力。直到1985年通过“广场协议”，日元被迫升值，随后日本经济也进入了长期低迷。有鉴于以往的经验，美国将目标集中对付中国，仍然以压人民币升值为主，意图显然是在经济上削弱中国的竞争力，在政治上维护美国在亚太的主导地位。但是中国不是日本，美国难以像对付日本那样，对付中国。

奥巴马出任总统后，决定改弦易辙，2011年底从伊拉克撤军，2014年从阿富汗撤军。美国期望摆脱缠身十年之久的反恐战争，将力量集中解决国内问题，加强在亚太的存在。美国既要发展和中国的关系，也要牵制中国。

2011年在亚太地区军事演习之频繁，可以说超过以往任何时期。美国菲律宾、美国越南等军演接连不断，特别是7月，美日、日本和澳大利亚海军军演，一改以往在日本周边海域，第一次在文莱近海海域举行联合军演，这三个国家还将联合支援东南亚国家的军队，向各国传授排雷技术和反海盗经验。

值得注意的是，不久以前传出澳大利亚外交部长陆克文支持美、澳、印三个国家缔结新的三方安全条约。据报道，印度外交部发言人称，不知道这份将印度拖入针对中国的防卫合作协议。《印度时报》网站报道，印度拒绝参加美澳印三边安全合作框架协议。澳大利亚外交部人士也立即声明，陆克文的讲话被误读。在经济上，美国推动“跨太平洋战略经济伙伴协定”（TPP），意在规范中国等新兴国家经济行为准则（如规定最低劳工收入，防止非法盗取专利知识等），也想压日本等国开放国内市场，削弱东亚和东南亚经济一体化进程，建立以美国为主导的亚太自由贸易机制。在安全政策上，从长远来看，美国意图建立类似美欧联盟的亚洲版北约，加强从日、韩、关岛直到澳大利亚的军事基地，目标对准中国。美国已将60%潜水艇部署在亚太，今后还将把60%的航空母舰部署在亚太。按照美国和一些国家舆论的说法是，美国正在进一步加强对中国的包围圈，加大对中国遏制的力度。美国“重返”亚太，2010年岁末，东北亚炮声隆隆不绝于耳。风平浪静、沉寂十余年的太平洋，2011年似乎波涛汹涌。国与国之间争议不断，相互戒备增加，军备竞赛加剧。但是所有这一切逆潮流而动的战略调整、军事部署、遏制假想敌，确能造成一时间的喧闹，但难以改变这一地区近十余年来发展的基本趋势。

西亚北非乱局

2010年底，突尼斯大学毕业生布瓦吉吉找不到工作，在街道上摆摊经商，又遭羞辱，愤而在自己家乡阿布宰德市当街自焚。这一事件引发了突尼斯群众大规模示威游行，遭到军警镇压，造成伤亡。2011年新年伊始，突尼斯发生的动乱迅速蔓延到埃及、利比亚、也门、巴林和叙利亚。西亚北非地区从阿尔及利亚、黎巴嫩、苏丹、毛里塔尼亚、摩洛哥、沙特阿拉伯、阿联酋、科威特等国先后爆发反政府游行或集会。这些国家的王室和政府通过改组政府、修改宪法、取消紧急状态、提高人民福利、向人民群众发放大量救济金等应急措施，暂时缓和了人民反政府影响的扩散，防止酿成一场动乱。

西亚北非乱局基本上是内部因素造成的。在这些国家中，既有石油丰富的富国，也有资源贫乏的穷国。自20世纪摆脱殖民统治、取得民族独立以后，有的国家依然保持君主制，有的国家推翻旧王朝，建立立宪政体。几十年来，政治改革滞后，有的国家经济发展缓慢。独裁家族统治，子承父业，贪污腐败，道德沦丧，造成民怨民愤。而20世纪阿拉伯国家和以色列进行战争屡战屡败。在人民群众中产生世俗政权难以应对当今世界新潮流，因此主张宗教治国，至少在今日政治中要增加宗教色彩。有的国家少数部族不能得到公正对待。有的国家占人口少数的什叶派统治占人口多数的逊尼派，有的国家则占人口少数的逊尼派统治占人口多数的什叶派。这种种矛盾在激化时，很易于酿成武装冲突或内战，导致难以收拾的局面。美欧等大国从地缘政治、石油资源等方面考虑，不失时机干预这些国家内政，推波助澜，支持反政府集团，以不同的方式推翻这些国家的政府。

2011年一年，全世界关注的焦点几乎集中在突尼斯、埃及、利比亚、也门、叙利亚和巴林六个国家。

1月，执政24年的突尼斯总统本·阿里流亡沙特，国内组建新政府，宣布举行制宪议会选举，制定新宪法。突尼斯形势始终没有缓和下来，但也没有出现大的动乱，逐渐淡出人们的视线。

2011年埃及游行示威不断，推翻了穆巴拉克政权，由军人接管政权。人们从怀疑对穆巴拉克审判的公正性，直到再次爆发大规模示威游行，要求军人交权。一年来，整个国家始终处于动荡不定的局面。

利比亚于1月底，先是爆发要求卡扎菲下台的示威游行，随后成立过渡委员会，呼吁人民起来，推翻卡扎菲政权，实现民主过渡。美、英、法利用联合国通过制裁利比亚和在利比亚建立禁飞区的决议，对利比亚实施大规模空袭，进行军事干预，向反政府者提供资金、武器和培训等。在外国武力干预下，卡扎菲逐渐败北。利比亚过渡委员会部队攻入的黎波里，卡扎菲本人最终战死家乡，次子赛义夫也被俘。

1月底，也门爆发反政府示威游行后，局势始终没有稳定，高达60万也门人在首都萨那示威游行. 要求萨利赫总统下台。在海湾合作委员会斡旋下，萨利赫多次表示要交权，但一再食言，直到11月底，萨利赫眼见国内形势不断恶化，国际压力日增，终于在沙特阿拉伯首都利雅得签署协议，同意交权，以期获得自己和家人的豁免权。

2011年2月，巴林人民群众游行示威，要求执政40年的首相哈利法下台，实施君主立宪，建立民选政府，群情激奋。沙特和阿联酋迅速派出军队和警察保卫属于逊尼派的巴林政府，维护巴林社会秩序。国王哈马德表示愿意通过改革，缓和与大部分为什叶派的人民群众的关系。迄今什叶派反政府斗争未能消停下来。

叙利亚人民不断抗议政府屠杀示威游行群众，反政府活动从大马士革向阿勒颇、哈赛克等主要城市蔓延。美国总统奥巴马早已要求巴沙尔总统下台，国务卿希拉里称，巴沙尔已失去执政的合法性。美欧等国均在与叙利亚反对派进行接触，提供支持。法国还要求建立“人道主义通道”。阿盟在斡旋未果的情况下，宣布中止叙利亚阿盟成员国资格，对叙利亚进行制裁。叙利亚已签署阿盟派观察员的协议。到目前为止，叙利亚形势日趋严重，但巴沙尔仍在坚持中。

对比本·阿里逃亡、穆巴拉克进狱就审、卡扎菲战死沙场的结局，自称在“蛇头上跳舞”的萨利赫倒似乎有些“体面下台”的味道。巴林正在试图通过改革，缓和国内人民对政府的不满。10月突尼斯举行制宪议会，被认为温和的突尼斯复兴党成为第一大党，在议会217个席位中占据了89个席位。在埃及议会11月底举行的第一阶段选举中，获胜的穆斯林兄弟会下属的自由与正义党获得不到40%选票，另一个激进的伊斯兰政党——光明党（萨拉菲派）获得多于20%的选票。利比亚将在2012年举行选举，过渡委员会负责人已表示，利比亚要以伊斯兰教为立法基础。从以上三个国家来看，今后穆斯林将在政治中发挥主导作用，已确定无疑。

而叙利亚至今前景不明。在2011年中东乱局的“棋局”中，推翻巴沙尔政府是西方国家志在必得的最后一步棋。由伊朗、叙利亚、巴勒斯坦哈马斯和黎巴嫩真主党构成的月牙纵深地带，是这一地区最大的反对美欧和以色列的集团。攻下叙利亚，势必孤立伊朗，增加西方国家不战而胜的前景。反之，如攻不下叙利亚，势必增加孤立、打击伊朗的难度。攻下叙利亚是打击伊朗的前奏，叙利亚究竟能坚持多久？且拭目以待。

（2011年12月10日）

相向而行　和而不同

1972年2月21日美国总统尼克松访华，开创了近代历史一个新时代。这一天，北京晴空万里，寒风凛冽。“美国之音”的实况报道称，尼克松一行的车队已经驶离首都机场，正向长安街驶去。我和几位同事迅速走向王府井和长安街十字路口，目视尼克松一行车队疾驶而过。基辛格2011年新作《论中国》一书说，这一天“当尼克松的车队驶入北京时，路上完全没有旁观者”。这个观察可能并不十分确切，我至少是旁观者之一。当然，那一天的确没有人夹道欢迎。那时候，长安街上的汽车本来就没有多少，骑自行车的人似乎也比平常少了一些。这一细节往往不为人所注意。40年后的今天回忆这一情境，使人不免感到，这其实是深刻反映了中美两国在隔绝二十多年后试图重新接近时，一个必然而且具有深刻内涵的历史烙印的时代反应。

40年前，尼克松总统访华期间发表的《上海公报》具有异乎寻常的风格和特点。往常两国领导人通过协商发表的联合公报，往往刻意突出共同点，而回避或弱化双方的分歧。而这份联合公报就当时面临的国际和地区的重大问题，阐述了双方的共同看法，同时也阐明了双方的观点、立场和政策存在的深刻分歧。在这份《上海公报》中，“中国方面声明：哪里有压迫，哪里就有反抗。国家要独立，民族要解放，人民要革命，已成为不可抗拒的历史潮流。”而美国方面声明，它“支持全世界各国人民在没有外来压力和干预下取得个人自由和社会进步”。双方在《上海公报》中声明，“中美两国关系走向正常化符合所有国家的利益。”这句话对当时的国际形势和世界格局产生了深刻、重大的影响，对国与国之间关系的变化产生了持续多年的作用。

国际格局变化与中美接近

如何看待20世纪70年代初中美两国接近的内在原因？1971年，法国《世界报》特派记者罗伯特·纪兰随同以佩雷菲特（Alain Peyrefitte）为首的法国议会代表团访华后，撰写了一篇题为《1971年的中国外交》的文章。40年后重读这篇文章，人们不难看出，作者是以第三者的目光审视中美关系变化的实质和内容。纪兰在这篇文章中着重指出，自从50年代末期以来，中国经历了大跃进、中苏分歧和“文化大革命”，现在外交已成为中国的首要课题。而国际形势的巨大变化，是促成中国调整外交政策的一个重要因素。纪兰说道，中国长期处于包围圈中，现在胜利似乎已触手可及。印度支那的战火曾经烧到中国的边境，美国敌人几乎到了中国的门口。中苏边境又响起了警钟，中国不得不处于两面作战的局面。而中国内部的剧烈动荡削弱了整个国家。中国在国际棋局中，一度处于劣势，在非常艰难的局势中，却绝处逢生。印度支那的战火平静下来，美军正在开始撤走。中美关系开始缓和，可能结束惊险的两面作战的搏斗。在北京看来，在世界舞台上，人民中国正在前进，正在兴起，美国相对地正在后退，正在衰落。

此时，已经传出美国总统尼克松将要访问中国的消息。周恩来总理在佩雷菲特先生一到北京时，就告诉他，中国和美国谈判的基本要点是：印度支那不会有和平，除非美军全部撤走；台湾问题不会解决，除非美国从台湾撤走；如果台湾继续留在联合国内，中国不会重返联合国；假如华盛顿不抛弃蒋介石的所谓“中国政府”的合法与存在的神话，中美不会建立外交关系。

尼克松1972年初访华后的同年，美国战后的两个最大同盟国，日本和西德先后和中国建交。而中美两国关系的正常化却迟迟不能起步。关键问题是美国如何处理和台湾的关系。从1972年到1974年的两年多时间里，尼克松总统五十多次在不同场合表示，美国不会牺牲台湾利益，保证继续履行其对台湾的安全义务。福特在尼克松之后继任美国总统，也没有做出任何具体努力实现中美两国关系正常化。直到1977年1月入主白宫的卡特，高度重视对中国的关系，反复探讨解决这个问题的方案。此时，邓小平抓住要害，提出“废约、撤军、断交”三个条件。这三个条件最终为美国接受，两国发表第二份联合公报，即《建交公报》，宣布两国自1979年1月1日相互承认并正式建立外交关系。

中美两国和而不同

中国在经历了“文化大革命”后，决定走改革开放的道路，中美两国建立正式外交关系以及1979年年初邓小平访美，这两件事发生在同一时期，这绝不是偶然的，而是存在着密切的相互关系。

第二次世界大战后，美苏之间的冷战时而激烈，时而缓和。这两个大国，既互相竞争，也不时相互合作。冷战期间，东西方两大阵营之间的经贸关系几乎是相互隔绝的，美苏之间的经济贸易额一直保持着各自贸易额的百分之一。中美两国接近后，虽然依然存在着很多隔阂、误解，相互并不十分信任，但经济贸易关系却发展得十分迅猛，达到了高度依存关系。2010年，按美国海关统计，中美两国年贸易额超过4500亿美元（按中国海关统计为3853亿美元），中国持有美国国债已逾1万亿美元。这势必对中美两国全面关系产生十分重大的影响。

这一独特现象始终是40年来中美两国人士一个十分重要的关注课题。中国经济学家吴敬琏教授认为，“20世纪以来，或许更早，世界上形成了这样一个格局，即两个内部失衡的经济体系之间维系着一种微妙的平衡。”①

当今世界上，一方面是以美国为代表的西方发达国家，这些国家社会福利制度比较完善，对不少老百姓而言，很少有后顾之忧。他们可以肆意高消费，保持低储蓄率。这种高福利、高消费和低储蓄率造成内部经济严重失衡。而另一方面，对于中国等亚洲国家，则是由于经济正在起步，社会福利体系很不完善，劳动力低廉。更多人不得不将挣来的微薄收入尽可能存到银行中去。这种低消费和高储蓄率在发展中国家形成另一种

---

① 吴敬琏：《方式不转变，危机难走出》，《解放日报》2011年4月30日。

失衡。[①]

这两种失衡到20世纪七八十年代逐渐形成互补。中美两国建交后，加强了相互经济贸易关系，由于美国等西方国家储蓄不足，希望进口物美价廉的中国商品，因此，中国成功地发展以出口为导向的经济。长期以来，中国通过和美国等西方国家的平衡，在需求不足的情况下，用出口拉动经济增长。

美国长期依靠借债维持高消费，债台高筑，不得不利用大量发行美钞和国债，来维持经济增长。2008年金融危机发生后，美国大量印制美钞，推行量化宽松的货币政策，以减轻自身财政压力和转嫁金融危机，从而在全世界造成货币的发行超出常规，其结果是流动性泛滥，形成资产泡沫和通货膨胀。而中国的增长依靠的是投资拉动，资本对劳动力的比重日益提高，最终造成需求不足，收入分配不平衡，贫富差距日益扩大。中美两国的这两种不同经济发展模式，相互既有依存的一面，又有十分矛盾的一面。中美两国都认识到这种模式难以持续下去。两国都希望自己的经济不断发展，在竞争中战胜对手，同时又希望对方的经济持续发展，才能保证自己的产品不断开拓新市场。中美两国经济的这种"和而不同，相向而行"的发展趋势，也表现在两国的相互关系上，和在涉及国际和地区的重大问题以及国际秩序方面。

① 吴敬琏:《方式不转变，危机难走出》,《解放日报》2011年4月30日。

中国会超越美国成为世界第一大国吗?

进入21世纪以后，中国的经济和国际影响力上升，进一步引起全世界的瞩目。2009年，中国超过德国成为世界第一外贸大国；2010年中国取代日本国内生产总值（GDP）位居世界第二。特别是2011年，国际货币基金组织预测报告称，按购买力平价计算，中国GDP到2016年，将上升到18.98万亿美元，占世界GDP份额18%左右，而美国届时将达到18.81万亿美元，占世界份额17.7%。但是按购买力平价计算，并不能反映一个国家的真正实力。

近二三十年来，世界各国媒体往往以大标题，报道中国正在迅速赶超工业发达国家；与此同时，中国钢铁等多种产业成为世界第一，不时成为世界媒体日常报道的大标题。

不论中国在过去30年取得真正的巨大进步，还是热捧中国成为世界第一这种标题的传媒渲染，正在影响全世界。不少人以为中国在不久的将来，甚至现在已经赶上美国，成为世界第一强国，美国印第安纳大学新闻学院进行的一次全面性的调查结果显示，有相当多的美国人对中国日益增强实力感到担心，69%的受访者担心中国可能对美国构成军事威胁，51%的人相信20年内中国将成为世界首要经济强国，而52%的受访者认为现在中国的经济规模已经比美国大。当然人们应该看到，认真研究问题、进行思考的美国人，特别在学者中间，对中美力量对比大体上都有比较冷静的判断；但是这种媒体的报道方式，对普通美国人究竟产生什么影响，还是很难判断的。至于由于美国普通人对中国疑虑增加，担心美国日益受到“中国的威胁”，又会对美国决策者产生什么影响呢？这更是值得关注的重大问题。

关于中国是否在不远的将来，2015年、2020年或是2025年赶上美国成为世界第一强国，多数人仍然认为这是不可能的。

英国《卫报》马克·来斯布罗特撰文认为，按照市场汇率计算GDP更符合实际情况。美国目前的经济总量要比中国大130%，到2016年，仍大70%。

“相比西方国家，中国既富又贫。中国外汇储备达到了3万亿美元。然而，以现有的汇率计算，美国人的人均财富大约是中国人的10倍。”①

“按人均计算，中国仍然是一个相对贫穷的国家，人口是美国的4倍多；按购买力平价计算，美国的人均年收入约为4.75万美元；中国的人均年收入约为7500美元。要赶上美国，中国还有很长的路要走。”②

“现在中国的人均GDP是美国的19%，而在30年前改革开放刚开始时仅为美国人均GDP的4%。”③ 自1950年以来，中国人均工资的提高速度是美国人的10倍多。1980年，普通中国人收入的购买力相当于每年525美元，现在的这个数字已相当于5000美元至6000美元；同一时间，每名中国工人的生产力，由（相当于）美国工人的3%提高到19%，这种速度似乎还在不断加快；近5年来，美国经济增长了5%，而中国的经济增长了70%。

---

① 英国《金融时报》网站，2011年6月6日文章，作者为迪恩·托赫曼。

② 美国《华盛顿时报》，2011年6月3日。

③ 哈佛大学教授尼尔·弗格森在《华尔街日报》2010年11月22日的撰文。

但专门研究国际不平等问题的经济学家布兰科·米拉诺维奇在他的新著《富与穷》一书中论述称，事实上富国的经济增速仍然远远超过新兴大国。他说，“如果美国国内生产总值增长率为1%，印度将需要增长17%，而这一增长率对印度而言将是不可能的；中国则需要增长8.6%，才能防止和美国的绝对收入差距扩大。在中国工人的购买力由每年525美元提高到5000美元的同时，普通美国工人的购买力由2.5万美元提高到4.32万美元。这意味着中美收入差距由2.5万美元左右扩大到3.8万美元。”①

世界任何强大、发达、富裕的国家，必须具备的条件包括国民的素质、文化教育程度、科技水平、民族凝聚力、政治体制的稳定性以及地缘战略的优势。中国近30年迅猛发展，迅速走到了世界国家的前列。但是仅从国内生产总值来确定中国是第一强国，还是第二强国，显然不合乎理性。特别是中国人口众多，贫富差距大，解决中国经济可持续发展的道路仍在探索之中，对中国今后面临的困难不能低估。

从地缘战略优势地位来看，中国显然远逊于美俄两个大国。美国在20世纪取代英国，夺得了工业发达强国的霸主地位。第二次世界大战后，冷战开始，美苏两国成为并驾齐驱的超级大国。从国家实力、人口构成、领土面积、资源、地缘政治等方面来看，美苏两个国家成为超级大国，绝不是偶然因素决定的。美国和俄罗斯是两个唯一横跨太平洋和大西洋的国家，美国通过大西洋和太平洋建立了与欧洲以及亚洲两大洲的密切联系。俄罗斯广袤的国土横贯亚欧两大陆。从地缘政治

---

① 加拿大《环球邮报》欧洲分社社长道格·桑德斯文章《国际不平等依然存在》，该报网站2010年1月23日。

看，美国北有加拿大，南邻墨西哥，仅有两个邻国，地理环境处于进可攻、退可守的十分有利地位；但俄国不仅有十余个邻国，而且这一地区自古以来就是帝国的争夺要地，周边又有着世界储存量、产量占世界第一的中亚、西亚石油国家。从这个意义上来看，俄罗斯的地缘政治条件显然不如美国。中国在这方面，既不能和俄罗斯相比，更难与美国匹敌。中国位处亚洲中心地带，周边与二十多个国家相邻，在历史上既有友好的交往历史，也有相与争斗交恶的历史，特别是与不少周边国家存在领土争端，这将牵制中国很大的力量。中国周边有不少国家和美国结盟，中国几乎没有和任何周边邻国建立同盟关系。

事实上，不论在中国，或在美国，多数人认为，按照中国目前经济发展速度，或有可能在二三十年内赶上美国。但多数人的看法是，中国在今后几十年内，大体上不太可能保持像过去30年那样的速度，中国经济发展遇到较大波折的可能性不能完全排除。因此，中国将成为世界第一的预料并非必然实现，而且这仅是按国内生产总值绝对值计算。但如果从一个国家的经济实力、政治影响、军事力量、软实力来考虑，中国更是难以和美国并驾齐驱。

尽管中美两国在涉及中国超越美国的基本事实方面存在着一定程度的共识，但这并不意味着，美国对中国的和平发展不抱有戒心，更不意味着，美国不会将中国的和平发展看成是对美国的威胁。在美国国内，对中国等新兴国家力量的发展，是否构成对美国的威胁，似乎是肯定与否定参半。尽管中美两国相互依存度不断增加，对当前人类共同面临的问题，只有共同应对，双方摒弃零和博弈，寻求共赢，才是最佳的选择。但从美国政界、学术界、舆论界的言行，给中国人留下的印象更多的是，美国视中国为今后几十年内最大的竞争对手，不能不认真对付中国，加强防范，更极端的主张，则是要及时遏制中国，否则将为时晚矣！

美国一些学者认定，中国的崛起将挑战美国的领导地位。美国芝加哥大学教授约翰·米尔斯海默（John J Mearshermer）认为，21世纪早期，中国的崛起将“像美国支配西半球一样支配亚洲”，而“美国将竭力阻止中国获得此霸权，因为美国不能容忍世界舞台上存在与之匹敌的对手，其结果便是中美之间激烈而危险的安全竞争，这种竞争类似美苏冷战期间的那种对抗”。[①]哈佛大学教授尼尔·弗格森在法国《论坛报》上撰文认为，为了争夺原料，西方国家与中国的对立是不可避免的。16世纪和17世纪人们为黄金和白银而战；18世纪为食糖和香料而战；19世纪为煤炭而战；到了20世纪则是为了石油而战。正因为如此，我对于中美两国始建于1972年的外交关系会终结丝毫也不感到惊讶。目前我们正目睹它的分崩离析。当然，美国政界、学界反对米尔斯海默等人论点的不乏其人。哈佛大学教授约瑟夫·奈著文《中国的崛起不意味着战争》，驳斥了米尔斯海默所说的“中国的崛起不可能是和平的”。约瑟夫·奈反对米尔斯海默的论点是基于对21世纪上半叶中美两国力量对比的判断。他强调，美国在21世纪前50年仍可能是世界上最强大的国家，中国要在军事、经济和软实力方面赶上美国仍有很长的路要走。他的结论是，今天的世界，不会像伯罗奔尼撒战争的爆发，是由于雅典的崛起引起斯巴达的恐惧造成的。而在1900年，德国工业实力已经超过英国，而且威廉二世奉行冒险主义政策，必然导致冲突。[②]

---

① 米尔斯海默：《大国的政治悲剧》。

② 美国《外交政策》双月刊，2011年1、2月号。

对美国友好，是中国人民的主流。不少学者认为，中国不会争当世界霸主，不少美国人来中国访问，感受到中国对美国的友好。《中国梦》作者王海伦撰文说，他走遍了中国，和成千上万人交谈，没有一个人告诉他，中国人把美国人看作敌人。中国和美国有许多共同点，双方都认为从全球化受益，都需要彼此的市场，都可以通过合作解决共同问题而获益良多。彼此敌对既不符合中国的利益，也不符合美国的利益。[①]“中国不谋求全球霸权地位，甚至不想成为本地区的主宰。中国的外交政策是建立在务实和现实的国家利益的基础上的，并不去追求意识形态上的自我陶醉的宏大项目。”[②]40年来，中国领导人毛泽东、邓小平、江泽民和胡锦涛与自尼克松到奥巴马八任美国总统通过会见、磋商，相互坦诚交换意见，有力地推动了两国关系的发展。中美两国经济上形成相互依存关系，在不少重大国际和地区问题上，存在共识，或采取类似的立场，对维护世界和平具有日益重要的作用。不可否认，中美两国仍然存在着利益冲突、意见分歧，特别是随着中国的兴起，美国对中国的戒备、警惕也在与日俱增。

在美国看来，冷战结束，美国发动科索沃战争，“9·11”恐怖袭击后出兵阿富汗、入侵伊拉克，深陷战争泥潭，接着2008年爆发金融危机，这一切使美国国力受到重大削弱。而与此同时，中国经济迅猛发展，国力日益增强。中国在亚洲，同日本、韩国以及东南亚国家的贸易额已经超过美国同这些国家的贸易额。中国与拉丁美洲各国的关系迅速发展，走进了美国

---

① 美国《福布斯》双月刊网站，2010年12月8日文章:《中国在世界上的地位》。

② 埃里克·李:《中国的颜色革命》,《纽约时报》2010年12月6日。

的后院，成果斐然。中国和非洲国家一向保持着友好合作的关系，近年来中国在非洲援建基础设施，开发能源、矿产、工业原材料等方面取得了巨大成果。这对美国而言，似乎是中国正在使美国在这些地区的影响下降。在中国看来，自从尼克松总统访问中国40年来，中美关系从相互隔绝，建交，发展到全面合作伙伴关系，这种关系的发展是无可置疑的。但是中国在美国的心目中，究竟是美国的朋友？敌人？还是非敌非友？这是中国人心中一直在思考、质疑的一个核心问题。美国的对华政策，如坚持不放弃售台武器，在西藏、新疆问题上与中国不断产生分歧等，始终是造成两国相互隔阂的原因。美国对于中国同美国的对手、竞争者以至盟国发展关系，究竟持什么态度？自从2010年美国高调表示“重返”亚洲、太平洋以来，美国在这一地区和它的盟国，特别是与中国为邻的盟国，以及有关国家异乎寻常地频繁举行军事演习，使往日相对平静的这一地区形势顿时严峻、紧张起来，一些国与国的关系也不再那么和谐。不论是美国对中国的猜疑，还是中国对美国的疑虑都有可能使双方关系恶化，相互信任度下降。

猜疑助长猜疑，挑衅报以挑衅，几乎使国与国关系在双方失控情况下，不由自主地逐渐恶化。美国前国家安全顾问布热津斯基撰文指出：“对亚洲的长期稳定和美中关系来说，最糟糕的情况将是两国进入一种不断变本加厉相互猜忌的妖魔化状态，不仅如此，在两国各自国内面临困难之际，遵循这种路线的诱惑力可能越来越大。”

美国学术界不少人士认为，中国的崛起必将挑战美国的领导地位，中美必然发生对抗以致爆发冲突。基辛格2011年出版《论中国》一书中提到，也有中国人认为，无论中国如何致力于“和平崛起”，冲突是美中关系与生俱来的，中美关系将是一场“世纪对决”。基辛格担心，中美两国政府中任何一个政府，如果实施这些观点，将出现不断升级的紧张关系。

经历了美国总统尼克松访华40年后，按照中国古老的说法，中美两国的交往已经进入不惑之年。在兵戎相见、隔绝20多年后，中美两个社会制度、价值观、意识形态、经济发展水平互不相同的国家，其关系以前所未有的速度不断发展，在历史上是没有先例的。在两国逐步加强信任，加深了解，克服一个又一个困难、障碍的过程中，中美两国人民各自进行激烈的争辩，倾向发展友好合作关系的主张，在关键时刻往往占了上风。但是中美两国关系和任何国与国之间的关系相比，又是前所未有的复杂。中美两国关系每向前发展一步，双方都需要深思熟虑、反复思考。今后两国关系的发展也不会一帆风顺。不论中国如何判断美国的战略、政策走向和具体行动，还是美国如何判断中国的战略、政策走向和具体行动，双方都应设法相互了解，加强对话，减少误解、误读和误判。2011年1月中国国家主席胡锦涛在访美前夕，接受美国两大报纸联合书面采访时指出，“中美两国需要从世界和平与发展大局出发，排除干扰，应对挑战，相向而行，推动两国关系不断向前发展，这对两国关系的定位显得格外重要。”

经历了40年风风雨雨的中美关系，一定会排除万难，持续向前发展。

（2012年1月发表于
《跨越太平洋的握手——纪念尼克松访华40周年》世界知识出版社）

欧洲议会选举
预示欧盟未来走向

五年一度的欧洲议会选举于今年5月22日至25日举行，选举结果表明欧盟各大政党总体政治格局没有发生根本性变化，但是在欧盟德国、法国和英国三大主要国家中竟然有英国和法国两国的右倾、民粹主义派获得大胜，表明对欧洲联合持怀疑和反对的民意正在趋于上升的状态。欧洲舆论认为这是一场前所未有的“政治地震”。

疑欧派影响蔓延

疑欧派和反欧派除了在英国和法国获胜外，在丹麦、希腊、芬兰、奥地利、瑞典和德国等国也取得胜绩。

这次英国“独立党”取得30%的选票，初步估计可以在欧洲议会中拥有英国总议席73席中的22个席位。而英国执政的保守党仅得到24%选票和19个议席。选举结果公布后，“独立党”领袖奈杰尔·法拉齐称，这对英国而言是一场政治的地震。这是百年以来首次取得的非同寻常的成果。而在2009年欧洲议会选举中，领先的是保守党，而那时“独立党”虽然仅仅获得16.2%的选票，就已扬言该党要致力于使英国退出欧盟。有鉴于英国国内不少人怀疑英国留在欧盟内是否符合英国的利益，英国首相卡梅伦早已主张要在欧盟内部为维护英国利益而重开谈判，并且声明英国保守党如在英国2015年选举获胜将举行全民公决以决定英国是否留在欧盟内。

而在法国，敌视外国人、反对移民、反对欧盟一体化的法国极右翼政党“国民阵线”获得25%的选票，前总统萨科齐的政党“新中心党”位居第二，取得20.8%选票，而执政的社会党仅仅获得14%的选票，屈居第三。法国“国民阵线”已经要求政府下台，重新选举法国议会。

英国和法国的政治变化促使两国领导人急忙在德法英三国领导人之间进行穿梭外交，就谁将出任欧委会主席进行激烈的辩论。这次欧洲议会选举是里斯本条约正式批准并生效后的第一次选举。里斯本条约以及欧洲联盟条约第17条第7款规定，欧委会主席将在欧洲理事会提议下由欧洲议会表决产生。迄今为止，欧洲保守的人民党提议由卢森堡前首相、欧元集团前主席容克出任，而“左”倾的社会党主张由现任欧洲议会主席德国人克劳斯出任欧委会主席。英国首相卡梅伦说服德国总理默克尔和法国总统奥朗德，反对容克出任欧委会主席。卡梅伦强调欧盟当前的中心任务是变革，如果容克得逞，难以向选民交代。英国舆论更是指责容克代表旧欧洲，欧盟现行体制难以持续下去。而容克积极参与制订马斯特里赫条约，他主张的经济稳定和经济紧缩政策是造成目前欧洲增长危机的根源。法国总统奥朗德强调这次欧洲议会选举，表明欧盟应该变革，应集中力量促进经济增长，减少失业率。法国总理表示理解选民的要求。政府应该支持企业主，以创造更多的劳动岗位，要减少税收，特别是减少工资税，以减少中产阶层和工人的负担，使他们口袋中的钱多一些。

欧洲议会选举和议会党团体制

根据《里斯本条约》，规定欧洲议会设有751个议席。议席按照“国家代表性原则”，根据成员国人口比例进行分配，并且适当照顾小国。如德国有96个席位，法国有74个席位，英国和意大利各有73个席位。而有些小国人口少，按人口比例几乎得到的议席太少，如爱沙尼亚、塞浦路斯、卢森堡和马耳他分别可得到6个议席。如德国相当于每84万公民选出一名议员，而马耳他每6.9万公民就可产生一名议员，两者相差12倍。

欧洲议会采取跨国党派政治的方式，这就是说，来自28个国家的欧洲议员根据所属政党性质和政治倾向，组成不同的跨国党团。全会时，议员按党团而不是国别就座。欧洲议会目前有人民党、社会党、自由党、绿党等七八个议会党团。

欧洲政治格局没有发生本质上变化

5月14日，欧洲议会秘书处在布鲁塞尔公布了欧洲议会的初步结果。目前欧洲议会中第一大党团人民党和第二大党团社会党继续保持第一和第二大党团地位。人民党党团获得274个席位，占欧洲议会席位的37.4%；社会党党团获得199个席位，占总席位的27.19%。此外，欧洲自由党团、欧洲左翼联合党团和绿党分别获得67、36和42个席位。

欧洲议会中的人民党和社会党议会党团有着悠久的历史传统。虽然随着国际形势的变化和国家经济发展和国内矛盾变化，这两大政党在欧盟各国几乎是始终轮流执政。在欧洲议会内，自1976年至1999年，人民党党团仅次于社会党党团居于第二位。人民党在欧洲议会2009年和2014年选举中一再获胜，保持第一大议会党团的地位。中右翼政党一度在欧盟当时27个成员国中有24个成员国内执政，特别在德国、法国、英国和意大利四个主要大国执政。

人民党和社会党在不同时期轮流执政与两大党政治纲领和政治理念不同有着密切的关系。中右的人民党与企业主比较接近，主张照顾企业主利益，有利于经济增长、缓解失业问题。而中左的社会党重视缩小贫富差距、改善普通职工的生活福利。因此在欧洲面对金融危机的情况下，选民认为治理经济中右的人民党更为在行；倡导社会公正则非中左的社会党莫属。近年来美国和欧洲经济不景气，选民更信任中右翼政党执政。

但是随着经济形势恶化和欧元债务危机的深化，选民不满情绪均向执政党发泄。在欧洲国家选举中，竞选的政党通常以改善人民生活为号召，而由于危机的深化，竞选中的许诺难以实现。在当前执行的政策中，要紧缩国家开支势必影响经济的增长，这是引起选民不满的最大原因。面对失业率持高不下，排外情绪不断滋长，民粹主义政党崛起，不断侵蚀当前执政的中右保守政党的地盘。从2010年到2012年，荷兰第一大党基民盟在大选中落败，意大利中右联盟下台，爱尔兰共和党丢失执政地位，法国人民运动联盟为法国社会党取代。不过，中右政党仍在西欧、北欧和中东欧占有大半天下。

中左的社会党地位略有改善

欧洲社会党之间的协调和合作要比中右的人民党好一些，1979年到1999年有20年之久始终保持欧洲议会内第一大议会党团的地位。1998年，在当时的欧盟15国中有13个国家系社会党执政或与另一政党联合执政。1999年，欧洲议会选举，人民党超过社会党成为欧洲议会第一大议会党团。在2009年欧洲议会选举中，社会党获得172个议席，比人民党的265个议席要少93个议席，和人民党的差距之大是前所未有的。2010年英国工党在大选中失败，由保守党执政。至此，社会党在欧盟德法英三大国均失去了执政党地位。

为什么社会党在欧盟各国不断失去执政地位，可能以德国为例颇能说明问题。早在2003年德国社会民主党执政时，时任总理施罗德制定了“2010议程”。这个议程认为，德国面对经济全球化发展，经济停滞不前，同时人口不断减少，唯一的出路是适当降低德国的高福利待遇。中左的德国社会民主党一向被认为是代表广大职工利益，而这个议程在一些职工看来是背离了他们的利益，这不仅引起社会民主党基本选民的不满，而党内的左翼也因反对削减职工福利待遇纷纷离党而去，另组左派党。从此社会民主党政治影响锐减，将第一大党地位拱手让给基督教民主联盟和基督教社会联盟。在2005年德国大选中，特别在职工比较集中的鲁尔等工业地区，社会民主党均败于它的对手基督教民主联盟和基督教社会联盟。2005年大选后，德国两大政党组成大联合政府。2009年德国大选，社会民主党受到更大挫折，沦为在野党。2013年德国大选后，德国两大政党再度组成大联合政府。近十余年来，德国社会民主党在政治漩涡中的起起伏伏和全球经济特别是美欧经济有密切关系。德国是欧洲国家最早看到“寅吃卯粮”的，通过不断许诺改善生活争取选民是不可取的。因此在南欧陷入欧元危机、法国和英国处境也不佳的状况下，德国却能保持稳定发展，这与德国及时采取预防政策有密切关系。在应对欧元危机中，德国勇于担当责任也坚持受援国应该采取紧缩政策。德国默克尔政府采取的政策也不无德国社会民主党的作用。

欧元危机爆发后，欧盟各国人民对执政的中右政府多有不满，指责政府执政不力，失去信心。欧盟各国中左力量趁势提出反紧缩和反对削减福利的政策，主张刺激经济增长、改革欧盟。民情开始变化，倾向中左政党的力量有所增加。中左政党先后在法国和意大利取得执政地位。此外，社会党还在比利时、丹麦、克罗地亚、保加利亚和斯洛伐克等国执政。

在这次欧洲议会选举中，中左的社会党缩小了和中右的人民党的差距，但并没有在选举前人们预料的那样取得较大的胜利。社会党只是出现细微的上升势头。这也反映出当前欧洲各国朝野两党处境均困难重重，拿不出摆脱目前困境的明确政策主张。

欧盟面临内外重大挑战

欧洲经济在经历了一年半衰退之后，今年第二季度出现缓慢的增长。欧元区国家的国内生产总值比今年第一季度增长了0.3%。德国、英国和法国继续快速回暖，而主权债务严重的国家也由负增长转为正增长。这些国家主要是进出口贸易增大，投资重新活跃，消费有不同程度的增加。但意大利、西班牙、葡萄牙和希腊等国，仍需保持财政紧缩，而信贷依然从紧，对经济复苏产生负面影响。失业率过高依然是主权债务严重国家的政治问题。如据欧盟统计局网站4月1日报道，今年2月欧盟失业率有小幅下降，但是希腊和西班牙的失业率仍分别达到27.5%和25.6%。欧盟青年失业率虽然有所下降但仍保持在22.9%，特别是希腊高达58.3%和西班牙高达53.6%。

这次欧洲议会选举中，反欧派和疑欧派获得大胜，成为异军突起。这些不同的派别获得的欧洲议会席位加在一起达到了140席，成为仅次于社会党的第三大议会党团。他们主张欧盟应该彻底改革，否则要退出欧盟。法国国民阵线领导人让-玛丽·勒庞主张要“遏制欧盟”，英国独立党领导人奈杰尔·法拉奇一向主张英国退出欧盟，而且在这次选举获胜后更是公然主张，“不仅要让英国脱离欧盟，而且要让欧洲脱离欧盟”。

这些反欧派和疑欧派进入欧洲议会，虽然难以撼动中右、中左的人民党和社会党两大议会党团保持大局的基础，但是围绕着欧盟今后应进一步一体化还是让各成员享有更多的主权；是坚持紧缩政策还是更重视刺激经济增长；以及解决欧洲经济竞争力下降、如何应对移民潮等问题，这都是欧盟面临的重大问题。

5月27日，在第八届欧洲议会选举之后，欧盟及其28个成员国领导人立即举行首次欧盟峰会。会议着重讨论了如何应对极右翼党派的崛起问题以及欧盟改革问题。6月9日，瑞典首相赖因费尔特、荷兰首相马克吕特、英国首相卡梅伦和德国总理默克尔在瑞典首都斯德哥尔摩西南的哈普松德举行四国领导人会议，讨论欧盟通过结构性改革提高竞争力问题。瑞典政府发布的新闻公报称，与会的四国领导人都认为，在早期阶段讨论欧盟预算有效增长的途径是重要的。欧盟任命各个重要职位之前，应先确定欧盟未来政策重点。

欧盟的挑战来自何方

第二次世界大战结束后，欧洲区域组织逐步发展，形成了由28成员国组成的欧盟。欧洲主要国家相互发生战争的可能性已成为昨日的历史。但随着美国力量的衰落、新兴力量国家的兴起，欧洲应如何加强硬和软实力，在世界上发挥更大的作用，成为欧盟对外面临的重大任务。

人们注意到，6月初俄罗斯总统普京应邀参加“诺曼底登陆日”纪念活动，分别和法国总统奥朗德、德国总理默克尔以及英国首相克梅伦进行了一到一个半小时的会谈，有的是非常有建设性的，是寻求妥协的，或者明确表明各自的立场。美国和俄罗斯双方没有约定双方总统将进行会谈，但是奥巴马和普京还是站着谈了一刻钟，而看来是在奥朗德和默克尔撮合下，普京和乌克兰总统波罗申终于谈了片刻。美、法、德、英和乌克兰在对俄罗斯关系方面存在着明显的温差，这仅仅是表面现象，而在实质上欧美之间存在严重的分歧。美国利用乌克兰危机实现亚太式的重返欧洲，或者是实现“欧洲再平衡”。因此美国支持乌克兰和俄罗斯对抗的成分要大于欧洲，而欧洲支持乌克兰寻求妥协的努力要大于美国。美国的大战略是防止法国、德国和俄罗斯接近，最终甚至将美国排除在欧洲大陆之外。美国正在充分利用乌克兰危机从长远考虑防止出现这一局面。这次奥巴马访问欧洲选择波兰作为第一站，宣布在波兰驻军，是美国在欧亚大棋局中投下的第一个棋子。这无疑是美国按照重返亚太模式，重返欧洲的第一步。

如何观察美国在乌克兰危机中的所作所为，看过布热津斯基《大棋局》一书就不难理解今日美国欧亚大战略的意图。这位作者称，法国、德国、俄罗斯、中国和印度是主要和积极的地缘战略棋手。[①] 俄罗斯有雄心勃勃的地缘政治目标。没有乌克兰，俄罗斯不再是一个欧亚帝国……但如果莫斯科重新控制了拥有5200万人口、重要资源及黑海出海口的乌克兰，俄罗斯将自然而然重获建立一个跨欧亚大陆强大帝国的资本。乌克兰丧失独立将立即影响到中欧，使波兰变为一体化欧洲东部前沿的地缘政治支轴国家。[②] 法国的战略概念倾向于通过策略运作使俄罗斯与美国以及英国和德国相互对立起来。德国和法国都认为它们有权代表欧洲的利益同俄罗斯打交道。德国甚至认为，由于它的地理位置，它可以同俄罗斯发展某种特殊的双边协调的重要选择……[③] 总之，美国欧亚大陆的战略核心内容是在欧洲防止欧俄加强关系将美国影响排除在欧洲大陆之外，在亚洲则是避免中日接近，削弱美国在亚太的霸权地位。

6月6日，德国《时代周刊》发表“欧洲应调整和美国的关系”一文，文章作者伦敦全球政治研究所地缘政治项目主任、研究员克里斯·吕纳强调，欧盟不能屈从于美国制定的战略。欧盟应该为自己的利益挺身而出，即使对（美国）朋友也应划定自己的底线。欧洲面临日益增长的挑战，但是欧洲国家领导人却没有以建立统一和强大欧洲为目标，推行独立自主的外交。欧洲难以在经济全球化的条件下维护自己的金融经济利

① 见《大棋局》中文版第55页。
② 见《大棋局》中文版第62页。
③ 见《大棋局》中文版第56页。

益，面对不断兴起的大国难以保持大国地位。欧洲为了自己的利益应该加强和俄罗斯的关系，为此欧洲应该和美国协商，重新确定北大西洋关系，阐明和俄罗斯发展关系的重要意义。美国的欧亚大战略在于确保欧洲是美国的桥头堡，因此力主北约东扩，挤压俄罗斯的战略空间。这是西方国家在冷战结束后犯下的最严重错误。西方国家更应该做的是和俄罗斯共商建立确保相互安全的结构。如果按照美国的全球战略行事，只能将俄罗斯和伊朗推到中国的怀抱中去，建立以中国为领导的反西方联盟。而这势必迫使西方国家采取更主动的外交，确保能源、稀土等原料供应。这势必危及世界和平，造成国际形势进一步紧张。

欧洲议会选举后中国的选择

冷战结束后，美苏对抗、两霸争夺的两极格局早已不复存在。各种三边关系构成国与国之间相互争斗、相互牵制的基本形式。中国和欧盟的关系涉及中美欧、中俄欧和中日欧这三个三边关系构成的合作、制衡、竞争和冲突的内涵。从地缘政治的意义上来看，中国和欧洲距离遥远，中美、中俄和中日关系的变化对中欧关系的影响无疑是存在的，但相对而言要小一点。

中国和欧盟之间的重点是发展经济贸易关系；在涉及国际重大问题方面，双方应该尽可能寻求共同点，淡化相互之间存在的矛盾；在促进双方相互理解问题方面，加强人员、文化交流具有重要意义。

目前我国和欧洲议会的人民党、社会党议会党保持着良好的交往，和其他议会党团也有交往，今后和新崛起的极右势力政党似亦加强工作，保持接触，增进相互的了解。

中国和欧盟各国加强全方位的关系至关重要，不仅要重视发展同德法英大国的关系，保持和西北欧中小国家的密切关系，更要进一步开拓和中东欧国家关系，加强投资，开展建设基础设施的合作。

（2015年2月）

我与奥地利老总理
克赖斯基的交往

奥地利是欧洲的一个小国，在东西方冷战期间，作为缓冲地带，其发挥过重要的桥梁作用。我在上世纪80年代中期出任我国驻奥地利大使，此时，奥地利以中立国家身份，在东西方之间发挥着一个小国的极致作用。当时，与奥地利建交的有一百多个国家，有美、苏、德、法、英等美欧大国。除了主管双边关系的大使外，往往还有五六个多边大使，分别主管联合国工业发展组织、国际原子能机构、欧洲安全合作委员会、中欧裁军会议等工作。因此，作为外交官，只要有兴趣，几乎天天可以参加国庆招待会、鸡尾酒会、大使官邸小范围的晚宴、不同形式的工作午餐；不仅有各大洲外交官的聚餐，会讲德语的大使每月也有午间聚餐会。

我在上世纪70年代初，中国和当时的西德建交后，就从新闻单位调到我驻西德的大使馆工作。我经常陪同第一任大使王雨田及第三任大使张彤出席各种招待会，因为我学过德文，也懂英文，他们和各国使节交谈时，我当翻译方便些。这种活动看似轻松，实际上任务也不简单。世界上哪一天没有新闻？几乎没有一天没有关于中国的新闻。德国朋友或各国外交官往往利用这个机会，与中国大使接触，了解中国对当前发生的大事的立场、方针和政策。王雨田和张彤两位大使都是很有经验的外交官，他们善于用简单明了的语言，深入浅出地阐明中国的原则立场。在这种场合，往往也有机会见到德国政党的领导人，而且往往是个绝好的机会，增进相互了解、友好，有时也可以表达一下愿意就某问题另找机会深谈。

我到奥地利担任大使时，在这方面已积累了不少的经验。我经常有机会遇到奥地利政府和各政党的领导人，随意交谈几句，往往给双方留下印象，觉得彼此可以进一步交往。就这样，通过工作我和不少奥地利领导人建立了友好关系。1987年的一天，我在一个使馆的国庆招待会上，遇到了奥地利前总理布鲁诺·克赖斯基。我主动向他打招呼问好。他和我握手时，仔细地端详我后，笑着对我说："一个中国大使怎么讲德文啊？"我说："为什么中国大使不能讲德文呢？"这两句最简单不过的对话，立即拉近了我们之间的距离。克赖斯基很有兴趣地问了我的经历，对奥地利的印象如何？我们两人交谈甚欢。克赖斯基在告别时说，他已退休在家，欢迎我常去他家喝咖啡、聊聊天。我说："一言为定！"

为什么奥地利战后被四国占领

德国人和奥地利人聊天时，经常互相调侃。德国人说，贝多芬是在德国莱茵河畔小城波恩诞生的，但后来生活在维也纳。这位天才音乐家对奥地利成为音乐之国，其贡献之大，怎么评价都不会过分。可是奥地利人呢，却将出生在奥地利的希特勒，送到了慕尼黑，在那里以在啤酒馆闹事起家，最后当上了法西斯头子，到处侵略，给德国带来一段臭名远扬的历史。而奥地利人往往淡淡地一笑，回敬德国人说，贝多芬为什么将维也纳看作自己的故乡，是因为维也纳的文化气息、音乐氛围远远超过了德国。而希特勒为什么在奥地利一事无成，却在德国成了气候，这最好问一问你们自己。正是希特勒上台之后，立即出兵维也纳，占领奥地利，使奥地利成为法西斯德国对外侵略的第一个受害者。

可是第二次世界大战后，奥地利和德国却遭到了同样的命运，被美、苏、英、法四个战胜国占领。奥地利究竟是法西斯德国发动侵略的第一个受害者，还是和法西斯德国一样是侵略者、战败国呢？对此奥地利人始终耿耿于怀。

奥匈帝国在第一次世界大战前，一度煊赫于世，和俄、英、法、德等五国构成欧洲大陆五大帝国，相互之间战争不断，出现了像奥匈帝国首相梅特涅这样善于保持大国间力量平衡，从中获利的政治人物。奥匈帝国崩溃后，奥地利沦落为一个小国，土地面积只有8万多平方公里，人口800万。二战结束后，随即东西方冷战开始。奥地利西部与西德、瑞士、意大利等西方国家接壤，东部与匈、保、捷等苏联阵营的国家相邻，使之成为东西方交融汇合的一个战略要地。

1985年，我出任驻奥地利大使之前，读了不少有关奥地利的书籍，其战后历史中最引起我注意的政治家是布鲁诺·克赖斯基，这位被誉为一个小国的伟大政治家为奥地利摆脱美、苏、英、法的占领，建立一个“中立化”的奥地利做出了巨大贡献。战后初期，奥地利在四国占领期间，为谋求早日和美、苏、英、法缔结合约，结束外国占领，恢复奥地利的主权独立，进行了不懈努力。奥地利的国内舆论一致认为，为实现这一目标，做出最大贡献的是布鲁诺·克赖斯基。青年时代，克赖斯基在纳粹德国吞并奥地利后被捕入狱，获释后逃亡瑞典。克赖斯基在第二次世界大战结束前，面临的第一个问题就是战后国际上如何对待奥地利，是法西斯德国的第一个受害者？还是它的帮凶？1943年，克赖斯基就职于瑞典斯德哥尔摩经济合作社。当时瑞典政府社会福利部正在研究如何向挪威、丹麦和其他被法西斯德国占领的国家提供食品、衣服、药物等救济物资。为此，克赖斯基受命组织一次会议确定受援国家名单。最初，对奥地利是否应列入受援国家行列，引起了争论。克赖斯基据理力争，最终说服了瑞典政府，向奥地利的难民提供救援物资。从此如何解决战后奥地利地位问题就和克赖斯基的政治生涯密不可分。1953—1959年，在他担任总统府外交事务国务秘书时，他最大的愿望是希望说服美、苏、英、法四国早日放弃占领奥地利。

瓦尔德海姆事件

在1987年1月初，我如约去克赖斯基家拜访。刚坐下，他第一句话就说，“你知道吗？弗拉尼茨基总理新政府组阁，竟然让人民党的莫克出任外交部长一职。”见我茫然无知的表情，还没有等我做出什么反应，他就对我说，这事说来话长，我们慢慢聊吧！我在沙发上坐下来后立即想到，克赖斯基在战后，以社会党人身份，依靠开展外交起家，大概不愿让自己的对手、人民党得到外交部长这一职位。还没有等我对此做出反应，他就怒气冲冲地对我说：“弗拉尼茨基在当今奥地利在国际上处境十分困难时，竟让一个人民党人出任外交部长，是一个重大失策。”克赖斯基暗示瓦尔德海姆隐瞒了历史，他当选总统使奥地利在国际上声誉扫地。

瓦尔德海姆是奥地利人民党人，早年任职外交部，曾任外交部长。1970年作为人民党候选人竞选总统，失败后出任奥地利驻联合国大使。1972年到1981年连续两任当选联合国秘书长。在争取第三次连任时，遭到中国否决，未能成功。当他于1986年开始参加竞选奥地利总统前后，美国揭穿他曾为希特勒德国纳粹党徒。此时我正在维也纳，亲身经历了奥地利总统选举的前前后后。这场选举几乎成为外交场合私下交谈不可绕过的话题。不论是奥地利老百姓还是官员，都怀着极其复杂的心态、情绪和感情对待这场选举。瓦尔德海姆在这场选举中，千方百计地隐瞒了他的历史。直到1988年他在一次电视讲话中才承认他的错误是，没有承认1942—1945年曾在巴尔干德军中担任纳粹军官的历史。1986年竞选总统期间，不少奥地利朋友对我说，瓦尔德海姆隐瞒了这段历史，看来他是不会当选的；也有些人说，奥地利是小国，出了个瓦尔德海姆两次出任联合国秘书长，为奥地利争了光。美国不断地揭露瓦尔德海姆的历史，也着实使一些奥地利人恼火，为了和美国抗争，他们违背初衷给瓦尔德海姆投了一票。当1986年6月宣布瓦尔德海姆获得53.9%多数票当选为总统时，更多的人沉默不语。美国抵制奥地利，宣布禁止奥地利总统瓦尔德海姆入境，英国首相撒切尔夫人公开表示不再来奥地利访问。此时，奥地利决定21日提前举行全国大选。根据大选结果，奥地利社会党和人民党联合执政。出任总理的弗拉尼茨基重新组阁，任命人民党主席莫克出任外交部长。

克赖斯基早年从事外交工作，曾担任过外交部长、总理，直到1983年他因大选中没有获得半数以上支持率而辞去总理职务。在战后38年政治生涯中，他最骄傲的是奥地利终于摆脱了美、苏、英、法四国占领，实现了国家主权独立。他对弗拉尼茨基总理让人民党人出任外交部长，很不以为然。而此时此刻他更担心的是瓦尔德海姆出任奥地利总统，奥地利如何维护它在国际上的声誉。后来他愤而辞去奥地利社会党名誉主席一职。

奥地利中立化

克赖斯基和我品尝香味浓郁的咖啡。在沉思片刻后，克赖斯基对我说，奥地利在国际上取得今天的地位来之不易。第二次世界大战后，奥地利在美苏英法占领下，国家尊严、主权独立、领土完整、国际声誉均毁于一旦，奥地利人民生活非常艰难。战后，冷战再起，美苏两大阵营争斗不已。奥地利希望战胜国撤军，根本无从谈起。直到1953年斯大林逝世，克赖斯基从种种迹象判断，赫鲁晓夫上台，有意缓和和西方国家的关系。这时是奥地利说服苏联、推动美苏英法四国从奥地利撤军的一个绝好时机。但是苏联仍然担心，四国军队从奥地利撤出后，如何对待也处在占领下的西德。如果西方国家援引从奥地利撤军的先例，也从西德撤军，那么苏联该如何对待东德？苏联人暗示，奥地利是一个小国，防止它违背已达成的协议，还是可以做到的；而西德则是一个大国，况且东西德两个国家摆脱四国占领后，很有可能倒向西方国家阵营，到那时苏联将束手无策。当时，苏联在奥地利的占领军为4.6万人，它建议可否仍保留5000人，作为象征性的占领军，一旦和西德缔结和约，立即从奥地利撤出。当然奥地利认为苏联希望象征性地在奥地利驻军碍难办到。核心问题是奥地利如何说服美、英、法从奥地利撤军，何况美、英、法对奥地利成为中立国也充满疑虑。美国国务卿杜勒斯在最后时刻还想说服克赖斯基保留西方驻军意味着奥地利保持和西方国家的联盟。克赖斯基说，如果四国不从奥地利撤军，奥地利依然处于分裂状况。奥地利和美、苏、英、法周旋，几经波折，四大国终于在奥地利声明实行永久性中立的条件下，于1955年5月5日签订《关于恢复独立和民主的奥地利国家条约》，并于同年7月生效。

我凝视着克赖斯基，倾听他对我讲的这一切。当我听到他说和四大国签订奥地利国家条约的地点就在“美景宫”时，我立即对他说，这个地方对我来说真是太熟悉了。中国驻奥地利大使馆就在梅特涅大街，从使馆到“美景宫”步行不用10分钟，我几乎每天都会从那儿经过或去“美景宫”前的花园里散步。克赖斯基微笑着对我说：“你或许会在那儿聆听到奥地利历史的脚步声。”

西欧社会党人对中国的成见

后来，我多次去克赖斯基家聊天。有一次他似乎漫不经心地谈到，他从没有去过中国，是他一生的一大遗憾。交谈中，他不时提到，他作为青年社会党人，曾撰文支持中国北伐革命，支持中国为建立共和国所做的努力。正是在他担任总理期间，中奥两国于1971年建立了外交关系。在中国领导人中，他最为敬佩的是周恩来总理。而今天，中国经历了“文化大革命”后，邓小平坚持改革开放的道路是符合中国人民利益的。我至今依然记得很清楚，在很长一段时期内，西方舆论对中美接近、中苏分歧议论纷纷。而克赖斯基则公开表示，不要听信中苏分歧之说，这两个国家都是共产党国家，有朝一日还会走到一起去的。

提到克赖斯基谈论中苏分歧的这段话，我不禁回忆起自己在上世纪70年代初在西德的经历。1972年初，美国总统尼克松访华对全世界产生了巨大冲击波。作为美国在亚洲和欧洲最重要的盟友日本和西德都是在1972年尼克松访华后与中国建交的。此前，在西德最早做出反应的是反对党西德基督教民主联盟和基督教社会联盟。1972年，西德议会反对党议会党团外交委员会主席施罗德在访华后立即向当时执政的社民党和自由民主党联合政府提出建议，要和中国建交，最后西德政府终于接受了这一建议。在中国和西德两国建交后不久，我即被派往中国驻西德大使馆工作。当时给我的印象是：时为西德联邦总理的勃兰特对中国似乎不太热情。西德社民党主流派正在缓和和苏联的关系，他们担心和中国加强关系，不利于缓和与苏联的关系。被称之为社民党“新东方政策”制定者的艾贡·巴尔也从来没和中国外交官进行过较深入的谈话。而当时处于反对党地位的基督教民主联盟主席赫尔穆特·科尔从上世纪70年代初就和历任中国驻西德大使保持经常和友好的接触。他对中国很有兴趣，希望了解中国在国际重大问题上的观点立场，也很希望了解中国国内的发展。1982年科尔终于在大选中击败社民党，取代施密特出任总理。科尔从1982年到1998年连续执政16年，成为西德战后德国执政时间最长的领导人。科尔对华始终采取友好和理解的态度。西德社民党在两国建交最初的两年内，一直和我国保持不冷不热闹的关系。直到1974年5月，勃兰特总理身旁的秘书纪尧姆被揭露出来为东德克格勃间谍被迫下台。由当时社会民主党较为保守的施密特接任总理。施密特在勃兰特政府担任财政部长时，就对中国十分友好，向我国第一任大使王雨田表示过访华的愿望。施密特出任总理后，很自然就将正式访华提上日程。但是当时西德反对党基督教社会联盟主席施特劳斯一直坚持主张中美加强关系，西欧国家应和中国合作，共同反对苏联北极熊。按国与国关系的惯例，两国建交后，首先应该邀请的是政府领导人。但是中国却一反常例邀请了施特劳斯首先访华，他成为第一个见到毛主席的西德政治家。从这个事例可以看到，不仅西欧社会民主党人对中国的看法有保留，中国对西欧社会民主党人也有自己的看法。而在施密特1975年正式访华后，他加深了对中国的理解，施密特不仅在担任总理期间，也包括他在下台后，始终是中国的好朋友。他在国际上重视中国，高度评价中国的作用。直到1998年社民党大选获胜，再度执政的社民党总理格哈德·施罗德也采取了对华友好政策。现在德国朝野两党尽管在国际和国内政策上有区别，但对华友好、认同中国的作用还是比较一致的。

上世纪七八十年代，当时的西德总理勃兰特任欧洲社会党国际主席，瑞典首相帕尔梅（后遇害身亡）和奥地利总理克赖斯基同为副主席。他们一方面反对西方国家的右翼保守势力，另一方面争取和苏联缓和关系。与此同时，在东西方两大阵营争斗之中，社会党国家为争取发展中国家作了不少工作。这三位社会党领导人中，克赖斯基和帕尔梅没有访问过中国，勃兰特在执政时没有访华，后来以西德社民党主席身份访华过。这恐怕不是一个偶然的巧合。我感觉到勃兰特和克赖斯基都对中国有所保留。我没有亲身接触过帕尔梅，只是听说他对中国也并不十分了解。那是“文化大革命”时期，他在随便聊天时说过一个关于中国的政治笑话。大意是，有一天在中国的监狱里，送进来一个人，狱友问他为什么被关进来？他回答说，因为我反对邓小平。不久，又有第二个人被关进来，狱友提出同样的问题，他说，因为他支持邓小平。最后送进来第三个人，这个人就是邓小平本人。从帕尔梅说的这个政治笑话，大体上可以看出他对中国不太了解。当时中国国内正是多事之秋，如何对待中国，看来他也不知所措。同样奥地利时任总理克赖斯基和中国的关系也有点疙疙瘩瘩。中奥建交后，1973年和1985年基希施莱格先后以外长和总统的身份两次正式来华访问，而克赖斯基从来没有访问过中国。我到维也纳后，听说克赖斯基从来没有到中国大使馆来做客过。这一切在我心中始终是一个问号，我不知道克赖斯基是如何想的。我通过和克赖斯基的交谈，慢慢地相互熟悉起来。可是我一直不想直截了当地向他提出这个问题。正在此时，克赖斯基送给我他的自传两卷集，下集《在政治激流中》中提到一段话："赫鲁晓夫时代和中国关系产生的危机，导致了苏联在社会主义国家中的势力影响急剧下降。""在我看来，（中苏分歧产生）的原因既有心理上，意识形态上的，也有强权政治的因素"，中国的目的是在世界上抑制苏联的势力范围。"我认为，首先是中国向苏联提出归还领土要求是至今仍是中苏接近的巨大障碍。""我在战争期间，从事过对中国问题的研究，但我从不认为自己是中国问题专家。""我多次得到（中国方面的）邀请，我都让别人去中国访问。到北京去访问的奥地利客人听到周恩来总理讲的，多是奥地利的中立条约不过是一纸空文，总有一天奥地利会成为苏联的牺牲品。既然我不愿去北京，也会知道这一答案，为什么我还要去访问中国。何况莫斯科比北京离我们更近。如果我去北京访问，其结果既引起北京的不满，也引起莫斯科的不满，与其冒着和莫斯科良好关系可能恶化的风险，我不如不去北京访问。"

当我和克赖斯基接触时，这一切早已时过境迁。在我和克赖斯基多次交谈后，我发现他对了解中国依然怀有很大兴趣，他几乎一直在问我中国国内的现状，中国对重大问题的看法，中国对美、苏、欧洲的看法。我实际上从侧面就中苏分歧等问题的看法对他做了说明。不过我们并没有深谈。我侧重了解他对奥地利内政、欧洲大事的看法，这对我颇有帮助。我们的交谈甚为融洽。有一天，我提出，愿意邀请他到中国大使馆尝尝中国饭菜。他听了很是高兴，说愿意随时来使馆做客。1989年夏天，他应邀来到使馆，我和我夫人、参赞曹其宁夫妇一起接待了他和他的秘书。我们在席间，几乎天南海北无话不谈，他更多地关心中国历史、文化、哲学、中国的风俗习惯。我印象最深的是，他问中国人和奥地利人有什么不同？我们你一言、我一语地热烈讨论这一问题。我们提到，以德国人和奥地利人相比，德国人更严谨一些，而奥地利人则随和一些，这一点倒和我们中国人的性格有点相似。他听了之后开怀大笑。席间我也提到，希望他有机会访问中国，他听了也很高兴，对我说只是他健康状况不佳，恐怕有困难。不久以后，他对我说，他倒是在认真考虑访华问题，但愿能成行。1989年我奉调回国，此时克赖斯基病重，1990年7月病故，没有实现他梦想中的中国之行。我从奥地利回到国内，也已二十多年了，回忆和克赖斯基的交往，给我留下难以磨灭的印象。我谨写此文，怀念我和克赖斯基的交往。

第四编

坚持独立自主的和平外交政策

本部分着重阐述邓小平的中国外交基本思想和原则，并全面论述新中国成立以来，中国外交从“一边倒”到“一条线”，始终维护国家主权和领土完整，坚持独立自主、和平共处五项原则、不结盟、不干涉内政的基本原则。

本文曾获1998年上海“邓小平理论研究”优秀成果一等奖。

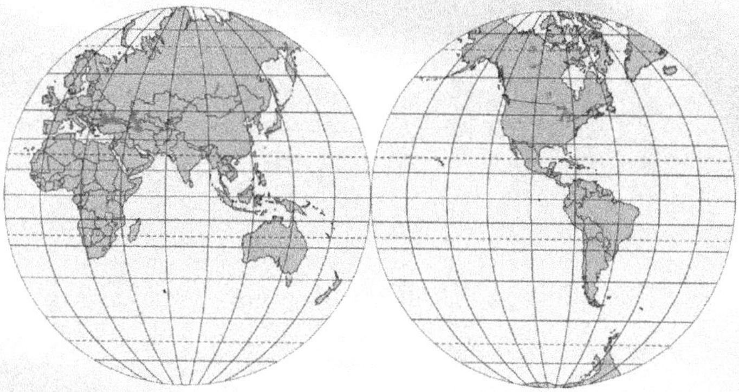

坚持与发展
独立自主的和平外交政策

江泽民同志在党的十五大报告中强调，“要坚持邓小平的外交思想，始终不渝地奉行独立自主的和平外交政策。对于一切国际事务，我们都要从中国人民和世界人民的根本利益出发，根据事情本身的是非曲直，决定自己的立场和政策，不屈从于任何外来压力，不同任何大国或国家集团结盟，不搞军事集团，不参加军备竞赛，不进行军事扩张。”

独立自主，是我国根据中国国情和实际，依靠人民群众进行革命和建设的一项基本原则，也是我国对外政策的根本立足点。毛泽东同志一贯坚持独立自主地进行中国的革命，反对教条主义，反对抄袭苏联革命的模式。建国前夕，毛泽东同志阐明独立自主外交政策的基本原则是“中国的事情必须由中国人民自己作主张，自己来处理，不容许任何帝国主义国家再有一丝一毫的干涉”。[①] 周恩来同志“把中国革命的根本经验引申到外交领域，提出中华民族的独立自主是新中国外交的基本立场。他指出，维护得来不易的民族独立，政治上自主而不允许

① 《毛泽东选集》第4卷，人民出版社1991年版，第1465页。

任何外来干涉，经济上自主而不依赖外援，这是我们决定外交政策、处理外交问题的出发点，也是区别于旧中国屈辱外交的根本所在。在这个原则问题上是决不能让步的”。[①] 自从十一届三中全会制定改革开放政策、进行社会主义现代化建设以来，面对复杂多变的国际形势，我国独立自主的和平外交政策有了进一步发展。邓小平同志在《中国共产党第十二次全国代表大会开幕词》中指出，“中国的事情要按照中国的情况来办，要依靠中国人自己的力量来办。独立自主，自力更生，无论过去、现在和将来，都是我们的立足点。中国人民珍惜同其他国家和人民的友谊和合作，更加珍惜自己经过长期奋斗而得来的独立自主的权利。任何外国不要指望中国做他们的附庸，不要指望中国会吞下损害我国利益的苦果。”

“十月革命一声炮响，给我们带来了马克思主义。”但是在毛泽东同志领导下的中国革命，并不是意味着要照抄共产国际的决议，照搬苏联的经验。在革命斗争中逐步形成的毛泽东思想，最本质的核心就是坚持独立自主的原则，批判以王明为代表的教条主义者，将马克思列宁主义普遍真理和中国革命具体实践相结合。以毛泽东为代表，创造了关于建立和发展红色政权的理论，开辟了农村包围城市、武装夺取政权的道路。邓小平同志曾经说过：一个国家要取得胜利，最根本的一条经验就是，各国共产党应该根据自己国家的情况，找出自己的革命道路。任何大党或老党都不能以最高发言人自居。在斯大林时期，中国党在一些关键问题上没有听他的话，才取得了中国革

① 钱其琛：《认真研究周恩来的外交思想与实践》，引自《研究周恩来——外交思想与实践》，世界知识出版社1989年版，第2页。

命的胜利。[①]

“一边倒”，巩固立足点

中国坚持独立自主的和平外交政策经历了三个不同时期：

一是在中华人民共和国成立前后，宣布的“一边倒”政策；二是70年代初，针对苏联霸权主义制订的“一条线”战略；三是进入改革开放时期，邓小平同志提出，中国要“真正的不结盟”，进一步发展了独立自主的和平外交思想。

1949年6月30日，毛泽东同志为纪念中国共产党建党28周年撰文《论人民民主专政》，第一次提出“一边倒”的政策。他说：“一边倒，是孙中山的近十年经验和共产党的二十八年经验教给我们的，深知欲达到胜利和巩固胜利，必须一边倒。就近十年和二十八年经验，中国人不是倒向帝国主义一边，就是倒向社会主义一边，绝无例外。骑墙是不行的，第三条道路是没有的。我们反对倒向帝国主义一边的蒋介石反动派，我们也反对第三条道路的幻想。”中国采取了“一边倒”战略，坚决倒向苏联，倒向社会主义阵营的一边，并不意味着放弃独立自主的原则。毛泽东、周恩来同志都曾多次明确指出，对苏联不能有依赖之心，对苏联的经验不能盲从照搬，要用自己的脑袋考虑，用自己的脚走路，并对苏联大国主义的做法进行了批评和指正。

我国在坚持“一边倒”战略时期，围绕着《中苏友好同盟互助条约》谈判，突出体现了中国是如何坚持独立自主原则

---

① 参见《邓小平选集》第3卷，人民出版社1993年版，第27页。

的。1949年12月16日，毛泽东主席一行抵达莫斯科，开始对苏的访问。此行的重点是处理国民党政府和苏联1945年签订的《中苏友好同盟条约》。1945年2月，苏美英三国首脑斯大林、罗斯福、丘吉尔在雅尔塔，背着中国，签订密约，划分在远东的势力范围。苏联根据这一密约，和国民党签订了《中苏友好同盟条约》。毛泽东同志在抵达莫斯科的当天，就和斯大林进行会谈。斯大林称，因雅尔塔协定的缘故，目前不易改变原有的中苏条约的合法性，如改变原有的重订新约，会牵涉到千岛群岛的问题，美国就有理由要千岛群岛。对此，毛泽东同志表示："照顾雅尔塔协定合法性是必要的，唯中国社会舆论有一种想法，认为原条约是和国民党订的，国民党既然倒了，原条约就失去了意义。"这次谈话后，毛泽东和斯大林见过多次面，但斯大林一直没有再提及条约事。直到毛泽东向苏方人员表示强烈不满后，斯大林才改变想法，同意双方通过谈判签订新约。中苏两国在诚恳、友好相互谅解的气氛中进行谈判，1950年2月14日终于在克里姆林宫签订了《中苏友好同盟互助条约》。

"一条线"，反苏统一战线

1956年苏共二十大后，中苏之间存在的分歧日趋加剧，中国始终坚持独立自主的立场，进行必要的斗争。从50年代后期开始，苏联要求在中国共建长波电台和潜艇舰队问题上，暴露出苏联企图从军事上进一步控制中国。中国寸步不让，进行了坚决斗争。此后中苏关系不断恶化，直到公开破裂。中国实际上放弃了建交之初制定的"一边倒"战略。到了70年代，美苏两个超级大国在争夺世界霸权中，苏联日益咄咄逼人，到处采取攻势，而美国则日益陷入越南战争的泥淖之中而不可自拔。而此时，苏联重兵驻扎在中苏边境，派军进驻蒙古人民共和国，支持越南侵略柬埔寨，从干涉阿富汗内政直到出兵侵占阿富汗，苏联几乎从各个方面对中国形成军事包围之势，构成对中国安全最严重的威胁。邓小平同志1989年5月16日对来访的苏联领导人戈尔巴乔夫讲过："六十年代，在整个中苏、中蒙边界上苏联加强军事设施，导弹不断增加，相当于苏联全部导弹的三分之一，军队不断增加，包括派军队到蒙古，总数达到了一百万人。对中国的威胁从何而来？很自然地，中国得出了结论。"①

随着国际形势发生的这些急剧变化，中美两国开始相互接近。毛泽东同志审时度势，于1973年2月提出了从日本到欧洲一直到美国的"一条线"的战略设想，以最大限度地团结一切可以团结的力量，共同对付苏联霸权主义。从"一边倒"调整到"一条线"，这是中国外交坚持独立自主原则战略方针做出的重大调整。中华人民共和国成立后，坚持"一边倒"，赢得了苏联、东欧和亚洲等所有社会主义国家和一些亚洲、非洲、拉丁美洲发展中国家的支持。中国在国际上取得立足点以后，在坚持维护主权独立、支持各国人民维护和争取民族独立的斗争中，中国的影响日益扩大。而在中国明确反对苏联扩张主义、挫败美国等西方国家的阻挠、在联合国恢复合法席位以及中美接近以后，进一步改善了中国在国际上的处境。中国在国际上地位的不断提高，中国在维护世界和平、反对战争、反对霸权主义和扩张主义斗争中的作用也日益加强。特别重要的是推行"一条线"战略方针后，有力地牵制了苏联的扩张主义势力，缓和了我国"三边受敌"的不利局面。与此同时，和我国

① 《邓小平文选》第3卷，人民出版社1993年版，第294页。

建交的国家有了迅速增加。在1970年年底，同我国建交的国家还只有55个，到1980年已经增加到124个。

不结盟的战略方针

在推行“一边倒”战略方针时期，我国和苏联友好并且结盟，但是仍然要坚持独立自主方针，反对苏联大国沙文主义。在推行“一条线”战略方针时期，中美关系有了很大改善，但是，对美国侵犯我国主权、干涉我国内政，则始终坚持斗争，坚持原则。特别围绕着最为敏感的台湾问题，我国更毫不妥协。邓小平同志1985年在军委扩大会议上指出，早在党的十一届三中全会以后，中国就改变了“一条线”战略。现在回过头来看，有两个重要因素决定这次战略方针的调整：一是中美之间围绕着台湾问题的斗争；二是美苏争霸世界的态势发生了变化，由苏攻美守进入美苏相互僵持不下的局面。中美接近，从双方建立联络处到中美建立正式外交关系，是中国外交取得的重大胜利。但在两国刚刚建交不久，于1979年3月后，美国国会两院不顾中国一再抗议还是通过了《与台湾关系法》。美国这个法案严重违反了中美建交公报的原则，企图利用台湾问题干涉中国的内政。中美关系的发展受到重大挫折。这在一定程度上促使中国调整“一条线”的战略方针。与此同时，中苏关系开始有所松动。1979年9月，中苏两国为了解决中苏关系悬而未决的问题，清除两国关系正常化的障碍，开始两国副外长级的中苏国家关系谈判。这标志着党的十一届三中全会以后，我国外交进入了具有邓小平外交思想鲜明特点的新时期。

中国对外政策是真正的不结盟

由于国际形势力量对比的变化，中国改变了对苏联和对美国的战略，确定中国仍奉行真正的不结盟政策。邓小平同志在1984年会见巴西总统菲格雷多时，着重阐明："中国的对外政策是独立自主的，是真正的不结盟。中国不打美国牌，也不打苏联牌，中国也不允许别人打中国牌。"①

邓小平同志确定的这一战略方针，是根据近几十年来，特别是冷战结束之后，国际形势急剧变化，客观上具备了这样的条件才提出来的。20世纪发生的两次世界大战，最初是少数几个国家之间的战争，最后则发展成为同盟与集团之间的大规模战争。持续近半个世纪之久的冷战，最初也是以阵营、集团、结盟之分展开的。随着时间的转移，阵营名存实亡，集团利益逐渐淡化，结盟之间的关系也出现了变化。

美苏的两极格局不复存在之后，大国之间公开的对抗也逐渐趋于缓和。公开敌视的程度不断降低，至少在官方的政策中，很少公开攻击对方为自己的敌人。现在中俄之间建立战略协作伙伴关系，中美之间也致力于建立战略伙伴关系。中国领导人在解释这种关系的性质时，总是强调，这是不结盟、不对抗的关系，也不是针对第三国的。这就有别于在冷战之后，有的西方国家继续坚持冷战思维，仍然以防范他国为目的而加强的同盟关系。由于当前世界还存在着不稳定的因素，或种种其他原因，有的国家将对方视作潜在的敌人或对手。国与国之间

① 《邓小平文选》第3卷，人民出版社1993年版，第57页。

确实存在着不同的利益，这就要求有关国家从大局出发，从长远利益出发，谨慎处理，才能避免酿成公开的对抗，甚至公开的冲突。中国提倡不结盟，不仅具备客观的可能性，也有利于改善和加强国与国的关系。

邓小平外交思想的形成

党的十一届三中全会前后，是邓小平外交思想酝酿成型的时期。正如国内在经历了“文化大革命”以后，各个领域都要“拨乱反正”一样，随着国内外形势的变化，外交政策也需要进行重大的调整。“邓小平外交思想是毛泽东、周恩来外交思想的继承和发展。进入新的历史时期以来，邓小平同志在提出建设有中国特色社会主义理论的同时，总结历史，正视现实，立足中国，放眼世界，在准确把握时代特征，科学冷静地认识我国面临的机遇和挑战的基础上，确定了我国新时期的国际战略和外交路线。”①

邓小平同志主持中央工作以来，运用辩证唯物主义和历史唯物主义的观点，实事求是地分析了当前国际形势发展中出现的重大变化，做出了新的判断。

邓小平外交思想的基本内容是，在国际事务中坚持反对霸权主义和强权政治，为维护世界和平与发展做出自己的贡献。中国永远不称霸，始终和第三世界国家站在一起，为维护第三世界国家的权益而斗争。中国坚持奉行独立自主的外交路线和

---

① 江泽民主席在1995年12月12日外交部邓小平外交思想研讨会开幕式上的讲话。

政策，对于一切国际事务和国际问题都从中国人民和世界人民的根本利益出发，根据事情本身的是非曲直，独立自主地决定自己的立场和政策。

邓小平同志在阐明当前国际形势和我国外交政策时，强调的重点是：国际形势趋向缓和，和平与发展成为当今世界的两大主题；随着世界多极化格局的发展、世界和平力量的增长，在相当长的时期内，争取和平的国际环境，避免新的世界大战是有可能的；经过了和苏联结盟、抗美，和美国联合共同对付苏联的时期，提出和谁都友好，谁搞霸权主义就反对谁的战略方针；抓住时机，对内改革，对外开放，建设有中国特色的社会主义；首创以和平共处五项原则为基础，建立国际新秩序；创造性地提出“一个国家，两种制度”的构想；对领土争端提出“主权属我，搁置争议，共同开发”的主张。90年代前后，国际形势剧变，两极格局瓦解，世界社会主义遭到严重挫折，邓小平同志及时提出“冷静观察、沉着应付、稳住阵脚，韬光养晦、有所作为”战略方针。

1997年，邓小平同志逝世后，党和国家在《告全党全军全国各族人民书》中指出，“邓小平建设有中国特色社会主义理论的一个重要内容，是关于国际形势的分析和中国国际战略的决策。”江泽民同志在十五大报告中高度评价邓小平理论的历史地位和指导意义。报告强调，“邓小平理论坚持用马克思主义的宽广眼界观察世界，对当今时代特征和总体国际形势，对世界上其他社会主义国家的成败，发展中国家谋求发展的得失，发达国家发展的态势和矛盾，进行正确分析，做出新的科学判断。世界变化很大很快，特别是日新月异的科学技术进步深刻地改变了并将继续改变当代经济社会生活和世界面貌，任何国家的马克思主义者都不能不认真对待。邓小平理论正是根据这种形势，确定我们党的路线和国际战略，要求我们用新的观点来认识、继承和发展马克思主义，强调只有这样才是真正的马克思主义，墨守成规只能导致落后甚至失败。这是邓小平理论鲜明的时代精神。”

90年代，中国共产党召开了第十四次和第十五次党的代表大会。在这一期间，我国在以江泽民同志为核心的党中央领导下，坚持邓小平同志继承和发展的独立自主的和平外交政策，经受住了西方国家企图孤立、制裁和压垮我国的巨大冲击，有力地维护了国家的主权和尊严。我国不断深入改革开放事业，保持政治稳定和经济高速发展，为开创外交新局面，奠定了坚实的基础。

和平与发展，当代两大主题

江泽民同志在党的十五大上报告阐述国际形势，是以这两句话开始的："当前国际形势总体上继续趋向缓和，和平与发展是当今时代的主题。"这一判断与十四大报告是相呼应的。当时，江泽民同志提出，"在今后一个较长时期内，争取国际和平环境，避免新的世界大战，是有可能的。"随着国际形势的不断变化，我国对自己所处国际环境的判断也有很大的调整。早在1985年，邓小平同志在军委扩大会议上的讲话中就指出，"粉碎'四人帮'以后，特别是党的十一届三中全会以后，我们对国际形势的判断有变化，对外政策也有变化，这是两个重要的转变。"[①]这两个重要的转变，一是改变了对世界大战不可避免的看法。认为"在较长时间内不产生大规模的世界战争是有可能的，维护世界和平是有希望的"。二是调整了过去建立的反对苏联霸权主义一条线战略。三是主张"谁搞霸权主义就反对谁，谁搞战争就反对谁"。这些判断对"和平与发展是当代的主题"的探讨具有重大的战略意义。《邓小平文选》第3卷有近30篇文章和讲话的内容是论述和平与发展这两大主题的。

---

① 《邓小平文选》第3卷，人民出版社1993年版，第126页。

1985年，邓小平同志指出，“现在世界上真正大的问题，带全球性的战略问题，一个是和平问题，一个是经济问题或者说发展问题。和平问题是东西问题，发展问题是南北问题。”[①]

判断国际形势与制定国内外政策的关系

长期以来，我国一直认为世界大战不可避免，而且是迫在眉睫。我们的好多决策，包括一、二、三线的建设布局，“山、散、洞”方针的制定都是从这个观点演绎出来的。对形势做出这样的判断，在内政上必然坚持以阶级斗争为纲，以备战为中心，势必不能以经济建设为中心。

党的十一届三中全会前后，我们改变了原来认为战争的危险很迫近的看法，认为“在较长时间内不发生大规模的世界战争是有可能的”。这是因为，“这几年我们仔细地观察了形势，认为就世界大战来说，只有两个超级大国有资格，一个苏联，一个美国，而这两家都还不敢打。首先，苏美两家原子弹多，常规武器也多，都有毁灭对手的力量，毁灭人类恐怕还办不到，但有本事把世界打得乱七八糟就是了，因此谁也不敢先动手。其次，苏美两家都在努力进行全球战略部署，但都受到了挫折，都没有完成，因此都不敢动。”[②]

邓小平同志多次阐明世界大战一时打不起来的原因：

1. 我们“认为霸权主义是战争的根源。因为我们讲的战争不是小打小闹，是世界战争。打世界大战只有两个超级大国有

---

① 《邓小平文选》第3卷，人民出版社1993年版，第105页。

② 同上书，第127页。

资格，别人没有资格，中国没有资格，日本没有资格，欧洲也没有资格。所以，反对超级大国的霸权主义也就是维护世界和平”。①

2.“总起来说，（七八十年代）世界和平的力量在发展，战争的危险还存在。核武器谈判，外层空间武器谈判，看不出有什么进展。所以，我们多年来一直强调战争的危险。后来我们的观点有点变化。我们感到，虽然战争的危险还存在，但是制约战争的力量有了可喜的发展。日本人民不希望有战争。欧洲人民也不希望有战争。”②

3.“第三世界，包括中国，希望自己发展起来，而战争对他们毫无好处。第三世界的力量，特别是第三世界国家中人口最多的中国的力量，是世界和平力量发展的重要因素。”③

现在回过头来看，20世纪下半叶，围绕着是否会爆发第三次世界大战，成为观察国际形势、确定本国外交政策的一项重要依据。而基于对世界大战是否爆发的判断，又对本国国内政策的制定产生了具有决定意义的影响。

中国立场的重要变化

自从第二次世界大战以后的50年内，中国在世界大战是否可以避免这一重大问题上，其立场曾发生过引人注目的变化。1949年以前，中国认为爆发第三次世界大战的危险是可以消除

① 《邓小平文选》第3卷，人民出版社1993年版，第104页。
② 同上书，第105页。
③ 同上书。

的；1949年以后到1974年，中国强调第三次世界大战的危险是存在的，一段时间还认为其危险迫在眉睫，但有时也认为大战在一定条件下可以防止和制止；到了1977年以后，则称世界大战可以延缓和推迟，直到1985年以后，中国日益明确指出，世界大战有可能避免。

中国立场的变化可归纳为七个不同的时期：

1. 1945年—1949年：第三次世界大战的危险是存在的，但是世界人民的民主力量能够克服战争的危险。

2. 1949年—1961年：世界持久和平有可能实现，新的世界大战有可能制止，战争并不是注定不可避免的。

3. 1962年—1965年：存在着世界大战的危险性，中国四面受敌，要准备早打大打，美国的侵略政策和战争政策是可能挫败的。

4. 1965年—1973年：战争的危险在增长，不能忽视美苏发动大规模侵略战争的危险性，特别对苏联可能对中国发动突然袭击，要做好充分准备。

5. 1974年—1976年：新的世界大战的危险在增长，超级大国之间的争斗愈演愈烈，最后必然导致战争。

6. 1977年—1983年：世界大战只能推迟，不能避免；大战并非迫在眉睫，但危险在增长，不会有持久和平，战争的主要来源地是苏联，而不是美国。

7. 1985年至今：在较长时间内不发生大规模的世界战争是有可能的，新的世界战争是能够避免的，维护世界和平是有希望的。

国内外因素对决策的影响

任何一个国家对世界大战是否可以避免的看法，往往与当时国际形势的发展、国与国之间关系的变动，及各国领导人对形势的判断有关，在一定程度上也受到国内政治因素的影响。

第二次世界大战结束后的最初几年，美、苏、英、法等战胜国相互之间的争斗一天也没有停止过。

广大被压迫民族为争取民族解放、民族独立的斗争风起云涌，势不可当。

中国内战战火正酣。

在这一形势下，节节败退的国民党政府寄希望于美国参战，遏制中国解放战争的势头。国民党从大陆兵败，溃逃至台湾岛后更是渲染第三次世界大战即将来临。

但是对当时已取得胜利的中国共产党政府来说，中国在一个相当长的时期内，面对的是严峻的国际形势和紧张的周边环境。美国和苏联进入冷战，相互视对方对自己构成严重的、现实的军事威胁，均以大规模扩军备战和挑起甚至直接参与局部战争的方式在世界范围展开争夺，核大战危险的阴影长期笼罩全球。这一形势还可从以下几个方面得到证实：

1. 长时期以来，美国推行敌视中国的政策，对中国实行封锁禁运，在联合国阻挠中国恢复合法席位，反对和中国建交。

2. 从50年代到60年代，在中国的周边爆发了朝鲜和越南这两场第二次世界大战后历时最长、烈度最高、投入兵力最多的地区性战争。

3. 60年代末开始，中苏边境发生武装冲突，此后两国关系始终处于紧张状态。

4. 1950年朝鲜战争时期，美国内部多次讨论，要将战争扩大到中国，动用国民党军队反攻大陆，甚至动用包括核武器在内的一切战争手段。1969年中苏边境发生武装冲突后，苏联国防部长安德烈·格列奇科元帅在苏共政治局会议上力主对中国进行核袭击。

基于当时国际形势的这种变化，以及美苏对华战略态势，这一时期，中国对战争与和平的基本看法有四点：

1. 帝国主义是战争的根源。

2. 关于世界大战问题无非是两种可能：一是战争引起革命，一是革命制止战争。

3. 在国内，特别是1958年中共八届十中全会以后和“文化大革命”期间，强调以“阶级斗争”为纲，对国际上的斗争往往过于强调严峻的一面，看法较为悲观。

4. 美苏两霸斗争，必然导致战争。在五六十年代，指责美国是战争的根源，到了70年代以后，更多地强调对苏联发动大战要防患于未然。

因此，多年以来中国始终认为世界大战不可避免。这是和当时的历史条件分不开的。战后，美苏争夺的态势经历了美攻苏守、互有攻守、苏攻美守、美进苏退的过程。新中国成立之初，中国面临的是美国的威胁。为了和美国对抗，中国和苏联结成同盟，采取了“一边倒”战略。到了赫鲁晓夫和勃列日涅夫执政时期，苏联采取进攻的战略，推行大国沙文主义，企图控制中国。中苏边境有7000多公里长，从1959年到1969年苏联驻军由十几个师增加到50个师。因而此后中国的判断是苏联在世界上采取进攻的战略，为了制止战争，中国制定了建立从日本经欧洲到美国的一条线战略，以对付苏联的挑战。中国面对苏联的威胁，处境十分险恶，因而导致了中美的接近。回顾当时的国际形势，中国在国际上的处境以及中国国内因素的作用，几乎可以看出，中国坚持世界大战不可避免的这一论断总的说来是合乎逻辑的，反映了中国领导人当时的认识。但是我们当时过分强调美苏发动大规模战争的危险性，准备他们早打、大打，准备他们打常规战争，也准备他们打核大战。这势必导致我国始终处于临战状态，对经济建设产生了不利的影响。

中国内外政策的重要调整

美苏之间的冷战，时而趋紧，时而缓和，70年代末以后，国际形势发生了巨大的变化。美苏对抗，处于相持不下的局面。战后，或是中美矛盾掩盖了中苏矛盾，或是中苏矛盾使中美矛盾居于不甚突出地位，有利于改善中国的国际处境。到1968年，和中国建交的国家不过50个。而进入70年代，特别是1971年中国恢复在联合国的合法席位以后，与中国建交的国家迅速增加。到1979年末，与中国建交的国家已达到120个。

随着国际形势的缓和，中国在国际上处境迅速得到改善。早在1978年邓小平同志提出改革与开放的政策、坚持以经济建设为中心时，在对外政策方面就提出不结盟、不对抗，致力于和各国发展友好合作关系。这在很大程度上，是由于我国对当时的国际形势判断有了很大变化，改变了原来“燕子低飞，山雨欲来风满楼”的看法，提出了“新的世界大战有可能避免、和平与发展是当代世界两大主题”的科学论断。

这一时期，中国内外政策的调整有四点基本内容：

1. 不再提革命和战争的时代，而提和平与发展是当代世界两大主题，是时代的特征。

2. 当今世界有力量打大仗的只有美苏两家，它们都有毁灭对方、毁灭世界的能力，因而谁也不敢轻易动手。

3. 推行独立自主和平外交政策，广交朋友，不结盟，不树敌，改善了和苏美的关系，进一步加强了与世界各国特别是与周边国家的关系。

4. 坚持改革和对外开放，从以阶级斗争为纲转变到坚持以经济建设为中心。在对外关系中，改变了长期从军事安全角度出发，看待外部力量对我构成威胁的视角；而把发展对外关系，更好更突出地同发展本国经济联系起来。

1978年以来，中国根据国际形势的变化，做出了更加符合实际情况的判断。中国对内坚持改革，坚持以经济建设为中心，对外实行更积极的开放。根据邓小平同志的指示，“我们坚定不移地实行对外开放，在平等互利的基础上积极扩大对外交流”，取得了巨大成功。特别是80年代末以来，中国面对国际形势动荡的冲击，始终保持政治稳定、经济快速发展。中国重视发展和第三世界国家的关系，妥善处理大国之间的关系，发展睦邻友好关系，使中国对外关系得到巨大进展。

认真解决南北关系

邓小平同志1985年会见日本商工会议所访华团时，对日本客人说：“欧美国家和日本是发达国家，继续发展下去，面临的是什么问题？你们的资本要找出路，贸易要找出路，市场要找出路，不解决这个问题，你们的发展总是要受到限制的。我过去跟很多日本朋友谈这个问题，跟欧洲朋友、美国朋友也谈这个问题，他们脑子里也是装了这个问题。现在世界人口是四十几亿，第三世界人口大约占世界人口四分之三，其余四分之一的人口在发达国家，包括苏联，东欧（东欧不能算很发达），西欧，北美，日本，大洋洲的澳大利亚、新西兰，共十一二亿人口。很难说这十一二亿人口的继续发展能够建筑在三十多亿人口的继续贫困的基础上。”第三世界国家的经济问题不解决，“第三世界的发展，发达国家的继续发展，都不容易。”“北方的资本和商品出路就有限得很，如果南方继续贫困下去，北方就可能没有出路。”①

70年代末以来，发展中国家经历了空前严重的发展困难阶段。

拉美国家和非洲国家人均国民生产总值连续十年出现负增长。80年代对于大多数发展中国家来说是“失去的十年”和“倒退的十年”。按人均国民生产总值计算，发达国家与发展中国家的差距从1980年的12倍扩大到1990年的20多倍，其中美国和埃塞俄比亚的差距从82倍扩大到198倍。与此同时，发展中国家的贫困问题加剧，正如世界银行所说：80年代以来，除东亚等少数国家外，其他广大的发展中国家的贫困状况全面恶化了。据估算，80年代末亚非拉国家贫困人口超过14亿，约占世界总人口的35%，他们几乎难以得到维持生存最低水平的收入。此外，发展中国家还要与饥饿、疾病、愚昧进行抗争。饥饿和营养不良的人数超过15亿，每年死于疾病的儿童达1400万人，最不发达国家的成年人文盲率高达66%。

南北差距扩大，贫困问题加剧，其根源在于不公正的国际

① 《邓小平文选》第3卷，人民出版社1993年版，第105—106页。

经济旧秩序。发展危机也是80年代国际经济环境恶化的结果：债务危机、西方保护主义、原料初级产品价格暴跌，等等。据不完全统计，由于偿还债务、贸易条件恶化、初级产品价格暴跌、西方保护主义带来的出口收入损失，再加上支付投资利润和技术转让费、资金外逃以及人才流失等，发展中国家每年损失高达5000亿美元。每年如此巨大的发展资源从南方国家流向北方国家，因此北富南贫的鸿沟势必加深。

90年代是争取发展的重要时期。随着冷战的结束，国际政治环境发生了变化，许多发展中国家在总结过去特别是80年代经验教训的基础上，重订发展战略和经济政策，调整经济结构，南南经济合作有加强的势头。发展中国家经济增长率高于世界发达国家的增长率，其中亚洲国家和地区增势强劲，特别是中国经济的高速发展引起世界各国的高度重视。然而，发展中国家的经济发展并不平衡，撒哈拉以南的非洲国家人均国民生产总值仍然下降。发展中国家作为整体在90年代处境仍然十分严峻。除了债务问题、初级产品价格疲软等问题难以克服之外，发展中国家的经济发展还存在着种种不利的因素。发达国家科技迅速发展将使南北科技差距进一步扩大。许多发展中国家因缺乏发展科技的条件和手段，不得不继续依赖西方。冷战后西方国家之间矛盾上升，摩擦加剧，争夺市场的斗争更加激烈。西方对贸易的限制将从传统的制成品、农产品扩大到高技术产品、劳务和知识产权等领域。缺乏抗御能力的发展中国家将受到影响，特别不利于它们产业结构的调整和制成品出口的扩大。世界经济区域集团化趋势加快。对北美自由贸易区的多数发展中国家来说，它们有可能被排斥在外，处于更加孤立和不利的境地，获得资金、技术和市场的机会会减少。近年来，国际资金、技术和商品市场上的竞争增大，发达国家趁机向发展中国家提高要价。一些西方大国利用发展中国家经济有求于它们的机会，推行强权政治和经济霸权。

进入90年代，非洲和拉美国家的经济走出80年代的停滞之后，进入稳定发展的轨道。在90年代上半期，一直保持强劲发展势头的东南亚国家却受到了金融危机沉重打击。1997年7月，由泰国引发的金融危机迅猛波及东南亚各国，这个地区的一些国家在几个月内，货币贬值高达50%—70%，各个股市也暴跌30%—50%。东南亚一些国家企业倒闭，银行破产，物价飞涨，失业剧增，经济急剧下滑。随着民众生活水平的下降，不满情绪滋长，政治和社会风险增大。泰国的内阁易人，印尼总统苏哈托下台，表明在东南亚各国金融危机深入的过程中，政治动荡将会加剧。国际货币基金组织（IMF）先后决定向泰国、印尼、菲律宾和韩国提供超过7000亿美元的贷款。有些国家不得已接受IMF制订的经济改革计划，大力紧缩货币，提高利率，降低经济增长速度。这场东南亚金融危机是在经济全球化加速发展过程中爆发的，这些国家推行IMF改革计划的结果将是进一步开放自己的市场，为西方金融机构和跨国公司加强控制提供前所未有的有利条件。1998年9月9日，联合国开发计划署发表的《1998年世界人类发展报告》指出，世界上富人和穷人之间的鸿沟不断加深，占全球人口20%的富人享用世界80%的财富。造成世界贫富悬殊差距的重要原因是世界不合理的经济秩序，以及经济全球化和跨国公司的扩展。这份报告说，世界的物质财富已经达到前所未有的富裕水平。1998年公共和私人消费将达到创纪录的24万亿美元，比1975年高两倍，但世界上仍有约10亿人被完全排斥在这种富裕之外，全球有26亿居民缺少最基本的卫生设施，15亿人住房简陋，20亿人无法喝到合乎标准的饮用水，世界20%的儿童受教育不足5年，同样百分比的儿童营养不良。从整体来看，发展中国家今后的处境将更为不利，南北之间的经济技术差距还将进一步扩大。

中国坚持和平发展国际总战略

90年代初期，国际风云突变。数年来中国始终坚持独立自主的和平外交政策，坚持冷静观察，沉着应付，稳住了阵脚。到1998年为止，我国建交国已达到162个。自1992年和韩国建交后，在亚洲，除不丹外，中国已和所有的亚洲国家建立了外交关系。和中国陆上边界直接接壤的有16个国家，中国和有些国家存在的历史上遗留的边界问题，正在一个接着一个得到解决。现在中国努力同各邻国建立互相尊重、友好合作的关系。

中国同广大发展中国家有着共同的历史遭遇，始终相互同情，相互支持。在当前形势下，在反对霸权主义和强权政治的斗争中，有着共同的利益，在国际事务中存在广泛的共识。中国已成为以发展中国家为主体的不结盟运动的观察员。中国同“七十七国集团”的关系正在进入一个新的历史时期。

中国也重视发展和西方国家的关系。自从80年代以来，中国和一些西方国家的关系经历了一段曲折后，得到了改善和发展。中国同西方国家发展相互关系，有利于世界和平，符合各自的利益。这既有必要，也有可能。

现在冷战已经结束，但冷战思维依然存在，霸权主义和强权政治仍然是威胁世界和平与稳定的主要根源。国际形势并不稳定，各种矛盾日益突出。许多地区政局激烈动荡，流血冲突正在蔓延，贫困和饥饿问题仍然严重。

因此，正如邓小平同志1992年初在武昌、深圳、珠海、上海等地谈话中指出的，“世界和平与发展这两大问题，至今一个也没有解决。”①

① 《邓小平文选》第3卷，人民出版社1993年版，第383页。

世界格局政治上多极化趋势不断发展

江泽民同志在党的十五大报告中指出，“多极化趋势在全球或地区范围内，在政治、经济等领域都有新的发展，世界上各种力量出现新的分化和组合。”“多极化趋势的发展有利于世界和平、稳定与繁荣。”1990年3月3日，苏联解体的前夕，邓小平同志在谈到多极化问题时说：“美苏垄断一切的情况正在变化。世界格局将来是三极也好，四极也好，五极也好，苏联总还是多极中的一个，不管它怎么削弱，甚至有几个加盟共和国退出去。所谓多极，中国算一极。中国不要贬低自己，怎么样也算一极。”①

多极化趋势实际上在冷战时代后期就开始了，战后历史上从未有过的，一百多个挣脱殖民枷锁的新独立国家，奉行独立自主和平中立和不结盟政策，极大地冲击了两极格局。冷战结束后，特别是近年来，多极化趋势日益明显。1997年，中法和中俄两国领导人先后签署联合公报，主张推动多极化的发展。世界走向力量平衡、相互制约的多极化格局看来需要较长的时

① 《邓小平文选》第3卷，人民出版社1993年版，第353页。

间。但发展中国家的经济兴起和地位加强将构成重要的力量中心。美国成为唯一的超级大国并不意味着美国的影响进一步加强。两极对抗的冷战时期和冷战后多极化世界的重要区别在于任何一个大国包括唯一的超级大国在内，即使保持各个方面的优势，其受到的制约也远比以前为大。

1997年4月23日，江泽民主席和俄罗斯总统叶利钦在克里姆林宫签署的《中俄关于世界多极化和建立国际新秩序》的联合声明指出："20世纪末的国际关系发生了冷战结束、两极体制消逝的深刻变化。世界多极化的积极趋势加快发展，大国之间包括冷战时期敌对国之间的相互关系发生变化，区域经济合作组织显示出强劲的生命力，各国政治、经济、文化的发展呈现多样化，主张和平与广泛国际合作的力量进一步增强。要相互尊重与平等互利，不要霸权主义和强权政治；要对话与合作，不要对抗与冲突，已成为越来越多的国家的共识。建立和平稳定、公正合理的国际政治新秩序成为时代的迫切要求和历史发展的必然。"俄舆论界高度评价中俄联合声明，强调两个大国希望推动世界向多极化方向发展，这是对世界做出的巨大贡献。中国《人民日报》4月27日发表社论指出，"世界多极化趋势正在加强发展。极少数大国或大国集团垄断国际事务、支配别国命运的时代已一去不复返了。"同年5月15日，江泽民主席和来访的法国总统希拉克举行了正式会谈，双方一致同意在世界向多极化发展的情况下，两国在国际事务中加强合作。希拉克表示，两极世界已不复存在，在全球范围内，一个多极化的世界正在形成。我们应该促进多极化世界融洽地出现和形成，为此有必要加强法中关系和欧中关系。江泽民同意这一看法，并指出，过去一年多来，多极化进程进一步加快，这已成为当今世界形势发展的一个重要特点。中法两国领导人以及各国的政治家应当登高望远，顺应历史潮流，承担历史的重任，为下个世纪建立公正合理的国际政治经济新秩序，使21世纪成为给世界各国带来繁荣和稳定的世纪而共同努力。[①]

联合国安理会五个常任理事国中，有中、俄、法三个常任理事国的领导人在世界走向多极化这一具有战略意义的问题上达成共识，反映了冷战后世界形势和国际关系发展的基本趋势。

多极化是否仅仅五极

“极”的含义是指“地轴两端点之一”，如北极和南极。或为极的两端，分为阳极和阴极。在冷战期间，美苏对抗，亦称两极时代，是从这些地理或物理概念延伸而来的。在冷战结束之后，人们常称“世界正在走向多极化”或“世界多极化过程正在加速”。“极”往往指对立的两端，从“两极”发展到“多极”，此处所指的“极”的概念也发生了变化，实际上“多极”是指多种力量，也可称之为多种力量中心。

现在世界上有越来越多的人认识到世界多极化的格局正在形成中。但这并不意味着世界走向多极化的过程可以在最近的将来完成，而是需要较长时期才能实现。在70年代，当时的美国总统尼克松曾经说过，从经济角度和经济潜力来考虑问题，世界有美国、西欧、苏联、中国和日本五大力量中心。当前，美国是唯一的超级大国，拥有较大的政治、经济、军事、科技优势，欧、日、俄、中等几个力量中心和美国相比还存在较大

① 《人民日报》，1997年5月16日。

的差距，力量对比尚构不成相对的平衡，大国力量中心相互制衡的局面也没有完全形成。从冷战后的变化来看，多极化不仅仅指这五种力量，还有更多的极，究竟有几个极，现在还看不清楚。

显然，发展中国家以及由其组成的地区集团在世界经济中，比重持续增加，国际地位不断提高，它们将成为多极化世界的重要组成部分。发展中国家占世界经济总量的比重已由1974年的13%上升到1995年的29%。在同一个时期，发展中国家占世界贸易的份额也由11%提高到32%。1997年5月，经合组织发表的一份报告认为，到2020年，发展中国家将占世界经济总量的三分之二，而发达国家仅占三分之一。从国际贸易看，美、欧、日在80年代和90年代初期，逐步将它们贸易重点向亚洲国家转移。发展中国家地区组织的兴起和加强将成为多极化发展的一个重要因素。东盟1997年从7国扩大到9国，人口近5亿，国内生产总值达6000多亿美元。东盟在接纳缅甸、处理人权和解决柬埔寨内部冲突等问题上，顶住西方压力，维护独立自主的立场。非洲统一组织（简称非统）在处理非洲事务中起着越来越重要的作用。1994年，美国等西方国家向索马里派出维和部队，不仅未能缓和索马里国内冲突，反而加剧了索马里的国内矛盾。此前在1993年，“非统”第29届首脑会议通过《关于建立防止、处理和解决非洲冲突机制宣言》。同年年底，由13个成员国组成的中央机构正式成立。1997年“非统”第33届首脑会议决定建立一个特别基金会，筹建非洲维和部队。迄今为止，“非统”先后向布隆迪、索马里派遣了观察团，在卢旺达和中非派驻非洲部队，以防止冲突升级和寻求和解途径。“非统”为推动安哥拉和莫桑比克达成国内和平协议，协助西非国家经济共同体促成利比里亚和塞拉利昂实现和平做出了重大的努力。1997年，“非统”首脑会议还通过决议，要求联合国安理会采取行动，尽快敦促美英取消对利比亚的制裁。南非坚持独立自主外交，总统曼德拉顶住美国的压力，1997年底两度亲自出访利比亚，还授予卡扎菲以南非最高国家勋章。1989年由亚洲、非洲和拉丁美洲发展中国家组成的15国集团至今已扩大到18个成员国，共有17亿人口，国民生产总值达到4万亿美元。1998年5月11日—13日在开罗召开的第八届首脑会议通过联合公报，要求建立公平合理的世界经济秩序和实行无歧视的多边贸易体制。发展中国家正在进一步加强团结和合作，要求在世界贸易组织、乌拉圭回合及其他有关谈判及制定未来发展的计划中，充分体现发展中国家的利益。在这次会议上，有的国家首脑还呼吁成员国采取统一立场，慎重处理市场开放和经济自由化问题。里约集团1997年8月23日召开第11届首脑会议发表联合声明，反对旨在封锁古巴的赫尔姆斯–伯顿法，强调“一个国家将自己制定的政策强加于其他主权国家的做法，违反国际关系准则”。

发展中国家及其地区集团的不断加强和扩大影响将在今后有力地推动世界多极化趋势的发展。

美国力量加强，影响力却下降

冷战后美国成为唯一的超级大国，进入90年代，美国经济增长率又超过了欧洲和日本。美国有人认为，美国在世界主要地区都有军事存在，美国经济成为推动世界经济的原动力，美国在科技方面处于遥遥领先的地位，可以说美国保持着各方面的优势。美国总统克林顿称，美国已成为世界上“不可替代的国家”。美战略家认为，“在一代人时间内不可能有任何单个国家能向美国的世界超级大国地位提出挑战”。美国现在信心十足地宣告，美是“唯一的真正的全球大国”，是主导欧亚两个大陆具有举足轻重力量的大国。

冷战结束后，一超多强并存，相互竞争的局面将保持一个相对较长的时期。美国在政治、科技、经济和军事等方面拥有巨大的优势，但其他各个力量中心和发展中国家力量的不断加强，将形成对美国的牵制，美国为保持自己对国际事务的领导地位不得不依靠和他国合作。从历史发展看，在20世纪初它取代了大英帝国的地位，成为西方最大的工业国家。到1914年，美国占西方国家工业总产值的14%，第二次世界大战后，由于德、意、日等国家战败，英、法等在战争中受到严重创伤，美国成为西方最大的发达国家，占世界国民生产总值的50%。战后，美国作为西方国家的盟主，同苏联争夺霸权，每年支付高额军费。特别是在70年代末期，经受了两次经济衰退和石油危机的打击，美国的经济和西方其他国家比较就落后了。80年代末期，美国占世界国民生产总值已经降到24%。进入90年代，由于美国调整政策，重视科技发展，同时军事负担也有所减轻，美国在西方国家中经济发展相对而言又比较迅速。从1992年到1996年，美国年均经济增长率是2.6%，在这个时期，日本的增长率为1.3%，欧洲联盟的增长率为1.5%。也就是说在1992年到1996年这几年当中，美国经济增长率速度均高于欧洲、日本。这说明冷战结束之后，美国的实力又得到了进一步加强。那么，怎么来看待美国地位的加强？美国作为唯一的超级大国，其作用是无法取代的。世界上的热点，从中东问题到波黑战争，到处都可以看到美国的影响。但是美国并不能为所欲为、主宰一切。

面对美国拥有的优势，不能仅仅看到美国影响增长的一面，同时也要从冷战结束，美国国内政治发展，大国相互关系的发展以及美国对其盟国的驾驭能力等方面来看，若从这些方面来看，美国的影响却有所下降。美国成为唯一的超级大国，特别是近年来美国经济形势好于欧洲和日本等国，确实使美国感到要负起主导国际事务的责任。但是在冷战期间形成的，美国人民深感大敌当前，国家利益受到威胁，在对外政策方面，存在着较高程度的共识的状况正在发生变化。冷战结束，敌人消失，美国人民对美国为在世界上发挥主导作用而不得不承担义务的兴趣正在逐渐消失。特别是美国国内政见分歧深化，民主、共和两党之间和两党内部都难以取得共识。美国对外政策缺乏一贯性、明确性和长期性，这些内在因素必然制约美国充分发挥作用。

美国为了确保其唯一的超级大国的地位，加强盟国之间的凝聚力和维护自己的战略利益，正在加强它在欧洲、亚太和海湾地区的军事影响。美国力主北约东扩，加强对俄罗斯的防范，使得西方国家与俄罗斯的关系不断紧张。美国加强和日本等国的军事联盟，向台湾海域调派航空母舰，势必引起中国的不安。

和冷战时期不同的是各大国相互不再公开将对手说成敌人。各个大国力图争取保持对自己有利的地位，不贸然和自己的对手走向对抗，因为这只可能对第三国有利。美俄关系紧张，不利于欧洲的安全与合作。美中走向对抗，不符合任何一方的利益。美欧日相互之间控制与反控制的斗争在一定范畴内持续不断。在各国相互之间防范、制约加强的同时，也会进一步加强寻求妥协和弥合分歧的势头。

在敌我分明的冷战时期，美国领导能力远比现在为大。在共同敌人消失后，西方盟国的凝聚力也在下降。特别是当美国的政策不符合盟国利益的时候，美国的领导力更显得有限。美国制订针对古巴、伊朗和利比亚的赫尔姆斯–伯顿和达马托两个法案，要求通过轰炸，遏制伊拉克，反对联合国秘书长加利连任等等，遭到世界各国前所未有的坚决反对，陷入了孤立境地。一些西欧国家力主建立欧洲独立的防务，法美之间争夺北约在南欧地区的军事领导权，都显示欧洲独立自主的倾向。欧盟加紧东进南下，大力发展和亚洲、拉丁美洲的关系，还谋求打破美对中东和谈进程的垄断权。日本加快走向政治大国和军事强国的步伐，和美国的关系虽然有所改善，但难以掩盖它们之间存在的矛盾。美国和其他西方大国在对付中国方面存在一致性，但步调越来越不和谐，相互协调对付中国的难度也有所增加。

力量组合的新变化

多极化世界和两极世界重要的区别还在于不论两个还是唯一的超级大国在世界力量组合中的地位均发生了变化。冷战期间，美苏两个超级大国都力图事事处处插手，发挥主导作用。冷战结束后，美国作为唯一的超级大国力图主导国际事务。但近年来，有一些地区磋商机制都排除了美国的参加，如1997年的亚欧首脑会晤，1998年新建立的俄德法首脑会晤机制以及东盟和中国、日本以及韩国的9+3对话机制。欧洲学者在论述亚欧首脑会晤的意义时指出，这一会晤有助亚欧双方从过分依赖美国的对外政策转为多元化的变化，使他们有了更多的对美国以外的外交上的选择余地。从某种意义上来说，以上种种排除美国在外的机制，使参加的国家既可在美国面前增强地位，也可以给予美国一定的制约。

多极化世界决不意味着从冷战时期两个超级大国力图主宰世界格局让位于几个大国操纵世界事务。中小国家的兴起和联合成为多极化格局中一支重要力量。大国相互之间尽管存在利益之争，但通常不将对手公开地看作是敌人，即使加强军事同盟关系，意在防范自己的对手，也要采取模糊的战术。这将为中小国家提供远比冷战敌人分明的时期更多的迂回活动余地。

国际形势将进一步趋向于缓和。由于各个大国力争形成对自己有利的地位，相互之间依然存在利益冲突、矛盾摩擦，这就构成了今后大国关系发展中的不稳定因素。与此同时，在经济全球化和区域化进一步发展过程中，各国经济相互依存的程度将会加强，使得今后在国与国关系恶化的情况下也不致一发不可收拾。遭受金融危机冲击的东亚经济暂时受挫，但拉丁美洲经济力量正在迅速增长，非洲经济也出现一些良好的兆头。发展中国家经济保持发展势头及国际地位的加强，将有利于世界各个力量中心早日实现力量的均衡，形成相互制约的局面。这一切都是世界多极化继续发展的前景。

具有强大生命力的和平共处五项原则

江泽民同志在党的十五大报告中重申，中国“要致力于推动建立公正合理的国际政治经济新秩序。这种国际新秩序是以和平共处五项原则为基础的，符合联合国宪章的宗旨和原则，反映了和平与发展的时代潮流”。邓小平同志积极主张建立公正、平等、合理的国际政治、经济新秩序。他在1974年4月率团出席联合国大会，在第六次特别会议上发言，认为旧的经济秩序是发展中国家解放和进步的最大障碍。建立在殖民主义、帝国主义、霸权主义基础上的旧秩序“使得贫国愈贫、富国愈富，贫国和富国的差距越来越大”。

我国一向坚持以和平共处五项原则处理国与国之间的关系。1989年，邓小平同志首倡以和平共处五项原则为基础，建立国际政治新秩序。他明确指出，建立国际政治新秩序，就是要结束霸权主义，实现和平共处与友好合作；建立国际经济新秩序，就是要解决南北问题，谋求各国的共同发展与繁荣。

20世纪，发生了两次世界大战，每次大战结束，战胜国都力图主宰国际秩序。各列强竭力扩大自己的殖民地和势力范围，谋求对国际事务拥有更大的发言权。20世纪中叶，第二次世界大战结束，接踵而来是一直延续到本世纪90年代初、旷日持久达四十余年的冷战。这场冷战是以东欧剧变、苏联解体而告终的，因而不存在通常意义上的战胜者和战败者。本世纪发生的两次世界范围的热战和冷战，造成人类巨大的伤亡和财富的损耗。人类走向共同繁荣的道路不是缩短了，而是愈来愈遥远。因此，世界各国纷纷探讨，建立什么样的国际秩序才能确保世界和平、稳定和共同走向繁荣。

80年代，邓小平同志在会见外宾时，一再指出：世界总的局势在变，各国都在考虑相应的新政策，建立新的国际秩序。霸权主义、集团政治或条约组织是行不通了，那么应当用什么原则来指导新的国际关系呢？邓小平同志认为处理国与国之间的关系，和平共处五项原则是最好的方式，"最经得住考验"，"我们应当用和平共处五项原则作为指导国际关系的准则"。① "其他方式，如大家庭方式，'集团政治'方式，'势力范围'方式，都会带来矛盾，激化国际局势。总结国际关系的实践，最具有强大生命力的就是和平共处五项原则。"②

五项原则的诞生

1954年6月28日，中国总理周恩来和印度总理尼赫鲁在新德里发表联合声明，强调维护国家主权独立、反对外来干涉是新独立国家的主要任务。这一联合声明重申互相尊重领土主权、互不侵犯、互不干涉内政、平等互利以及和平共处这五项

① 《邓小平文选》第3卷，人民出版社1993年版，第283页。

② 同上书，第96页。

原则是处理国与国关系的基本准则。近半个世纪以来，这些原则已经逐步为国际社会特别是发展中国家广泛接受，作为指导国家关系的准则，发挥了重要的历史作用。在当今的国际形势下，坚持和平共处五项原则，对争取建立公正、合理的国际政治、经济新秩序，仍然具有重大的现实意义。

第二次世界大战结束后，亚洲、非洲和拉丁美洲国家争取民族独立和解放的斗争风起云涌，一个又一个国家摆脱殖民主义的桎梏，取得了独立。但是，帝国主义和殖民主义并不甘心，它们通过干涉别国内政或以武力威胁甚至使用武力，力图夺回失去的地盘。在此形势下，获得独立的国家迫切需要建立新型平等的国际关系，以维护国家主权，振兴民族经济。事实上在新中国成立前夕，中国人民政治协商会议制定的《共同纲领》就确定了中国的外交政策原则为“保障本国独立、自由和领土完整，拥护国际的持久和平和各国人民的友好合作，反对帝国主义的侵略政策和战争政策”。后来，《中苏友好同盟互助条约》根据中方草案拟定的第五条明确规定：“双方保证以友好合作的精神，并遵照平等、互利、互相尊重国家主权与领土完整及不干涉对方内政的原则，发展和巩固中苏两国之间的经济与文化关系，彼此给予一切可能的经济援助，并进行必要的经济合作。”由此可以看出，不论我国的《共同纲领》还是和苏联签订的《互助条约》都体现了和平共处五项原则的基本精神。中国和印度、缅甸倡导的和平共处五项原则正是反映了新兴独立国家这种强烈的共同愿望。这一原则首先在发展中国家提出，绝不是偶然的，而是历史的必然。

中国和印度是亚洲的两个大国，也是近邻，两国都遭受了帝国主义和殖民主义长时期的侵略和压迫。印中两国人民通过坚持不懈的斗争，分别在1947年和1949年取得了独立和获得了解放。中华人民共和国成立后，印度是第一个与中国建交的非社会主义国家。1949年12月31日，印度政府告知中国，它已撤销对国民党政府之承认，并通知国民党政府驻德里“大使”停止一切外交关系。翌年1月4日，周恩来总理兼外长致电尼赫鲁，表示我国“愿在平等、互利及互相尊重领土主权的基础上”与印度建立外交关系。1950年4月1日，中印正式建交。中印两国作为新独立的国家都期望在和平的环境下建设自己的国家，发展友好关系。但是，中印两国取得独立的方式不同，建国后采取的政治和社会制度也不同，特别是西方殖民主义统治造成的中印之间一些历史遗留问题阻碍着两国关系的发展。中国多次表示两国间的问题可以在和平共处原则上通过谈判解决。1953年12月31日，中印两国就中国西藏地方和印度之间的通商和交通问题举行谈判。周恩来总理在会见印度来华谈判的政府代表团时，首次完整地提出了和平共处五项原则。他说，新中国成立后就确立了处理中印两国关系的原则，那就是：互相尊重领土主权、互不侵犯、互不干涉内政、平等互利和和平共处的原则。周总理的主张得到印方的同意，中印双方于1954年4月29日签订的《中华人民共和国和印度共和国关于中国西藏地方和印度之间的通商和交通协定》首次采纳了五项原则。同年6月，周总理先后访问印度、缅甸，同两国总理分别发表了联合声明，声明再次阐明和平共处五项原则并强调这些原则也适用于同亚洲以及世界其他国家的关系。

在处理国与国关系中，采取和平共处五项原则，经历了三个发展阶段。最早是作为处理两个社会制度不同的发展中国家关系的指导原则，随着形势的发展，发展中国家和发达国家之间处理相互关系时，也采用了这一准则。最后，不仅制度不同的国家采用这一原则，制度相同的国家也采取这些原则处理相互之间的关系。这些原则不仅为1955年的“万隆会议”和其他发展中国家的多边国际会议所接受，也为不结盟运动所接受。和平共处五项原则符合联合国宪章的精神。宪章的第二条就明确规定，各会员国主权平等、和平解决争端、不使用威胁或武力以侵害任何会员国的领土完整和主权独立、不干涉别国内政等原则。后来，1957年第12届联合国大会的议题中也列入一项《各国和平共处原则宣言》的提案。联合国大会曾通过一些宣言，将这些原则的基本内容作为指导成员国相互关系的准则。

就中国而言，在50年代，中国和印度尼西亚、尼泊尔、柬埔寨、阿富汗、也门等国签订的条约、发表的建交公报和联合声明都包含了和平共处五项原则的内容。

在60年代，中国与近20个国家，70年代与近40个国家签署的条约或发表的公报承认和采用五项原则。中国不仅与发展中国家在讨论双边关系中强调采用五项原则作为处理双边关系的准则，而且和西方发达国家在处理相互关系时，也主张采用这些原则。1972年2月，尼克松总统访华，是中美关系的重大转折点。2月28日发表的《中美上海公报》明确提出应根据尊重各国主权平等和平共处的原则来处理国与国之间的关系。公报称：中美两国的社会制度和对外政策有着本质的区别。但是双方同意，各国不论社会制度如何，都应根据尊重各国主权和领土完整、不侵犯别国、不干涉别国内政、平等互利、和平共处原则来处理国与国之间的关系。七年后，美国同意中国提出的和台湾“废约、撤军、断交”三原则，实现中美建交。1978年12月16日，中美两国政府发表建交联合公报，重申双方一致同意的和平共处原则。在这前后，1964年有法国，1970年到1971年有加拿大、意大利等六个西方国家在五项原则的基础上和中国建交。1972年中日两国政府签署建交联合声明，强调决心在和平共处五项原则的基础上，建立两国间持久的和平友好关系。

中国一向认为，不仅不同社会制度国家应严格遵循和平共处五项原则，保持友好合作关系，制度相同的国家更应该遵循这些原则，妥善处理相互关系。早在1954年10月，苏联领导人访华时，中苏两国发表的联合宣言就采纳了五项原则的内容，但在此后发生的一些东欧国家的事件以及中苏关系的恶化表明，苏联并不承认处理社会主义国家之间关系也应遵循和平共处五项原则。特别是1956年发生了波兰和匈牙利事件，中国批评苏联推行大国沙文主义，不承认独立原则和平等原则，给社会主义国家的相互关系造成巨大损害。同年，11月1日，中国政府发表的声明第一次提出了社会主义国家应当以和平共处五项原则作为发展相互关系的基础。声明强调，这些原则“应该成为世界各国建立和发展相互关系的准则”，“社会主义国家的相互关系更应该建立在五项原则的基础上”。直到1989年5月，中苏两国领导人会晤后宣布两国从此“结束过去，开辟未来”，并重申要在和平共处五项原则基础上建立睦邻友好关系。

建立国际新秩序的基础

世界人民在20世纪经历了两次世界规模的热战和一次世界规模的冷战后日益认识到，维护世界和平，促进共同发展，需要各国共商大计，制订新的国际政治和经济秩序。1974年，邓小平同志在联大特别会议上就提出，国家之间的政治和经济关系都应当建立在和平共处五项原则的基础上。这实际上是建立国际政治经济新秩序的初步构想。

在旧的格局中，国际政治的主要特征是霸权主义和集团政治。美苏两个超级大国互相争夺，尖锐对立，各有自己的势力范围，长期相互对抗。近年来，冷战虽已结束，但以大欺小、以强凌弱、干涉内政、侵犯主权、武装侵略和占领他国领土等霸权主义和强权政治依然存在，严重地阻碍着世界和平、稳定与发展。世界各国人民渴望改变现状，建立公正、合理的国际新秩序。中国领导人多次声明，主张在和平共处五项原则的基础上建立国际新秩序。中国倡导国家不分大小、强弱、贫富应一律平等；在国际关系中，不得以大压小、以强凌弱、以富欺贫；国际事务应由世界各国平等参与，协商解决。

将和平共处五项原则作为建立国际新秩序的基础，是运用五项原则处理国际关系的新发展。历史和现实的经验证明，以和平共处五项原则为基础建立国际新秩序，符合联合国宪章的宗旨和原则，反映了新型的国际关系的本质特征，符合各国人民的根本利益，有利于世界和平与发展。当然，国际新秩序的确立取决于国际战略格局的形成和相对稳定。而当前世界格局演变中不确定因素增多。大国力量的盛衰、国与国相互关系以及国家集团的组合等都在不停的变化之中。近半个世纪前倡导的和平共处五项原则已经成为不少国家指导国与国关系的基本准则。在20世纪行将结束、21世纪即将到来的前夕，随着新格局的形成，这些原则无疑将会成为构筑世界新秩序的基本内容。

中国重视和第三世界国家的关系

江泽民同志在党的十五大报告中强调："要进一步加强同第三世界国家的团结与合作。发展中国家维护国家独立、实现经济发展的根本目标是一致的。中国将一如既往，同广大发展中国家在各个方面相互支持，密切配合，共同维护正义权益。"这段话体现了邓小平外交思想的核心内容。邓小平同志认为"中国的对外政策，主要是两句话。一句话是反对霸权，维护世界和平，另一句话是中国永远属于第三世界。中国现在属于第三世界，将来发展富强起来，仍然属于第三世界。中国和所有第三世界国家的命运是共同的。中国永远不会称霸，永远不会欺负别人，永远站在第三世界一边。"[①] 邓小平同志指出："第二次世界大战以后，实际上没有什么和平，大战没有打，但小战不断。小战在哪里打？在第三世界。根源还不是超级大国霸权主义在那里挑拨，在那里插手！"[②] 第三世界的国家和人民直接受到迫害和损失，这就决定了有切身利益的第三世界是真正的维护世界和平、反对霸权主义的主力，这是不以人们的意志

① 《邓小平文选》第3卷，人民出版社1993年版，第56页。

② 《邓小平文选》第2卷，人民出版社1994年版，第415、416页。

为转移的，是由第三世界新处的地位和切身利益关系决定的。

中国作为发展中国家的一员，把加强同发展中国家的团结和合作作为我国外交政策的基本立足点。中国加强和发展中国家的关系，一是处理和我国周边发展中国家的关系；二是和广大的亚洲、非洲和拉丁美洲发展中国家，在反对霸权主义和强权政治以及维护世界和平的斗争中，密切合作，相互支持，团结一致。中国和发展中国家有着共同的历史、共同的遭遇和共同的利益。中国和发展中国家一起过去为争取国家独立而斗争，现在在为维护国家主权独立、维护正当的经济权益、反对外来干涉的斗争中，总是息息相关，休戚与共，同生存，共命运的。邓小平同志说："我们搞的是有中国特色的社会主义，是不断发展社会生产力的社会主义，是主张和平的社会主义。只有不断发展社会生产力，国家才能一步步富强起来，人民生活才能一步步改善。只有争取到和平环境，才能比较顺利地发展。"①邓小平同志一再指出："中国要实现自己的发展目标，必不可少的条件是安定的国内环境与和平的国际环境。"中国始终和发展中国家一起，为维护世界和平，营造周边的和平环境，抓住时机，发展本国经济而共同努力。

建立和平的周边环境

中国重视和周边发展中国家发展关系是具有重大意义的。中华人民共和国1949年成立以来，长期面临着来自超级大国的威胁。50年代到70年代，中国周边爆发朝鲜战争和越南战争，

---

① 《邓小平文选》第3卷，人民出版社1993年版，第328页。

美国出兵以至逾50万，严重威胁着中国的安全。在这期间，美国还驻军台湾，阻挠中国的统一。1969年中苏在乌苏里江爆发边境武装冲突，此后，苏联支持越南侵略柬埔寨，大规模入侵阿富汗，威胁我国东北、西南和西北的安全。在世界各国中，中国有着最多的周边国家。在陆地和中国接壤的国家有14个之多，隔海相望的国家也有好几个。中国有着漫长的陆地接壤的边境线，海岸线长达3.2万多公里。由于历史的原因，中国和一些周边国家过去存在领土争端，与一些国家也没有在国际法上划定的边界线，或是虽已签订边境条约或协议，但一直存在纠纷。60年代，在南沙地区发现储量十分丰富的石油资源，引起一些邻国侵占南沙一些岛屿。如何处理好这些领土争端，成为我对外政策一项新课题。

新中国成立后，我国一贯奉行睦邻友好政策，重视建立发展和周边发展中国家的关系。1949年末到1950年初，在我国周边国家中，首先和我国建交的国家有缅甸、印度、巴基斯坦、锡兰（斯里兰卡）和阿富汗。中国坚决支持朝鲜人民进行抗美斗争，坚持支持越南等印度支那各国人民的抗法和抗美斗争。与此同时，我国首先提出并和印度、缅甸共同倡导处理国与国关系的和平共处五项原则。1954年6月28日，周恩来总理访问印度期间，中印两国总理发表联合声明，重申处理两国关系的五项原则，并表示“在与亚洲以及世界其他国家的关系中，也应该适用这些原则。这些原则不仅适用于各国之间，而且适用于一般国际关系之中，它们将形成和平与安全的坚固基础，而现时存在的恐惧和疑虑，则将为信任感所代替”。

1954年，我国参加关于印度支那问题的日内瓦会议，为实现印度支那停战、结束法国在这一地区进行的殖民战争、确认印度支那三国的民族权利做出了卓越的贡献。

1955年，中国参加首次没有西方殖民主义国家参加的万隆亚非会议。会上，周恩来总理强调亚非国家有着共同的遭遇，在反对殖民主义、争取和维护独立与和平等方面有着共同的愿望和要求。本着这一精神，周恩来总理力排众议，提出求同存异的原则，为会议的成功发挥了重要的作用。中国一贯主张通过和平谈判，友好解决历史上遗留下来的边界问题。在50年代和60年代初，中国本着友好协商、互谅互让的精神，同缅甸、尼泊尔、巴基斯坦、阿富汗、蒙古和朝鲜等国签订了边界条约，公平合理地解决了历史遗留的边界问题。到70年代中期，我国已同大多数周边国家建立了外交关系。

冷战结束前后，中国进一步稳定周边环境，为和平建设争取一个安定的环境，中国争取和各国都友好，建立和发展睦邻友好合作关系。为此，争取和尚未建交的国家建立外交关系，和一些关系尚未正常化的国家恢复正常关系。1990年我国同印度尼西亚复交，同新加坡建交，1991年同文莱建交，1992年和韩国建交。在这一期间中国同越南、蒙古实现关系正常化。苏联解体后，我国相继和它原来的一些加盟共和国哈萨克斯坦、吉尔吉斯斯坦、塔吉克斯坦、乌兹别克斯坦、土库曼斯坦、格鲁吉亚、阿塞拜疆和亚美尼亚等国建立外交关系。

解决历史遗留的边界问题

力争和周边国家解决历史上遗留的边界问题，对一时尚不能划定边界的国家也争取采取一些措施，保证边境安宁。中国和老挝签署了《中老边界条约》。中国和越南两国在陆地边界、北部湾海域划分和南海问题上，都存在着分歧和争端。1994年江泽民同志访问越南时，提出解决两国关系的十六字方针：“方向明确，逐步推进，大局为重，协商解决。”1995年以后，两国政府级边界谈判，陆地边界联合工作组、划分北部湾联合工作组以及海上问题专家小组分别举行了多轮会谈，并且签署了关于解决边界领土问题的《基本原则协议》。中国与印度签署了《中印关于在中印边境实际控制线地区保持和平与安宁的协定》和《关于在中印边境实际控制线地区军事领域建立信任措施的协定》。1996年和1997年，同俄罗斯、哈萨克斯坦、吉尔吉斯斯坦和塔吉克斯坦签署了《关于在边境地区加强军事领域信任的协定》和《关于在边境地区相互裁减军事力量的协定》。中国在和这些国家签署边界条约后，又于1998年7月江泽民主席对哈萨克斯坦进行工作访问期间，签署了中哈国界第二次补充协定，全面彻底解决了历史遗留的两国边界问题。中哈边界全长1750公里，由于过去清朝政府与沙俄政府签订的条约部分规定含混不清，双方对一些地段的边界走向理解不同，同时，沙俄和苏联又强占了一部分领土。中苏两国曾为此举行过三次边界谈判，才最后达成协议，明确根据公认的国际法原则，解决边界问题，并且确定了一些争议地区的归属。苏联解体后，哈方确认中苏边界谈判中就中哈地段边界走向达成的协议继续有效。中哈两国在这一地区边界存在15块争议地区，总面积达2450平方公里，97%为对方控制。1994年4月和1997年9月，中哈两国分别签署了《中哈国界协定》和《第一个中哈国界补充协议》。通过这些协议，其中很大部分原先由对方控制的地区归还中国。

1989年，邓小平提出“搁置争议，共同开发”的设想，作为中国解决和有关国家领土争端的基本原则。我国对南沙群岛问题，从稳定周边大局出发，在坚持主权属我的前提下，尽可能和有关国家达成共识，减少了因领土争端导致武装冲突的可能性。1995年初，“美济礁”事件发生后，同年8月，中国和菲律宾两国经过磋商，发表联合声明，表示要以和平友好的方式解决争端，并依据公认的国际法包括1982年的《联合国海洋公约》，确保南海水域航道上的航行自由。

重视开展高层外交

我国领导人保持了同周边国家经常往来，有力地推动了双边关系的发展。在中国和东南亚各国双边关系进一步发展的同时，中国和这一地区最大的东南亚国家地区组织——东盟的关系也进一步密切。1997年2月，成立了中国—东盟联合委员会，确定了包括五个平行机制的总体对话框架。同年12月，江泽民主席出席中国—东盟首脑非正式会晤，与东盟各国领导人深入交换意见，发表了《中国—东盟首脑会议联合声明》，确立了双方建立面向21世纪睦邻互信伙伴关系的目标和指导双方关系的原则，标志着中国—东盟关系进入了一个新阶段。在这个联合声明中，中国和东盟首脑“确认《联合国宪章》、《东南亚友好合作条约》、和平共处五项原则和公认的国际法应成为处理相互关系的基本准则；特别重申相互尊重独立、主权和领土完整和不干涉内政的原则”，“承诺，促进睦邻友好关系，增加高层往来，加强在所有领域的对话与合作机制，以增进了解和扩大互利”。[①]

中国同南亚国家的关系继续发展。1996年，江泽民主席

① 《人民日报》，1997年12月17日。

访问南亚三国，经协商确定，中国—巴基斯坦建立面向21世纪的全面合作伙伴关系，中国—尼泊尔建立世代友好睦邻伙伴关系，中国—印度建立面向未来的建设性伙伴关系。江泽民主席在巴基斯坦国民议会发表了题为《世代睦邻友好，共创美好未来》的讲话，提出五点主张：一、扩大交往，加深友好；二、相互尊重，世代睦邻友好；三、互利互惠，促进共同发展；四、求同存异，妥善处理分歧；五、团结合作，共创美好未来。

政治磋商，安全对话

中国重视在亚洲地区，特别和东盟开展政治磋商，加强安全对话，促进经济合作。为促进亚洲的和平与稳定发挥了重要作用。中国积极发展同朝鲜北南双方的友好关系，为维护朝鲜半岛及东北亚地区的和平与稳定做出建设性贡献。在朝鲜核问题上，中国坚决反对美国企图对朝鲜进行经济制裁和军事打击，最终促成美朝双边协商解决朝鲜核问题。中国为了维护朝鲜半岛的稳定，积极参加旨在建立半岛和平机制的中、美、朝、韩四方会谈。中国提出四方会谈应遵循“平等参与、耐心协商、求同存异、循序渐进”的方针，获得了各方的赞同。

中国同东盟及其他有关国家一起为寻求柬埔寨问题的政治解决做出了不懈努力。1991年10月，包括中国在内的18国与柬四方在巴黎签署《柬埔寨冲突全面政治解决协定》。中国作为柬埔寨的近邻，一直对柬局势表示关注，并为解决柬问题发挥着积极作用。

中国从1991年到1996年，每年都在东盟外长会议期间与东盟进行安全对话。在这五年中，中国由东盟外长会议的贵宾，到1995年成为东盟的磋商伙伴国。1996年6月，应我国的要求，东盟外长一致同意，将东盟和中国的磋商伙伴关系升格为全面对话伙伴关系。近年来，中国与东盟就安全问题加强了合作，与有关国家在解决领土领海争端方面进行了磋商。1997年3月，中国和东盟在中国黄山举行多边安全国际会议。双方在会上达成协议，一是中国支持东南亚地区作为无核区；二是东盟将与中国签署联合声明，支持“一个中国”政策。中国与东盟就安全问题，开展了多层次、多渠道、多形式的磋商。

中国积极支持和推动东亚合作。1997年12月，江泽民主席出席在吉隆坡举行的首次东亚领导人非正式会晤，与东亚11国领导人共同展望21世纪东亚发展前景，并就东亚经济合作深入交换意见。江泽民主席发表了题为《携手合作，共创未来》的重要讲话，指出东亚合作“要坚持相互尊重，平等参与，互惠互利，共同发展的原则；要加强经济技术特别是高新技术领域的合作，建立合理的地区经济结构，形成取长补短、优势互补、利益平衡、非排他性和非歧视性的经济合作模式；要通过友好对话与协商，增强信任，扩大共识，求同存异，妥善解决分歧，确保地区的和平与稳定。”

加强和亚非拉发展中国家的团结合作

中国在重视发展睦邻友好关系、加强和周边发展中国家关系的同时，一贯支持亚洲、非洲和拉丁美洲国家民族解放运动和维护国家、主权和正义的斗争，在南北关系中，维护发展中国家的权益，并且致力于南南合作。中国在五六十年代，坚决支持埃及维护苏伊士运河主权，反对英法侵略的斗争，支持阿尔及利亚的解放运动，支持阿拉伯人民反对以色列的斗争。60年代以来，中国和非洲新独立的几内亚、加纳、马里、刚果、坦桑尼亚等国即建立外交关系，签订友好条约和经济技术合作协定。中国坚决支持南非人民反对种族主义统治的斗争，支持安哥拉、几内亚（比绍）、莫桑比克、津巴布韦、纳米比亚等国为争取民族独立而展开的武装斗争。1959年在古巴革命胜利后，中国立即给予支持，提供援助。中国一向支持巴拿马人民收回巴拿马运河区主权的斗争、多米尼加人民反美爱国的武装斗争。

我国领导人和亚非各国领导人保持密切的关系，相互频繁地访问，有力地促进了中国和广大发展中国家之间的关系，为加强相互了解、相互友好和合作奠定了坚实的基础。从50年代到70年代，中国和大量的亚非拉国家建立了外交关系，同不少亚非国家签订了友好条约。在这一期间，特别是1963年12月13日到1964年2月5日，周恩来总理和陈毅副总理先后访问了阿拉伯联合共和国、阿尔及利亚、摩洛哥、突尼斯、加纳、马里、几内亚、苏丹、埃塞俄比亚和索马里等10个非洲国家。这次具有历史意义的访问，体现了中国人民和非洲各国人民，从更广泛意义上来说，也包括亚洲和拉丁美洲在内的全世界发展中国家的人民，在反对帝国主义和新老殖民主义、争取维护民族独立的斗争中，相互同情，相互支持。同时，表明中国人民的援助是不附带任何条件的。周恩来总理先后在阿联和阿尔及利亚提出了中国支持阿拉伯国家和非洲国家的五项原则立场。这五项原则立场是：

一、支持阿拉伯和非洲各国人民反对帝国主义和新老殖民主义、争取和维护民族独立的斗争；二、支持阿拉伯和非洲各国政府奉行和平中立的不结盟政策；三、支持阿拉伯和非洲各国人民用自己选择的方式实现团结和统一的愿望；四、支持阿拉伯和非洲国家通过和平协商解决彼此之间的争端；五、主张阿拉伯和非洲国家的主权应当得到一切其他国家的尊重，反对来自任何方面的侵略和干涉。

访问期间，周恩来总理还明确指出：亚非新兴国家为巩固独立，需要发展自己的民族经济，亚非国家应该互相支援，以促进各国经济的共同高涨。

周恩来总理在马里提出了中国对外援助的八项原则，这就是：一、中国政府一贯根据平等互利的原则对外提供援助，从来不把这种援助看作是单方面的赐予，而认为援助是相互的；二、中国政府在对外提供援助的时候，严格尊重受援国的主权，绝不附带任何条件，绝不要求任何特权；三、中国政府以无息或者低息贷款的方式提供经济援助，在需要的时候延长还款期限，以尽量减少受援国的负担；四、中国政府对外提供援助的目的，不是造成受援国对中国的依赖，而是帮助受援国逐步走上自力更生、独立发展的道路；五、中国政府帮助受援国建设的项目，力求投资少、收效快，使受援国政府能够增加收入，积累资金；六、中国政府提供自己所能生产的、质量最好的设备和物资，并且根据国际市场的价格议价。如果中国政府所提供的设备和物资不合乎商定的规格和质量，中国政府保证退换；七、中国政府对外提供任何一种技术援助的时候，保证使受援国的人员充分掌握这种技术；八、中国政府派到受援国帮助进行建设的专家，同受援国自己的专家享受同样的物质待遇，不容许有任何特殊要求和享受。周恩来总理阐明的这些原则产生了重大的影响，成为我国长时期以来和亚非拉广大发展中国家发展关系、加强合作、相互支持的基本原则。邓小平同志在发展同亚非拉国家关系的问题上继承和发展了毛泽东、周恩来的战略思想，提出，把和平共处五项原则作为建立国际新秩序的准则。他在1988年会见印度总理拉吉夫·甘地谈到建立国际政治新秩序时说:“我认为，中印两国共同倡导的和平共处五项原则是最经得住考验的。这些原则的创造者是周恩来总理和尼赫鲁总理。这五项原则非常明确，干净利落，清清楚楚。我们应当用和平共处五项原则作为指导国际关系的准则。我们向国际社会推荐这些原则来指导国际关系，首先我们两国之间的关系也要遵循这些原则，而且我们同各自的邻国之间的关系也要遵循这些原则。”①

自从中国实行改革开放以来，邓小平同志在接见亚、非、拉各国领导人和代表团时，一再强调:“中国现在属于第三世界，将来发展富强起来了，仍然属于第三世界。中国和所有第三世界国家的命运是共同的。中国永远不会称霸，永远不会欺负别人，永远站在第三世界一边。”② 中国和亚非拉发展中国家的关系又有了进一步发展。如前所述中国和周边的发展中国家几乎全部建立了外交关系，中国和亚非拉建交的国家也日益增加。80年代以后，中国同拉丁美洲建交国已从70年代的12个增加到19个。继我国和卡塔尔、巴林、沙特阿拉伯和以色列建交以后，我国和西亚北非地区的国家都已建立了外交关系。

和南非建交，重大外交成就

1998年，中国和南非正式建立外交关系，这是中国和非洲

---

① 《邓小平文选》第3卷，人民出版社1993年版，第283页。

② 同上书，第56页。

国家关系发展历史上的重要里程碑。新中国成立以后，始终不渝地支持南非人民反对种族主义、争取民族解放的斗争。1992年，中国在南非首都设立“中国国际问题研究所办事处”，南非也在中国首都设立“中国问题研究中心”。1994年5月，新南非诞生，中国政府一再重申，中国愿意在和平共处五项原则的基础上，与南非建交和发展正常的国家关系。经过针锋相对的斗争，挫败了台湾当局在南非开创“双重承认”的企图。1996年1月27日，南非总统曼德拉公开发表声明，宣布南非将由承认台湾转而承认中华人民共和国，并在未来的一年内同台湾“断交”，同中华人民共和国建交。中国和南非建交对两国共同发展、加强发展中国家的团结和合作具有重要意义。

建立面向21世纪的友好合作关系

通过重要的国事访问，中国和亚非拉发展中国家的关系有了长足的进展。在重大国际问题上增加了共识和相互支持，在经济贸易关系和其他方面的合作也有了重大发展。中国重视发展和拉美国家的关系，主张以和平共处五项原则为基础，同所有的拉美国家，包括那些尚未同我国建交的国家发展友好合作关系。1996年5月8日至22日，江泽民主席访问肯尼亚、埃塞俄比亚、埃及、马里、纳米比亚和津巴布韦六个非洲国家。江泽民主席在非洲统一组织所在地区的斯亚里巴发表了题为《为中非友好创立新的历史丰碑》的重要讲话。在这个讲话中，他提出了我国发展同非洲各国面向21世纪长期稳定、全面合作关系的五项原则建议：真诚友好，彼此成为可以信赖的“全天候朋友”；平等相待，相互尊重主权，互不干涉内政；互利互惠，谋求共同发展；加强磋商，在国际事务中密切合作；面向未来，创造一个更加美好的世界。1997年5月5日至14日，李鹏总理对赞比亚、莫桑比克、加蓬、喀麦隆、尼日利亚和坦桑尼亚六国进行正式国事访问，对印度洋岛国塞舌尔进行工作访问。访问期间，李鹏总理向非洲国家领导人阐述了中国对非洲国家的政策，他强调中国和非洲之间没有任何利害冲突和历史积怨，都面临着发展经济的重任。双方在国际事务中有着广泛的共同利益，在经济上也有着良好的合作基础，发展潜力巨大。增加相互往来，促进各个领域友好合作，加深人民之间的传统友谊，符合中国与非洲的共同利益，中国和非洲国家关系的发展具有广阔的前景。

我国一贯支持阿拉伯国家和巴勒斯坦人民反对以色列侵略、争取民族权利的斗争，向被占领领土的巴勒斯坦人提供物资援助。近年来，根据中东形势的变化，对阿以争端采取了均衡立场。中国主张中东问题通过政治途径解决，各方都不诉诸武力，通过对话缓和有关各方面的关系，以色列停止在占领区对巴勒斯坦居民的镇压，撤出占领的阿拉伯领土，相应地以色列的安全也应得到保证，以实现阿拉伯民族和犹太民族和平共处。对海湾问题，我国明确反对伊拉克对科威特的侵略，要求伊拉克撤军。在安理会通过包含授权对伊动武内容的决议时，我国投了弃权票。海湾战争爆发后，我国呼吁有关各方克制，防止战争蔓延和升级。海湾战争后，在对伊拉克制裁问题上，我国支持安理会决议应得到必要和切实的实施，但主张随着决议的实施，应逐步取消对伊制裁。在海湾战后安排问题上，我国主张海湾事务由该地区国家自己解决。1998年初，美国与伊拉克因武器核查问题发生危机，我国表示联合国有关决议应得到执行，希望伊拉克政府同安理会合作，履行义务，但反对对伊动武，主张在核查中，对伊的尊严和主权及正当的对自己安全的关切也应得到尊重。我国与国际社会合作，努力促使危机的和平解决。

共同反对霸权主义

中国在国际事务中，和亚非拉发展中国家密切磋商，相互支持，加强合作，为反对霸权主义、强权政治共同斗争。冷战结束后不久，美国等西方国家对中国推行“以压促变”的政策，对中国实行制裁，并在人权等问题上向中国挑战。他们对亚非拉国家特别是对非洲国家推行“多党政治”和“民主价值观”。西方国家近几年内，和亚非拉国家签订的数以百计的经济贸易合作协定，普遍附加条款，声称“尊重人权”和“实行西方民主政治”是双方合作的基础。对这种变化过程，邓小平同志早有预见。1989年11月，邓小平同志在会见南方委员会主席、坦桑尼亚革命党主席尼雷尔时说:“我希望冷战结束，但现在我感到失望。可能是一个冷战结束了，另外两个冷战又已经开始。一个是针对整个南方、第三世界的，另一个是针对社会主义的。西方国家正在打一场没有硝烟的第三次世界大战。所谓没有硝烟，就是要社会主义国家和平演变。”[①] 从近几年国际形势发展看，中国在面对急剧变化的国际形势中，深感和发展中国家永远站在一起，不应是权宜之计，而应是长远的战略。中国和发展中国家在反对外来干涉方面总是相互支持相互同情的。在人权问题上更是密切配合，挫败西方一些国家以人权问

① 《邓小平文选》第3卷，人民出版社1993年版，第344页。

题干涉发展中国家内政的企图。中国和亚非拉发展中国家的关系不断发展，双方认识到，只有加强团结合作，才能维护发展中国家的共同利益。特别面对经济全球化的进展，亚非拉发展中国家都面临发展本国经济、提高本国人民生活水平的共同任务。面对多极化发展的形势，各国都谋求推行独立自主的对外政策，反对霸权主义、强权政治和外来干涉，争取一个和平环境，建设自己的国家。

加强南南合作

中国重视和发展中国家加强合作，在南北对话中，为维护南方的权益而斗争。在建立世界经济新秩序的过程中，中国主张加强南南合作。对于建立新型国际经济关系，江泽民主席在1993年11月访问巴西期间提出了四项主张：一、世界各国不分大小、贫富都应相互尊重，作为国际社会的平等成员参与处理国际经济事务，都应当根据平等互利的原则发展经贸关系；二、各国有权根据各自的国情独立自主地选择本国社会制度、经济模式和发展道路，各国有权对本国资源及其开发实行有效控制；三、加强南北对话和合作，在商品、贸易、资金、质量、货币、金融等重要经济领域做出必要的调整和改革。发达国家应当尊重和照顾发展中国家的利益，在提供援助时不附加经济政治条件；四、促进南南合作，加强发展中国家之间的磋商和交流，相互学习，互通有无，谋求共同发展。

近年来，南北对话始终停滞不前。1981年11月，邓小平同志对委内瑞拉总统说："现在南北悬殊，矛盾越来越大，总有一天会成为一个爆发点。"邓小平同志多次批评那种"越富越吝啬”的现象，指出建立国际经济新秩序“还有另外一条路可走，那就是走南南合作的道路。我们虽然穷，但穷国家之间的合作余地还是很大的，可以互取长处，总可以得到益处的。不能把我们的命运完全放在发达国家的恩赐上。这就要求我们自己努力……这样的相互合作多起来了，积累起来，就会发生质的变化，也就是全球的南南合作。”①

改革开放以来，我国和亚非拉发展中国家的经贸关系有了巨大发展。例如1997年，中国与非洲贸易额达56.7亿美元，比1979年的1.26亿美元增加44倍。中国在西亚北非地区的承包工作和劳务合作，以及石油和石化项目合作发展迅速。1997年双边贸易额达到97亿美元。中国和拉丁美洲国家的进出口贸易额也从1979年的12.6亿美元增加到1997年的83 .75亿美元。为了进一步发展和非洲国家的经济贸易关系，我国在80年代提出“平等互利，讲求实效，形式多样，共同发展”的四项原则。非洲是我国实施市场多元化战略过程中，重点开拓的一个新兴市场。为此1995年底开始，中国先后在埃及、几内亚、马里、科特迪瓦、喀麦隆、加蓬、赞比亚、莫桑比克、坦桑尼亚和尼日利亚等10个非洲国家建立“投资开发贸易中心”。现在10个中心已在1997年底陆续开业。1997年5月，李鹏总理访非时，和喀麦隆政府商定建立“喀麦隆—中国经济开发区”，该区坐落在工商业大城市杜阿拉市。

1995年，我国开始改革援外方式，争取援外资金的多样化，提高援助效益。这项改革的主要内容是推行政府贴息优惠贷款和援外项目实行合资合作等方式，以及对最不发达国家适

① 《邓小平外交思想论文集》，世界知识出版社1996年版，第244页。

当增加无偿援助比重等。几年来，在这方面取得了明显的进步。迄今，我国已同16个非洲国家签订了20笔贴息优惠贷款框架协议，总金额达21亿元人民币。

大国关系的深刻变化和相互政策的调整

江泽民同志在党的十五大报告中指出:“大国之间的关系经历着重大而深刻的调整。”1992年召开的十四大,报告中没有提及大国关系。时过五年,党的十五大报告首次提及大国关系,这表明近几年来,大国关系发生了引人注目的变化。各个大国纷纷调整自己的对外关系,大国首脑外交十分活跃,相互之间建立和谋求建立某种战略、伙伴、合作关系。

半个世纪以来,世界发生了巨大变化。第二次世界大战结束后,中国及其他一系列社会主义国家诞生。亚洲、非洲和拉丁美洲争取民族独立和自由的解放运动风起云涌、蓬勃发展。这是自有殖民地历史以来,被压迫国家和压迫国家之间一次最大的较量,最后以被压迫国家取得民族独立胜利而告终。与此同时,以美苏对抗为标志的冷战揭开了序幕,持续了近半个世纪。

90年代初以来,随着东欧剧变、苏联解体,世界发生了本世纪前所未有的深刻变化。直到现在国际社会还在承受着这次剧变的震撼、冲击和辐射影响。国际形势朝着缓和的方向发展,世界范围的剧烈震荡正在减弱。但世界仍然存在许多不稳定和不可捉摸的因素，划分势力范围、谋求领导地位和争取霸权的斗争时有起伏，今后国际形势仍将是复杂多变的。

在冷战时期，有相当多的国家，特别是广大的中小国家，受地缘政治的影响，高度重视国家安全。面对美苏在全球的争霸，世界分成两大阵营，稍一不慎，即将自己陷于大国利益冲突的漩涡，威胁到国家的生存。冷战结束后，一国受到外部威胁或者需要应付的外部问题，都在不同程度上得到缓解。因而，从整体上看，各国逐步趋于内向。在没有世界大战的情况下，人们日益认识到，任何一个国家的盛衰最终将取决于经济政策的成败，取决于如何充分利用有利于自己的条件，把握时机，迅速发展本国的经济。当前，世界已进入以经济为基础、科技为主导的综合国力竞争时代，各国纷纷将发展经济看作是头等大事。经济因素不仅在一国国内政治中作用上升，在国与国关系中的作用也在上升。随着越来越多国家走向开放和各国在推行市场经济方面取得更多的共识，国与国之间的经济依赖程度也在加深。在冷战期间，美苏之间的贸易占其贸易总额不到1%，现在大国之间，不仅美欧、美日、日欧之间保持密切的关系，相互间对外贸易额占很大的比重，中国和美、欧、日之间贸易额也迅猛增长，占中国对外贸易额近一半。多极化格局的发展，大国之间政治上相互牵制，经济上相互依赖不断加深。与迄今以来的历史相比，大国之间由于利害冲突、矛盾摩擦而爆发战争的可能性大大减少。现在各国更加重视本国利益，以国家集团、地区划线的做法越来越少。

近几年来，冷战思维残余，意识形态作用，继续在国与国之间关系中产生影响。军事因素作用在国际关系中，从冷战结束初期急剧下降后又有所回升。西方军事同盟正在努力重新界定它的作用。北约东扩和日美安保条约的新定义，再次将俄罗斯和中国视为西方的防范对象，加剧了大国之间猜疑和不信任感。大国力量的消长和政策调整，使得相互制约和竞争共存的倾向不断加强。由于相互关系仍然没有定位，大国相互关系不时动荡不定，有时甚至十分紧张。

在世界多极化格局形成的过程中，大国调整相互关系，是国际形势中最具有意义的变化。近年来，大国之间开展频繁的首脑外交，对缓解分歧、加强合作、形成相互牵制的局面产生积极的影响。1997年4月，江泽民主席访问俄罗斯，和俄罗斯总统叶利钦就世界多极化和建立国际新秩序发表联合声明，重申共同建设“面向21世纪的战略协作伙伴关系”。同年5月，法国总统希拉克访华，中法宣布建立“面向21世纪的全面伙伴关系”。1997年，江泽民主席访问美国于10月29日发表中美联合声明强调：“中美两国通过增进合作，对付国际上的挑战，促进世界和平与发展，共同致力于建立中美建设性战略伙伴关系。”1998年6月，美国总统克林顿访华，和江泽民主席举行首脑会谈。双方一致同意，进一步改善两国关系，加强两国在各个领域的合作，共同为21世纪的和平与发展做出贡献。中日两国关系有了进一步发展，双方都主张消除发展两国关系中的消极因素，建立面向21世纪的友好合作关系。1997年11月，日本首相桥本龙太郎在和俄罗斯总统叶利钦非正式首脑会晤时，欣然接受叶利钦提出的争取在2000年前缔结和约的建议。此前7月桥本龙太郎在经济同友会发表演说中，阐明了日本对俄关系“信赖、互利和着眼长远”的三原则。1998年4月，叶利钦访日，和桥本龙太郎达成协议，力争在2000年之前缔结和平条约，并成立缔结和平条约问题联合委员会副部长级小组，着手筹备工作。1992年2月1日，美国总统布什和俄罗斯总统叶利钦签署的《关于两国关系的戴维营声明》称，美俄两国“不要彼此视为潜在敌人”，今后两国关系将是“友谊和伙伴关系”。同年6月17日，美俄总统又签署《美俄伙伴和友好关系宪章》，双方表示，“美俄关系开始以相互信任和尊重为基础，发展伙伴和友好关系”。1994年1月12日，美国总统克林顿访问莫斯科，与叶利钦又签署了《莫斯科宣言》，提出，两国关系已进入“以平等互利和相互承认国家利益”为基础的“成熟的战略伙伴关系的新阶段”。德俄两国则建立特殊伙伴关系。俄德法三国首脑还建立相互磋商机制。大国首脑之间频繁交往，谋求建立不同形式的伙伴合作关系。这表明，各大国在即将到来的21世纪中，在逐步走向多极化的世界格局中，争取使自己处于最有利的地位。

大国相互调整关系的特点

当前大国相互调整关系，有利于国际形势走向相对稳定。大国关系调整的基本取向是相互重视寻求利益汇合点，避免形成正面对抗。大国关系逐步向机制化方向发展，具有几个重要特点：一、每个大国都在力争和其他大国发展关系，争取有利的地位；大国之间相互建立和致力于建立战略伙伴关系，确定相互关系的基本原则，谋求建立走向21世纪的新型关系。二、一种是建立不对抗、不结盟、不针对第三者的友好合作关系；另一种是坚持冷战思维，为防范第三国，加强军事同盟关系。三、与冷战时期不同，各大国在制定政府政策时，不再公开将对方视为敌人，只是有时仍视为潜在的威胁；现在很少有国家会将自己的对手公开地说成敌人。当然有的国家是出于战略考虑，不愿意点出自己的敌人，也有的则是一时难以判断谁是真正的敌人。如果观察美国这几年的政策调整，可以看出类似的倾向。多年以来，美国的安全政策报告往往将世界各国分成几类：一类是盟国，如欧洲国家、日本和韩国等；二类是它的朋友，如东盟；三类是非敌非友，这就是中国、俄罗斯和越南等；四类则被美国看作是“无赖的国家”，属这类国家的有伊拉克、伊朗、古巴和利比亚等。四、大国之间存在利益之争，有着不同的战略，在不同的时间、不同的问题上会形成不同的力量组合，相互之间的矛盾与摩擦难以避免，甚至会发展到十分激烈的地步。例如在1998年发生的伊拉克武器核查危机中，中国、俄罗斯和法国的主张大体相近。当时海湾地区美英军舰、飞机密布，战争几乎处于一触即发的危急状态。中俄法三国相互配合，促成联合国秘书长安南访问巴格达，斡旋于联合国安理会五个常任理事国和伊拉克之间，终于在最后时刻阻止了美国动武。在印度和巴基斯坦核试验危机中，联合国安理会五个常任理事国共同处理这一危机，谴责印度破坏国际和平与稳定。五、任何两个大国关系的改善和发展可能对其他大国产生影响，推动大国之间积极发展相互关系，产生良性互动效应。相互防范与制约、相互依存和合作是大国关系的基本内涵。各大国出于共同利益的考虑，重视加强合作与协调，改善和发展关系。这反映出今后大国关系发展的主流。但人们也不应忽视，由于大国之间存在利害冲突，处理不好，矛盾有加剧的可能，今后相互关系仍将起伏不定、时好时坏。

邓小平同志高度重视发展和大国的关系，他曾说过，“中国的对外政策是独立自主的，是真正的不结盟。中国不打美国牌，也不打苏联牌，中国也不允许别人打中国牌。”[①] 中国“不

---

① 《邓小平文选》第3卷，人民出版社1993年版，第57页。

参加任何集团。同谁都来往，同谁都交朋友，谁搞霸权主义我们就反对谁，谁侵略别人我们就反对谁”。[①] 近年来，中国同美国、俄罗斯、欧洲联盟和日本等国建立了或正在致力于建立面向下一个世纪的新型关系，这对推动我国与各大国的关系朝着稳定的方向发展、争取有利的国际和平环境非常有利。

起伏不定的中美关系

五六十年代，美国敌视中国，千方百计围堵、封锁和孤立中国。1950年，美国派兵进驻我国台湾，派第七舰队在台湾海峡巡弋。美国先后在我国周边进行了第二次世界大战后规模最大的朝鲜战争和越南战争；拒绝承认中华人民共和国，顽固阻挠中国恢复在联合国的合法席位。1955年4月，在印度尼西亚万隆举行的亚非会议上，周恩来总理针对一些与会代表对中美关系的关切，用三句话表明了中国的原则立场。这就是：中国人民同美国人民是友好的。中国人民不要同美国打仗。中国政府愿意同美国政府坐下来谈判，讨论和缓远东紧张局势的问题，特别是和缓台湾地区的紧张局势问题。[②] 万隆会议之后的第二年，美国迫不得已和中国开始在华沙举行大使级谈判。谈判历时15年，多达136次，在现代外交史上是空前的。在这期间，中美之间虽然保持一条细小的渠道，但两国关系总体上处于隔绝状态。

直到70年代，美国在与苏联的全球争霸中逐步退为守势，

---

① 《邓小平文选》第3卷，人民出版社1993年版，第162页。

② 《周恩来外交文选》，中央文献出版社1990年版，第134页。

在越南投入了50余万大军，出动空军猛轰乱炸，仍取胜无望。而中国此时和苏联的关系急剧恶化，特别是1968年珍宝岛事件后，意识到威胁中国安全的是在全世界正在采取攻势的苏联。中美双方从70年代开始相互接近。美国总统国家安全事务助理基辛格和总统尼克松相继访华，中美签署了著名的“上海公报”，但是双方只是达成协议，互在对方首都设立联络处。直到卡特担任总统后，中美两国才正式建交。卡特总统公开表示：“一个安全和强大的中国符合美国利益”，“要在当前世界面临的各种问题上同中国合作”，强调“没有什么事态发展比实现中美关系正常化更具有重大的意义”。经过双方谈判，卡特政府接受了中国提出的“断交、废约和撤军”建交三原则，中美两国终于在1979年1月1日正式建交。不久，邓小平副总理应卡特总统邀请访问美国，中美关系从此进入了一个新的阶段。但是，美国政府又于1979年4月签署了违反中美建交公报原则、干涉中国内政的《与台湾关系法》，并在1980年向台湾大量出售武器。后来美国甚至向台出售先进的F-X战斗机。对此中国一开始就提出严重抗议，中美关系一度面临降格或破裂的边缘。中美经过长达10个月的艰苦谈判，终于在1982年达成了关于美售台武器的“八·一七公报”，避免了一场中美关系严重危机。这份公报的第六条称：“美国政府声明，它不寻求执行一项长期向台湾出售武器的政策，它向台湾出售的武器在性能和数量上将不超过中美建交后近几年供应的水平，它准备逐步减少它对台湾的武器出售，并经过一段时间导致最后的解决。”自从1972年尼克松访华以来，中美双方先后签署的“上海公报”、“中美建交公报”和“八·一七公报”等三个公报，构成了中美关系的政治基础。在这期间，中美关系虽不断出现摩擦和矛盾，但从总体上来看，通过频繁的高层互访，政治、经济、文化、科技和军事等领域的合作取得进展，中美关系的发展相对而言较为平稳。

中美关系在冷战结束后，更是经历了起伏不定的曲折变化。80年代末90年代初，东欧剧变、苏联解体后，美国朝野认为中国将和苏联、东欧国家一样发生变化，中国国内政局将动荡不已，甚至发生大乱，最终导致中国的垮台。美国在1989年北京发生政治风波后，带头对中国实施制裁，从1989年到1992年对中国实行的是以压促变的方针。美国总统克林顿在上台之前，猛烈攻击布什总统对华政策，上台之后，先是在1993年5月18日首次把人权问题正式同给予中国最惠国待遇挂钩，以显示他有别于布什。而一年以后的1994年5月，克林顿又做出延长1995年对华最惠国待遇，并将其同人权问题脱钩的决定。这表明，克林顿政府正在逐步调整对华政策。但是克林顿政府仍不断地向中国施加压力。中国对美国的压力，始终坚持原则，坚持斗争，在涉及主权独立问题时，决不妥协，坚决反对美国对我国内政的干涉。1992年底，江泽民同志在会见来访的美国众议员和参议员时，就强调中国希望同美国“增加信任，减少麻烦，发展合作，不搞对抗”。但是由于美国朝野在冷战后，对美中两国是否仍然具有合作的战略基础产生怀疑，矛盾仍时有发生。1992年之后，特别是邓小平同志南方谈话之后，美国日益认识到中国政治继续保持稳定，经济发展速度越来越快。90年代中期，美国商业部提出世界有十大新兴市场，将中国列为第一大新兴市场。可是，美国又有人认为中国照这样的速度发展下去，到2020年，中国将超过美国成为第一经济大国。一个强大的中国是否会威胁美国的利益呢？美国的舆论认为一个新兴的大国总是要打破现有力量的平衡，还举例说，德国、日本的兴起，发动了第二次世界大战。在这一个时期内，美国舆论一再渲染“中国威胁论”。美国国内有些人更是将中国看作敌人。与此同时，美国内的一些有识之士，对这种舆论提出不同看法。到1997年上半年，两种不同意见的辩论达到了高潮。争论的结果使美国朝野两党，至少是政府部门认识到公开遏制中国是不利于美国的，美中之间存在着不少共同利益。近几年来，中国和美国围绕台湾、人权、最惠国待遇、知识产权等问题进行了激烈的斗争。特别是1992年美国向台湾出售150架F-16战斗机，1995年允许台湾当局领导人李登辉以所谓“私人身份”访美，并在我国进行导弹发射训练和军事演习期间，向台湾海峡水域派遣航空母舰，对中美关系造成严重破坏。中国对此做出强烈反应，中美关系几度陷入低潮。这极大地震动了美国朝野，并推动美国朝野在对华政策方面逐步达成基本共识，这些共识是：一、中国的兴起，是势不可挡的；如果将中国看成美国未来的敌人，那么，中国今天就有可能成为美国的敌人；二、在涉及不少重大国际问题上，没有中国的合作与参与，是不可能获得解决的；三、美国要遏制中国，其他国家未必跟着走；四、美国要争夺中国这最有实力的市场，如果美国不争，其他国家就会来占领这个市场。所有这些方面，促成了美国调整对华政策。

1997年10月，江泽民主席应邀对美国进行国事访问，取得了重大成果，发表了《中美联合声明》。通过这次访问，双方确定了共同努力致力于建立中美建设性战略伙伴关系；建立中美两国之间定期互访和高级官员定期磋商的机制；促进中美经贸、科技、环保、能源、司法和军事等领域的交流和合作。这次访问为面向21世纪中美关系的发展确立了框架和方向，达到了增进了解、扩大共识、发展合作、共创未来的目的。江泽民主席访美后，两国领导人在华盛顿达到的共识正在逐步落实，两国在各个领域的交流和合作取得了新的进展。同时，两国在促进朝鲜半岛的和平与稳定、缓解亚洲金融危机和南亚由于印度率先进行核试验引起的紧张局势等一系列重大国际问题上进行了磋商和合作。美国总统克林顿应邀于1998年6月底对我国进行了国事访问。双方通过会谈，原来就中美关系和重大的国际和地区问题达成的共识得到进一步发展。两国领导人决定，中美不把各自控制的战略核武器瞄准对方，这向全世界表明，中美两国是合作伙伴，而不是对手。双方一致认为，中美两国应加强合作，为维护朝鲜半岛的和平、促进南亚地区的稳定，做出共同努力。中美两国还将共同努力，推动亚洲地区恢复经济增长，避免发生新一轮破坏稳定的货币贬值。中美两国元首在不到一年时间内进行的互访中都谈到了中美关系中最主要、最敏感的核心问题——台湾问题。恪守中美三个联合公报的原则，妥善处理台湾问题，是中美关系健康、稳定发展的关键。江泽民主席在中美两国元首互访中一再重申了中国在台湾问题的原则立场。克林顿总统在上海重申美国坚持一个中国的政策，遵守中美三个联合公报的原则，不支持台湾独立，不支持“一中一台”、“两个中国”，不支持台湾加入任何必须是主权国家才能加入的国际组织。这是美国总统在台湾问题上首次公开重申“三不”承诺。此前，美国高级官员如国务卿曾公开做出这种承诺，但这次是美国总统在台湾问题上首次公开重申“三不”承诺。

与中美三个联合公报相比，显然美国的“承诺”对处理台湾问题有了相当意义的进展。1972年2月28日，美国总统尼克松访华后，中美双方发表的联合公报称：美国认识到，在台湾海峡两边的所有中国人都认为只有一个中国，台湾是中国的一部分。美国政府对这一立场不提出异议。时过近七年后，中美两国才于1979年1月1日发表建交联合公报。公报中，美国“承认中华人民共和国政府是中国的唯一合法政府”，“承认中国的立场，即只有一个中国。台湾是中国的一部分。”1982年8月17日，中美两国发表的联合公报再次重申上述立场，并且强调，美国政府非常重视它与中国的关系，并重申，它无意侵犯中国的主权和领土完整，无意干涉中国的内政，也无意执行“两个中国”或“一中一台”。

双边贸易迅速发展，成为推动中美关系发展的积极因素。中国作为世界最大的发展中国家，美国作为世界最大的发达国家，在经济全球化迅猛发展的过程中，突出显示双方经济的巨大互补性和相互的需要性。特别是自90年代以来，中美政治关系由于美售台武器和李登辉访美陷入低潮时，双方经济却保持了发展的强劲势头。按照中方统计，中美建交以来，双边贸易额以年均20%的速度向前发展，已从1979年的24亿美元增加到1997年的489.9亿美元，增加20倍。美国已成为中国的第二大贸易伙伴，而中国已是美国的第四大贸易伙伴。截至1997年底，美商在华投资项目累计达2.44万个，协议金额400亿美元，实际投入174.8亿美元，除香港和台湾地区外，美在华投资仅次于日本，居第二位。

从盟国、对峙到稳定发展的中俄关系

1949年春夏之交，毛泽东主席根据中国的历史和第二次世界大战后形成的国际环境做出“一边倒”的决策。从50年代到60年代，中苏结盟，共同和美国对抗。60年代中期，中苏关系破裂，两党意识形态分歧加剧，两国之间控制与反控制斗争不断升级，中国为了维护国家主权独立，坚决反对苏联的霸权主义和大国沙文主义。1969年3月和8月，中苏边境发生两次严重的武装冲突，两国关系从紧张到走向全面对峙。苏联在中苏边境和蒙古驻军百万，支持越南入侵柬埔寨，武装占领阿富汗，对我国安全构成了严重的威胁。面对这一严峻的形势，毛泽东主席提出的“一条线”战略设想，尽可能团结更多的国家反对苏联霸权主义。

美苏在战后经历了美攻苏守、苏攻美守阶段，从互有攻守，到80年代逐步进入战略僵持阶段。此时，里根入主白宫，中美两国围绕着台湾等一系列问题的斗争十分尖锐。美国对华关系出现了倒退，而苏联却开始出现谋求和中国改善关系的兆头。邓小平同志审时度势，及时调整了对苏联的政策。根据独立自主的对外政策，我们改善了同美国的关系，也改善了同苏联的关系。1982年，中美关于台湾问题和美国售台武器的《八·一七公报》签订后，我立即向苏联表示，中国领导人关心中苏关系的改善，建议双方就消除两国关系中存在的障碍进行谈判。中苏两国从1982年10月开始派特使就消除中苏边境驻军、苏联支持越南入侵柬埔寨、侵占阿富汗这三大障碍进行磋商。此次磋商共历时8年，进行了12轮。1989年5月，苏联领导人戈尔巴乔夫访华，邓小平同志在会晤时表示，中苏关系已经走上“结束过去，开辟未来”的道路，标志着中苏关系开始实现正常化。

1991年底苏联解体，中国政府旋即于12月27日宣布承认俄罗斯政府，支持俄作为苏联的继承国，保持其原在联合国安理会的席位。中国和俄罗斯及时建立新的国家关系，保证了从中苏关系到中俄关系的平稳过渡。

1. 中俄政治关系良好，两国领导人保持密切的接触。两国总理举行定期会晤，高级别和多层次的交往络绎不断。两国建立“热线”联系，成立跨世纪民间友好机构“中俄友好发展委员会”及国际磋商制度等。近几年来，两国首脑保持经常会晤，取得巨大成果，显示两国关系正在迅速、不断的发展之中。1992年12月，俄罗斯总统叶利钦首次正式访问中国，中俄双方同意在和平共处五项原则的基础上发展睦邻友好和互利合作关系。1994年9月，江泽民主席应邀访问俄罗斯，中俄双方签署的《联合声明》确认两国具有新型的建设性伙伴关系。1996年4月，叶利钦总统第二次正式访华，又将这一关系升格为面向21世纪的平等信任的战略协作伙伴关系。1997年4月，江泽民主席访问俄罗斯，两国领导人发表了《关于世界多极化和建立国际新秩序的联合声明》，阐明世界多极化趋势在加速发展，和平与合作力量进一步增长，建立公正合理的国际新秩序已成为时代的迫切要求。

2. 中俄两国从过去结盟到对抗的历史中，认真总结经验教训，认为社会制度和意识形态的异同不能决定国家之间的关系好坏，双方坚持不干涉内政的原则，尊重对方人民选择的发展道路。在冷战结束后，中俄谋求建立的是一种新型国家关系。两国建立的战略协作伙伴关系并不是结盟的关系；中俄两国相互之间不对抗，也无意和第三国进行对抗；中俄发展友好关系不是针对第三国的。两国将永远做好邻居、好伙伴和好朋友。1997年4月，江泽民主席应邀访问俄罗斯，两国发表《中俄联合声明》，着重阐明冷战结束，两极体制消失后国与国的关系应是“要相互尊重与平等互利，不要霸权主义和强权政治；要对话与合作，不要对抗与冲突”。中俄反对冷战思维，要求确立具有普遍意义的安全观，“反对集团政治，必须以和平方式解决国家之间的分歧或争端，不诉诸武力或以武力相威胁，以对话协商促进建立相互了解和信任，通过双边、多边协调合作寻求和平与安全”。

3. 通过近年来中俄两国关系的改善和发展，两国历史上遗留的边界问题得到解决，两国在边界裁减军队，建立新型信任关系。

在中苏关系恶化后，边界问题成为中苏长期对峙的重要因素。始于1964年的中苏边界谈判和1969年重新开始的边界谈判始终没有取得成果。直到1991年5月，谈判取得突破，签订了《中苏国界东段协定》，解决了东段97%的边界面积。俄罗斯独立后，保证继续履行原苏联和我国签订协定的义务，并于1992年3月互换了东段协定批准书。此后，两国立即着手解决西段边界问题，通过谈判，达成协议。在1994年9月，江泽民主席访俄期间，签署了《中俄国界西段协定》。叶利钦总统在欢迎江泽民主席的宴会上讲话高度评价这一协定“具有历史意义”，“是俄中历史上第一次用法律形式固定了几乎全部的两国边界”。

1997年11月，叶利钦总统再次访华，两国领导人宣布中俄东段勘界立标工作全部结束。在中俄两国解决了长达4300公里的边界问题的同时，两国进一步作出努力，致力于建立相互信任的安全机制。“在边境地区相互裁减军事力量和加强军事领域信任的谈判”，在苏联解体以后，中国继续和俄罗斯、哈萨克斯坦、吉尔吉斯斯坦、塔吉克斯坦进行谈判。经过两轮谈判，历时七年终于达成了两项协议：一是1996年4月在上海由五国领导人签署的在边境地区加强军事领域信任的协定。二是1997年4月在莫斯科由五国领导人签署的在边境地区相互裁减军事力量的协定。这对加强相互信任、维护地区和平与稳定发挥了重要作用。

4. 中俄具有地缘和经济互补性的优势，潜力巨大，前景广阔。两国都高度重视发展双方的贸易和加强经济合作。1992年两国互相提供对方最惠国待遇。根据中国官方统计，由中苏时期的最高贸易额是39.04亿美元，到中俄时期的1992年激增到58. 62亿美元，1993年达到了76.8亿美元。1994年，由于种种原因，下降到50.8亿美元。1997年两国双边贸易为61.2亿美元，我国在俄对外贸易中占第5位，俄在我国对外贸易中占第8位。

中俄两国关系近年来在政治、经济、文化、科技等各个领域均有了迅速的发展。重要的原因在于两国都能汲取历史的经验教训，在国与国的关系、淡化意识形态的作用等方面，都关心对方国家的稳定与发展又不干预对方的内部事务。两国为了推行改革开放政策，发展本国经济，争取周边地区成为和平稳定的环境。两国通过频繁的高层外交，建立了面向21世纪的战略协作伙伴关系。从两国战略和国家利益、以和平共处五项原则为基础，建立不结盟、不对抗、不针对第三国的新型国家关系，为发展两国长期友好合作关系奠定了基础。

历经波折，逐步发展的中欧关系

新中国成立之后，最先和中国在1950年初建交的西欧资本主义国家是瑞典、丹麦、瑞士和芬兰。挪威1950年1月7日即已承认中国，但是同年1月13日在联合国安理会讨论不承认国民党代表出席安理会的资格议案时，挪威投了弃权票。中挪建交问题就此被搁置下来，直到挪威在联合国明确支持恢复中国合法席位后，中挪才于1954年10月建交。1950年初就已提出建交要求的英、荷均由于不能明确支持恢复中国联合国合法地位等问题，只能在1954年先后互换代办。中法两国早在1958年就有建交的愿望，但因法国有人要求中国停止对阿尔及利亚独立斗争的支持，遭到中国的拒绝而没有实现。法国最后于1964年和中国建交，是西欧大国中和中国建交最早的国家。同年，中国先后同意大利和奥地利达成协议，互设贸易机构。中国在和西欧国家谈判建交时，始终坚持主权独立的原则，决不接受“两个中国”的做法，也不会以被压迫民族的根本利益去交易。

一些西欧国家在对待中国的问题上，不同程度地追随美国的政策，同时又对美国和苏联推行霸权主义强权政治不满。毛泽东同志将西欧国家看作是介于第一世界和第三世界的中间地带的第二世界。1960年，他对来访的英国蒙哥马利元帅表示：“我们不感到英法是个威胁，我们希望英法强大起来。”1964年1月，毛泽东主席对访华的法国议员团说：“不管资本主义大国也好，社会主义大国也好，谁要控制我们，反对我们，我们是不允许的。”中国和西欧国家的建交过程充分反映了中国和西欧相互关系的基本特点，这就是双方都没有建立关系，但发展关系符合彼此的利益。同时，一些西欧国家在对待台湾问题上，经常受到美国的牵制，因而没有迅速和中国建交。到70年代，中国和西欧各国都有加强经济贸易关系的愿望，同时由于中美双方逐步接近，联合国已恢复我合法席位，西欧国家遂逐一和中国建交。至70年代末，除安道尔等三四个国家外，中国已同所有西欧国家及欧洲共同体建立了外交关系。

70年代末到80年代末，是中国和西欧国家关系平稳发展的十年，高层互访频繁，在政治、经济、文化、科技交流方面都有了迅速的发展。在这期间，我国根据“一国两制”的方针，分别与英国和葡萄牙进行谈判，就恢复对香港和澳门行使主权事宜达成了原则协议。

1989年后，西欧一些国家和美国一起，对中国进行制裁，推迟和中止高层互访，摩擦增加，合作受挫，双边关系一度陷于低潮。但在联合国等多边活动中，仍然保持年度的中国和欧洲共同体三驾马车的对话。在此情况下，某些欧共体成员国企图加以利用，挑起分歧，更多的成员国则希望通过对话缓和双方的关系。西班牙外交大臣奥多维斯就是通过这个场合和我国钱其琛副总理兼外长进行友好接触，于1990年11月访华，成为欧共体宣布取消和中国高级互访后访华的第一位西欧国家外长。1991年9月，英国首相梅杰、意大利总理安德烈奥蒂相继访华。1992年，李鹏总理访问意大利、瑞士、葡萄牙和西班牙，使双方关系基本实现了正常化。1994年江泽民主席访问法国，第一次突破了欧盟对我国的禁令。同年年底，欧盟取消对国家元首互访和军事往来的限制措施。此后，双方高层往来逐年增多，各级政治磋商保持不断深入的趋势。中法决定建立面向21世纪的全面伙伴关系，中德关系保持稳定发展的势头，中英关系在香港问题解决后有了加强。欧盟实力地位不断增强，成为推动世界多极化发展的重要力量。在当今急剧变化的国际形势下，各个大国正在发展相互关系，谋求对自己最有利的地位。中国和欧盟均是世界的重要力量，相互加强关系，有利于平衡大国之间的相互关系。与此同时，我国与西欧中小国家的关系正在深入发展。中国和欧盟出于战略、政治和经济的需要，都认识到，发展双方关系具有巨大的潜力。

中国一向重视西欧国家在世界上的重要地位，支持西欧的联合，认为从欧洲共同体发展到欧盟，实现欧洲国家的一体化，是世界上重要的一极。中国支持欧盟1999年1月1日建立货币联盟和启动欧元，并认为欧洲建立统一的货币，将加强欧盟的竞争地位，也将对世界经济的稳定产生积极的影响。江泽民同志1994年访问法国期间阐述了中国发展同西欧关系的四项原则：一、面向21世纪，努力发展稳定的友好合作关系；二、相互尊重，求同存异；三、互补互利，促进共同发展；四、加强在国际事务中的磋商与合作。西欧国家和我国打交道已近半个世纪，对中国维护世界和平与稳定的作用给予积极的评价。冷战结束后，欧洲国家和中国的关系经历了起伏不定的阶段后，逐步趋向于稳定。近几年来，欧盟不断调整对华政策，1994年制定亚洲新战略，进一步重视开发亚洲市场，并将中国确定为这一新战略的重点，同我国强化了政治磋商机制。1995年欧盟公布《欧盟—中国关系长期政策》报告，提出要与中国“全面发展政治、经济和贸易关系”，强调对华关系“应成为欧盟与亚洲和世界其他地区发展的一块基石”。这是欧盟制定的第一个长期对华政策文件，表明它重视中国的国际地位和作用，要求在各个领域同我加强合作与对话。1996年，欧盟又提出《欧盟对华合作新战略》，强调对华政策的“全面性、长期性和独立性”，确定了合作优先领域。1998年上半年，欧盟进一步修订对华长期政策，提出同我建立全面伙伴关系，将中欧关系提升到与美、俄、日等大国关系同等重要的地位。同年4月，在伦敦召开的第二届亚欧会议前一天，根据欧盟的建议中国总理朱镕基同欧盟主席国英国首相布莱尔和欧盟委员会主席桑特举行中国—欧盟领导人首次会晤。会后，发表了《中国—欧盟领导人会晤联合声明》，表示要建立面向21世纪的健康稳定的建设性伙伴关系和领导人年度会晤机制。

中国和欧盟各国，在贸易上互补性较强。近年来，经济合作和贸易往来有了明显的进展。在我国对外贸易中，欧盟和日本、美国是我国三大重要的贸易伙伴，据统计，1997年我国对外贸易总额为3251亿美元，其中欧盟和我国贸易额达430亿美元，占13.2%，仅次于日本和美国（香港不计算在内），位居第三。据统计，中国和欧盟各国的双边贸易额在1980年仅39.4亿美元，近二十年来，双边贸易发展迅速。特别是近五年，中国和欧盟的贸易增长更是飞快。1992年双边贸易额仅为188.4亿美元，到1997年底为430亿美元，增长率达到128%。在欧盟各国中，德国是中国最大的贸易伙伴。据统计，中德贸易额从1992年的64. 71亿美元，增加到1997年126.7亿美元，占我国和欧盟各国贸易总额的29%。1997年与英国的贸易额为57.9亿美元，占对欧盟贸易比重的13.5%，与法国的贸易额为55.7亿美元，占对欧盟比重的13%。1998年我国受东亚金融危机影响，和日本、韩国、东南亚国家的贸易锐减，而和欧盟的贸易却有可喜的进展。1998年上半年，我国和欧盟的双边贸易额增长17.5%，达到215.4亿美元，占我国对外贸易总额可上升到14.23%。中国和欧盟各国在经济领域合作不断扩大。近年来欧盟各国逐步消除顾虑，大幅度增加对中国的投资。截止1997年底，欧盟在华投资项目为8358个，协议金额为315.4亿美元，实际投入金额为131.10亿美元，占我国引进外资的5.91%，欧盟在中国投资仅次于日本和美国位居第三。在欧盟各国中，英国、德国和法国占前三名。欧盟各国对华提供的政府贷款累计为128.08亿美元，占外国政府和官方金融组织向中国提供贷款总额的41.9%，其中德国、法国和英国占前三名。我国从欧盟各国引进的技术达6864项，合同总金额为380亿美元。欧盟在华投资和我国从欧盟引进的技术分布甚广，主要在能源、汽车、通讯、航空、医药、环保、农业和食品加工等领域。

我国和西欧国家围绕台湾、西藏、香港和人权等问题的斗争，构成发展双方关系的消极因素。特别在人权问题上，自从

1990年以来西欧国家和美国五次联合搞反华提案，次次都遭到失败。自1997年起，法国和德国等五个欧盟国家决定不再在日内瓦联合国人权会议上和美国一起搞反华提案。1998年欧盟作为整体不仅在人权会议上不提出也不联署涉华提案，使美国成为孤家寡人，不得不宣布放弃与我对抗的政策。在西藏问题上，仍然不时成为影响开展双边关系的消极因素。1996年德国议会通过干涉中国内政的“西藏决议案”，导致中德关系的恶化。在台湾问题上，一些西方大国企图利用这一问题对我进行战略牵制，而西欧一些国家则更多地希冀和台湾发展关系，捞取经济实惠。荷兰和法国都因售台武器造成过与我国双方关系的倒退。在香港问题上过去在很大程度上是与英国争斗，影响双边关系。经济上，欧盟推行反倾销法和各种形式的贸易保护主义也是引起双边摩擦的一个重要原因。

中日关系的发展与障碍

中国始终重视对日本的关系，主张和“一衣带水”的日本发展睦邻友好关系。

1894—1895年日本发动侵略中国的甲午战争后，一再觊觎中国，从侵占中国东北直到发动全面侵华战争。直到1945年日本战败，持续50年的日本侵华战争，构成中日关系中阴暗的一面，始终影响中日关系的发展。周恩来同志曾经说过：“对日本既要正视50年，但也要考虑两千年。从甲午战争算起，日本侵略我们达50年，中国受到了无可估计的损害。但日本和我国是一衣带水的近邻，从唐汉以来就有悠久的友好交往，日本人从人生哲学、经济、文化，到生活习惯，和中国有切割不断的联系。所以在当前情况下，和日本打交道，太迁就不行，太勉强也不行。太迁就它，中国老百姓不答应，太勉强了，日本政府也办不到”。[①] 因此，周恩来同志提出了“瞩前顾后，日积月累，水到渠成”的方针，就是先从文化、体育、贸易做起，开辟和扩大各种民间渠道，广交朋友，以民促官，汇细流成江河，一旦瓜熟蒂落，争取在和平共处五项原则的基础上，达到建交的目的。第二次世界大战后，日本追随美国采取了敌视孤立中国的政策，但日本广大人民、政界有识之士和经济界人士致力发展中日友好关系，积极推动中日经济贸易。这期间，日本政府对发展与中国关系的态度时好时坏。直到1964年，中日双方终于就互设贸易代表机构问题达成协议。在日本设立“廖承志办事处驻东京联络事务所”，在中国设立“高崎办事处驻北京联络事务所”。50年代和60年代的中日“民间外交”，为两国关系正常化打下了基础。1971年，美国对华政策发生重大变化，联合国也恢复了中国的合法席位。日本各界人民谴责日本佐藤政府继续奉行敌视中国的政策，要求实现中日关系正常化的呼声日益高涨。中国提出了中日复交三原则：一、中华人民共和国政府是代表中国的唯一合法政府；二、台湾是中华人民共和国领土不可分割的一部分；三、日台条约是非法的、无效的，应予废除。1971年12月，中日两国联络事务所发表会谈公报，日本代表对中国代表提出的复交三原则完全同意。1972年7月佐藤荣作首相下台，继任的田中角荣首相于9月25日访华，周恩来总理和田中角荣首相于9月29日签署两国政府联合声明，实现了邦交正常化。1978年8月，两国又签署了《中日和平友

---

① 夏衍：《永远难忘的教诲》，《研究周恩来——外交思想与实践》，世界知识出版社1989年版，第22—23页。

好条约》，双方决心在和平共处五项原则的基础上，发展两国间持久的和平友好关系。

1978年10月，邓小平副总理访日，参加了中日两国互换《中日和平友好条约》批准书仪式。这是中华人民共和国成立以来我国领导人对日本的首次访问，邓小平副总理强调这次缔结了条约，从政治上进一步肯定了两国友好关系。《中日和平友好条约》是1972年中日两国联合声明和中日邦交正常化的继续和发展，它为两国的睦邻友好关系奠定了更加稳固的基础。近20年来，两国领导人互访频繁，有力地增进了双方了解，加强友好合作关系。冷战结束以后，国际形势发生了重大的变化。1989年北京发生风波后，日本也参加了西方国家制裁中国的“大合唱”。但同时日本又表明，它不同于其他西方国家，不能孤立中国，首先恢复了对华援助和实现高层互访。在1992年中日邦交正常化20周年之际，江泽民主席4月访日，日本天皇和皇后10月访华，形成中日高层互访的高潮。江泽民同志向来访的日本天皇表示：“中日关系一要以史为鉴，二要向前看，三要世世代代好下去。”日本天皇赞同这一意见。

中国重视和包括日本在内的周边国家发展睦邻友好关系。党的十二大报告指出：“日本是中国的近邻，中日两国人民自古以来就有密切的交往与深厚的友谊。近百年来，日本军国主义一再对中国发动侵略战争，给中国人民造成了深重灾难，日本人民也深受其害。”“中日两国发展和平友好、平等互利、长期稳定的关系，符合两国人民长远利益，有利于亚洲和太平洋地区的和平与稳定。”

1997年在中日邦交正常化25周年之际，日本桥本首相访华，中国李鹏总理访日，取得成功。双方共同确认，要在严格遵循中日联合声明和中日和平友好条约的原则基础上，面向21

世纪建立长期稳定的睦邻友好关系，实现两国世世代代友好的目标。李鹏总理访日时提出了指导两国关系的五项基本原则：相互尊重，互不干涉内政；求同存异，妥善处理分歧；加强对话，增进互相了解；互利互惠，发展经济合作；面向未来，实现世代友好。进入90年代，中日关系一方面取得了很大进展，另一方面围绕着日美安保条约再定义、台湾问题、对历史问题的认识、钓鱼岛问题以及中国的核试验等等，中日关系风波迭起，争执不断。1995年是中国抗日战争胜利50周年，这一年5月日本首相村山富市访华，作为第一位日本首相参观了1937年日本发动全面侵华战争的卢沟桥，亲笔写了“正视历史，祈日中友好，永久和平”的留言。同年8月村山富市首相对日本的战争问题表示：“我国在不远过去的一个时期，因国策错误，走上战争道路，使国民陷入存亡的危机，因殖民地统治和侵略而给许多国家，特别是给亚洲各国造成巨大的损失与痛苦”，“在此重表痛切的反省之意，表达由衷的道歉之情”。

1996年11月，江泽民主席和桥本首相借在马尼拉出席亚太经合组织非正式首脑会议的机会进行了会晤。桥本首相明确表示：“日本政府承认过去历史上的殖民统治和侵略中国给中国和亚洲各国带来的深重灾难，对此表示深刻的反省和诚恳的道歉。”“我们还明确不允许日本国内复活军国主义，日本要在真诚反省、增加相互信任的基础上发展日中面向未来的友好关系。”他声明：“台湾问题应由海峡两岸协商和平解决，我们反对‘两个中国’，当然也不支持‘台独’。日本不与台湾发生官方关系。政府应在《日中联合声明》和《日本和平友好条约》的基础上妥善处理台湾问题。”对于钓鱼岛问题，桥本首相强调：“日本方面不希望由于双方的分歧而影响两国友好关系的发展。日本政府将进一步研究并采取必要的措施，防止再次发生引起两国关系紧张的事端。"

中日两国是近邻，双方经济互补性很强，中日经济贸易发展十分迅速，每年平均几乎以20%的速度增长。特别是中日贸易结构发生了变化，中国对日出口的工业制成品不断增加，它已占对日出口总额的80%。双边贸易额1997年达到了608亿美元，占中国对外贸易总额的18.7%。日本连续五年是我国最大贸易伙伴国，我国从1994年起也跃居日本第二大贸易国。截至1997年，日本对华投资累计16290项，协议金额294亿美元，实际投入184亿美元。1990年以前，日本更重视对香港和台湾地区的投资，对中国大陆的投资占的比重并不大。到1995年，日本开始大量在中国大陆投资。日本对华投资的大型项目日益增加，如家电、水泥、运输机械。日本也很重视资本、技术密集型产业的投资，如汽车和多媒体电脑等。据估计，近年来中国对日出口的增长部分，约有一半是日本在华投资企业生产的。1978年中日签订和平友好条约以后，日本主动向我国提供了四批总计19843亿日元的政府优惠贷款和三批总计17000亿日元能源贷款。据统计，日本向中国提供的政府日元贷款占世界各国政府及国际组织向中国官方贷款的一半。此外，日本政府还向我国提供了一定数量的无偿援助。在中国加入世界贸易组织问题上，日本态度积极，多次表示支持中国加入。

中日关系发展的最大障碍，首先是对历史的认识问题。近年来，日本国内有人认为，中国纠缠于历史问题不放，是想牵制日本。有些日本年轻人觉得，日本在第二次世界大战时侵略过中国，这是他们父辈对中国人民犯下的罪行。他们是在和平时期长成的，无需为他们的先辈一再向中国人民"谢罪"。中国作为受害的一方，一向主张不能忘记这段历史。正确认识历史，以史为鉴，防止重蹈覆辙，有利于增进相互了解，加强中日友好关系。日本国内的那些人没有认识到，挑起历史问题的，并不是中国方面。首先是，日本不时有人，甚至是日本内阁大臣发表否认侵略历史的言论。有人竟把过去发动的侵略战争说成是“从白人殖民统治下解放亚洲”。他们不仅否认日本发动侵略战争，还要为侵略战犯翻案。其二是日本官员参拜供奉战犯牌位的靖国神社。1985年，中曾根首相成为第一个参拜靖国神社的日本首相。1996年，桥本首相是第二个参拜靖国神社的日本首相。这对中日关系产生消极影响，引起亚洲一些国家的强烈反对。后来桥本首相不得不宣布取消了原定的再次访华，并表示在职期间不再前往参拜。其三是时而发生修改历史教科书事件。1996年日本右翼势力再次要求政府修改初中历史教科书有关“慰安妇”和“三光政策”的论述。

主权问题不容讨论，实行“一国两制”，用谈判的方式解决香港问题

江泽民同志在党的十五大报告中指出：“实现祖国统一，是海内外全体中国人的共同心愿。中国共产党人把完成祖国和平统一大业作为自己的历史重任，并为此进行了长期不懈的努力。邓小平‘一国两制’的科学构想，有力地推动了祖国和平统一的进程。”

中华人民共和国成立以后，台湾、香港和澳门回到祖国的怀抱，实现祖国统一大业，始终是中国人民的夙愿。毛泽东和周恩来等老一代领导人为实现祖国统一，倾注了大量心血。建国初期，我国对香港问题提出“长期打算、充分利用”的方针，决定在一定时期内不考虑收回香港。台湾问题不同于香港问题，在推进全国解放的过程中，曾经做出过武力解放台湾的部署。后来，随着国际形势的变化，我国希望能够和平解决台湾问题，只是由于种种原因而一直没有能实现。

邓小平同志于1979年1月在访问美国时，首次提出“一个国家两种制度”的构想。他向美国参众两院的议员阐述了我国和平解决台湾问题的构想。他表示，只要台湾当局接受和平统

一祖国的方针，在统一的中华人民共和国内，将允许台湾实行资本主义。"一国两制"的基本构思是在坚持一个中国的前提下，大陆作为国家的主体，坚持社会主义的制度，台湾、香港、澳门保持原有的资本主义制度不变。根据这一原则，努力实现祖国的和平统一。这一构想当时只是"一国两制"的雏型，后来在解决香港问题的过程中逐步得到完善。邓小平同志对收回香港的原则、时机、方式经过周密的思考，及时做出了重大决策。

一、香港是中国的领土，中国不承认帝国主义强加在中国人民头上的三个不平等条约。在条件成熟的时候，中国将对整个香港地区恢复行使主权。1982年，邓小平同志在与撒切尔夫人谈话中严肃指出："关于主权问题，中国在这个问题上没有回旋余地。坦率地讲，主权问题不是一个可以讨论的问题。""中国要收回的不仅是新界，而且包括香港岛、九龙。"①

二、实行"一国两制"，用谈判的方式解决香港问题，要使中国、英国和香港居民三方面都能接受。邓小平同志说："中国面临一个香港问题，一个台湾问题。解决问题只有两个方式：一个是谈判方式，一个是武力方式。用和平谈判的方式来解决，总要各方都能接受，香港问题就要中国和英国，加上香港居民都能接受。什么方案各方都能接受呢？就香港来说，用社会主义去改变香港，就不是各方都能接受的。所以要提出'一国两制'"。②

三、确定解决香港问题的具体步骤。对中英谈判解决香港问题，邓小平同志向1982年来访的英国首相撒切尔夫人作了

① 《邓小平文选》第3卷，人民出版社1993年版，第12页。

② 同上书，第84页。

明确的说明。他说："香港现行的政治、经济制度，甚至大部分法律都可以保留"，"香港仍将实行资本主义"，并"建议达成这样一个协议，即双方同意通过外交途径开始进行香港问题的磋商。前提是一九九七年中国收回香港，在这个基础上磋商解决今后十五年怎样过渡得好以及十五年以后香港怎么办的问题。"①

中国政府代表根据邓小平同志这三条原则和设想，和英国政府代表经过了历时两年、22轮的艰苦谈判，终于在1989年9月，由中英两国政府签署了关于香港问题的《联合声明》。这个声明的第一条就宣布了中华人民共和国政府的声明：收回香港地区（包括香港岛、九龙和新界）是全中国人民的共同愿望，中华人民共和国政府决定于1997年7月1日对香港恢复行使主权。英国政府也声明，于这一天将香港归还给中国。这份声明，阐述了中国政府对香港的12条基本方针政策：即设立直辖于中央人民政府的香港特别行政区；除外交和国防事务属于中央人民政府管理外，香港特别行政区享有高度自治权，实行"港人治港"；香港现行的社会、经济制度不变，生活方式不变，法律基本不变；香港仍为自由港和独立的关税地区，将继续保持作为国际金融中心的地位；英国及其他国家在香港的经济利益将得到照顾；对这些基本方针政策的具体说明，中国全国人民代表大会将以中国香港特别行政区基本法规定之，并在50年内不变。

《联合声明》的签署是"一国两制"科学构想的胜利。在和英国谈判过程中，我国和英国进行了艰苦的斗争。英方最初提出"三个条约继续有效论"，继而提出"以主权换治权"，要

① 《邓小平文选》第3卷，人民出版社1993年版，第13—15页。

求英国1997年后继续管治香港，在遭到我方的坚决反驳后，英方在谈判中，仍不时提出与中国主权原则相冲突的建议，如反对香港特区直辖于中央政府，要求中方承诺不在香港驻军，要求在1997年后英国在香港派驻“英国专员”代表机构等。这种种和中国主权原则相抵触的主张，均遭到中方的坚决反对。

在签署《联合声明》后，中英两国谈判进展还比较顺利。1989年政治风波之后，西方七国首脑会议通过决议制裁中国。那些本来就对香港归还中国就不甘心的英国人，错误地估计形势，企图改弦易辙，力图保住英国在1997年以后对香港的影响。1992年10月，新任港督彭定康单方面公布“宪制方案”，企图在1997年政权交接前，重新安排1994—1995年港英管治下的最后一届三级架构选举，通过直接选举，改变香港现行以行政为主导的政治体制，建立以立法为主导的西方代议政制，以便在1997年以后继续发挥作用。对此，我国进行了坚决的斗争，批评英国公然违反联合声明，违反同基本法相衔接的原则，违反中英两国外长达成的谅解和协议。围绕着香港的政制问题，我国和英国进行了长达17轮的谈判。在英方单方面中断谈判、并在立法局通过彭定康方案后，我国政府立即针锋相对地宣布，将在1997年7月1日解散根据彭定康方案产生的最后一届立法局、两个市政局和区议会。但是在涉及与政权交接直接有关的重大问题上，仍然通过谈判，和英国达成一些协议，以保证香港的平稳过渡和主权的顺利交接。

从1982年开始和英国谈判归还香港问题，直到1997年顺利收回香港，历时15年。我们始终在主权问题上坚持原则，不作任何让步，同时又考虑到英国的利益，作了一些必要让步。十五大报告提出，“香港回归祖国，标志着‘一国两制’构想的巨大成功，标志着中国人民在完成祖国统一大业的道路上迈出了重要一步”。

在香港顺利回归后，澳门也将于1999年年底回到祖国怀抱，香港、澳门回归并保持长期稳定和发展将为解决台湾问题创造有利的条件。香港回归后，实现了“港人治港”、“高度自治”，保持了平稳过渡，特别是面对东南亚金融危机，香港坚持港元对美元的汇率，显示了香港作为远东金融中心的强劲实力。这有力地向世人昭示，在邓小平“一国两制”的基本方针指引下，海峡两岸关系有了很大发展。但是，台湾不同于香港和澳门，而且台湾岛内分裂倾向的发展以及某些外国反华势力的插足，严重地阻碍着和平统一的进程。为了实现台湾和平回到祖国怀抱，我们必须坚持“和平统一、一国两制”的基本方针，发展两岸关系，坚持一个中国的原则，反对分裂，反对“台独”，反对制造“两个中国”和“一中一台”，反对外国势力的干涉，不允许任何势力以任何方式改变台湾是中国一部分的地位。台湾前途系于祖国统一，分裂只能给包括台湾人民在内的我国人民带来灾难。

“韬光养晦，有所作为”是长期的战略构想

20世纪70年代初，中美接近以后，双方关系有了迅速的发展，中国和越来越多的西方国家建立了外交关系。特别是1978年十一届三中全会，中国制订了改革开放政策，受到了美国等西方国家的高度重视。当时美苏尚处于战略僵持阶段，西方国家将主要力量用于和苏联的争夺。对中国则是以发展与中国友好关系、争取得到中国的支持为主。1989年东欧国家发生剧变，一个个社会主义国家倒台。苏联也是摇摇欲坠，直到1991年解体。1989年中国发生的一场政治风波，遭到以美国为首的二十多个西方国家的制裁。从80年代末到90年代初，中国面临极其严峻的国际环境。首先是东欧剧变、苏联解体，对西方国家而言，是消除了一大威胁根源，对世界社会主义运动而言则受到挫折，陷于低潮；其次是美国等西方国家的经济实力继续保持巨大的优势地位；再次是发展中国家在西方倡导的多元制、民主化冲击下，不断出现新的动荡。

中华人民共和国成立以来，不论在50年代或60年代和苏联结盟时推行“一边倒”政策，还是70年代以后中美接近贯彻“一条线”政策时，中国在中美苏大三角关系中，是处于相

对有利的地位。而在此时，中美苏大三角内涵已发生了重大变化。中国面对西方国家的制裁处于相对不利的地位。但在这紧急的关头，正是在邓小平同志外交思想指引下，中国成功地挫败了西方国家对中国采取以压促变的方针政策。在东欧剧变和苏联解体后，我国不以社会制度、意识形态和价值观念的异同作为决定国与国亲疏的标准，而是坚持不干涉别国内政、尊重各国人民自主选择的原则，迅速保持和发展了和东欧一系列国家的关系。在苏联解体以后，中国立即承认俄罗斯联邦并相继和新成立的独联体国家建立了外交关系。在西方国家抵制和我国进行高层交往的时候，我国在多边国际组织活动中，开展了活跃的外交工作，在较短时间内和西方国家逐一恢复了正常的关系。正是在中国和西方国家关系陷入低潮的时候，中国和第三世界国家的关系进一步得到发展，中国为保持周边的和平和安定，重视和周边国家发展友好睦邻关系，中国和印尼恢复外交关系，和越南关系正常化，并且先后和韩国、新加坡和文莱建立了外交关系，至此中国几乎和所有周边国家建立了正式的外交关系。

钱其琛副总理在1995年12月12日外交部邓小平思想研讨会上的讲话中，高度概括了邓小平同志在中国面临内外压力时制订应对的战略思想。他指出："邓小平同志综观全局，对形势演变及时做出了精辟的论断，谆谆教导我们，要冷静、冷静，及时提出冷静观察、沉着应付、稳住阵脚、韬光养晦、有所作为等战略方针。"

从1989年开始，东欧国家剧变，柏林墙倒塌，一个又一个东欧国家的政权易手，中国发生了政治风波，苏联也在乱。正是在这一形势下，邓小平同志1989年9月4日在同几位中央负责同志的谈话中，提出："对于国际形势，概括起来就是三句话：第一句话，冷静观察；第二句话，稳住阵脚；第三句话，沉着应付。不要急，也急不得。要冷静、冷静、再冷静，埋头实干，做好一件事，我们自己的事。”①

冷静观察，做好自己的事

邓小平同志提出的冷静观察，首先是如何看待当时的国际形势，社会主义有没有前途，东欧、苏联会乱到什么程度，而最为关键的是中国是否能渡过这一难关？

面对东欧剧变和苏联的动乱，西方国家舆论认为：随着资本主义的发展和不断出现危机，诞生了马克思主义。社会主义首先在苏联，随着在中国取得了胜利。资本主义和社会主义之间的斗争，延续了近一个世纪，现在终于迎来“西方民主自由战胜社会主义的时代”。

最为典型的莫过于美国乔治·梅森大学教授弗朗西斯·福山，他在《国家事务》刊物上以“历史的终结？”为题撰文称，在20世纪，发达国家世界先和布尔什维克主义，后与现代马克思主义进行意识形态斗争。他认为，现在不仅仅是“冷战的结束”，也是“西方自由民主将用之于四海皆准，成为人类政府最终采用的原则”。

1989年夏秋之交，国际形势发生剧烈动荡，人们的思想也比较混乱，邓小平同志此时提出，“要冷静、冷静、再冷静”无疑是有重大意义的。他在这一时期，一再发表讲话，要正确认识形势，增强信心。他指出：“对国际形势还要继续观察，有

① 《邓小平文选》第3卷，人民出版社1993年版，第321页。

些问题不是一下子看得清楚，总之不能看成一片漆黑，不能认为形势恶化到多么严重的地步，不能把我们说成是处于多么不利的地位。实际上情况并不尽然。”[①]“现在国际形势不可测的因素多得很，矛盾越来越突出。过去两霸争夺世界，现在比那个时候要复杂得多、乱得多。”

1989年9月4日，邓小平同志在同几位中央负责同志的谈话中提及社会主义国家的动乱时，指出：“东欧、苏联乱，我看不可避免，至于乱到什么程度，现在不好预料，还要很冷静地观察。”邓小平同志讲这段话时是在苏联解体两年前，当时他就预见到“苏联肯定要乱”。苏联的解体是多种因素促成的，既有内因，也有外因，但内因是主要的：一是苏联长期推行计划经济，发展到后来这一体制已经僵化，但苏联没有人想到要彻底地变革。二是斯大林逝世后，赫鲁晓夫全盘否定斯大林，也全盘否定了苏联社会主义成果，造成人们思想的混乱。三是第二次世界大战后，世界成立了两个平行的市场：资本主义市场和苏联、东欧国家建立的经互会，后者是对外封闭的市场，在苏联的长期控制下，不思改革，缺乏革新的推动力。苏联先是对兄弟的社会主义国家推行大国沙文主义和“有限主权论”，以老大自居，不平等对待兄弟国家。后来又对外扩张，直到入侵阿富汗，可谓达到了顶点。正是在这一时期，苏联为了和美国争夺世界霸权，大力扩充军备，经济的畸形发展，导致了苏联经济逐步陷入困境。四是戈尔巴乔夫上台后提倡“新思维”、“民主化”，最后迷失方向，终于导致东欧剧变，并逐渐危及苏联。苏联的解体，社会主义受到挫折，决不能理解为社会主义的失败。任何新生事物的发展壮大都会经历反复，社会主义也

① 《邓小平文选》第3卷，人民出版社1993年版，第354页。

不例外。

面对东欧、苏联的变化，邓小平同志早就有预见，而对中国则充满信心。邓小平同志会见泰国总理差猜时，谴责巴黎七国首脑会议对我国制裁的决定，指出这些国家的“决策人至少有两点对中国认识不清。第一，中华人民共和国是打了二十二年仗建立起来的，新中国成立后又进行了三年抗美援朝战争。没有广泛的群众基础，不可能取得胜利，这样一个国家随便就能打倒了？不可能。不但国内没有人有这个本领，国际上也没有人有这个本领，超级大国、富国都没有这个本领。第二，世界上最不怕孤立、最不怕封锁、最不怕制裁的就是中国。新中国成立后，我们处于被孤立、被封锁、被制裁的地位有几十年之久。但归根结底，没有损害我们多少。为什么？因为中国块儿头这么大，人口这么多，中国共产党有志气，中国人民有志气。还可以加上一点，外国的侵略、威胁，会激发起中国人民团结、爱国、爱社会主义、爱共产党的热情，同时也使我们更清醒。所以，外国的侵略、威胁这一套，在我们看来并不高明，而且使我们可以从中得到益处。事实表明，那些要制裁我们的人也开始在总结经验了。总之，中国人民不怕孤立，不信邪。不管国际风云怎么变幻，中国都是站得住的。这是我讲的怎样真正认识中国的话。”①

稳住阵脚，沉着应付

“稳住阵脚，沉着应付”，首先要解决面对严峻的国际形

① 《邓小平文选》第3卷，人民出版社1993年版，第329页。

势，我们应该怎么办？1989年秋以后，西方国家粗暴干涉我国内政，利用人权等问题，猛烈攻击我不民主，在政治上对我施加强大压力，停止双方的政治往来，在经济上采取了一系列措施对我进行制裁。

先是东欧国家发生急剧的变化，接着又由于伊拉克入侵科威特，美国趁机发动海湾战争，打击伊拉克，后来发生南斯拉夫分裂，直至苏联宣告解体。那几年，几乎年年都有大事发生。

每当世界上发生大事，我们总要从战略上认真考虑一下。西方国家下一次会不会将矛盾集中对付我国。邓小平同志告诫我们要"稳住阵脚"，无疑是具有决定性意义的。自从1949年中华人民共和国成立以来，我国周边的朝鲜战争、越南战争，几乎没有停止过。美国和苏联又先后要威胁甚至暗中策划过对我使用核武器。因此，在当时，我国认为世界大战不可避免，也不是完全没有根据的。但是将国际形势看得过分严重，似乎世界大战迫在眉睫，势必不可能集中力量进行经济建设。90年代初期的几年，我国面对急剧变化的国际形势，不得不令人考虑到，我国究竟应该争取什么战略？首先就是我们要不要继续坚持党的十三大概括的"一个中心、两个基本点"这一基本路线。邓小平同志明确指出，党的基本路线和基本方针政策都没有错，都不能变。后来，又强调不坚持社会主义，不改革开放，不发展经济，不改善人民生活，只能死路一条。江泽民同志在党的十四大报告中指出："十四年伟大实践的经验，集中到一点，就是要毫不动摇地坚持以建设有中国特色社会主义理论为指导的党的基本路线，这是我们事业能够经受风险考验、顺利达到目标的最可靠的保证。""除非发生大规模外敌入侵，无论什么情况下都不能动摇这个中心。在历史上，由于没有能够清醒对待国际国内某些事件，我们有过离开经济建设这个中心的严重教训。这十四年尽管国际国内发生了这样那样重大事件，我们都没有动摇这个中心，今后还必须坚定不移地这样做。”这是历史的总结，对我国今后的发展具有重大意义。

当然要坚持以经济建设为中心，在很大程度上取决于对国际形势的判断。90年代初期，国际形势的发展确有对我国不利之处，但是更应看到，对我国也有有利之处。

一是西方国家不可能集中力量对付我国。西方国家在社会制度、意识形态、价值观等问题，可能有着一致的立场，利用人权、台湾、西藏、香港、贸易等问题，力图削弱我国、牵制我国，也有一致之处。但是西方国家的利益并非总是一致，而且相互之间矛盾还在不断加深。西方国家曾经希望通过施加压力，促使我们发生和苏联一样的变化。后来看到我国改革开放政策不断取得巨大成就，国内政治稳定，经济持续发展，也不得不调整对华政策。

二是苏联解体、西方国家消除了共同威胁之后，西方联盟的凝聚力减弱，美欧和美日矛盾、摩擦有所增加。战后新兴的日本和德国不可能一直依附于美国，美欧之间围绕欧洲事务主导权的斗争还在发展。在经济上，美国、欧洲、日本已经形成三足鼎立之势，在经济贸易领域相互的争夺和竞争日趋加剧。西方国家在冷战结束之后，更难协调经济政策，往往从各自利益出发，相互争吵不断。在防务上，美国通过扩大北约防区和职能，强化美国在欧洲的存在，而一些欧洲国家则要在欧洲内部建立“欧洲人的欧洲”，争取拥有欧洲独立的防务，以逐步摆脱美国的控制。

三是苏联作为世界上第一个社会主义国家的解体无疑对世界社会主义运动是不利的，但是苏联力量不断削弱直到解体，又在很大程度上改善了我国周边的安全环境。1989年，随着戈尔巴乔夫访华，中苏关系正常化；1990年，柬埔寨延续14年之久的战争在消除了外界的干涉之后终于停了下来；1991年中越关系正常化；以及在这一期间中国和印度的关系有了改善等。这一切都和苏联的变化有着直接和间接的关系。而在苏联解体之后，俄罗斯从照搬西方模式，逐渐意识到西方国家对俄罗斯的防范意图，不断改善和加强对中国关系，中俄关系逐渐成为我国对外关系中的有利因素。

这种种事实使我国看到，只要我们善于利用时机，在不利的环境中，看到有利因素，关键是我们自己要"稳住阵脚，沉着应付"。1992年初，邓小平同志在武昌、深圳、珠海、上海等地发表的谈话就已经指出，"现在，我们国内条件具备，国际环境有利，再加上发挥社会主义制度能集中办大事的优势，在今后的现代化建设过程中，出现若干个发展速度比较快、效益比较好的阶段，是必要的，也是能够办到的。"①

对国际形势做出正确判断，看到对我也有有利之处，确信具备快速发展的条件。此时关键之处在于保持国内的稳定，今天学习《邓小平文选》第3卷最后的十余篇文章，可以看到邓小平同志多次提出要保持国内政治稳定，办好自己的事。他指出，"发达国家欺侮落后国家的政策没有变。中国自己要稳住阵脚，否则，人家就要打我们的主意。"②"中国要摆脱贫困，实现四个现代化，最关键的问题是需要稳定。""如果没有一个稳定的环境，中国什么事情也干不成。"③中国如果不稳定就是个

① 《邓小平文选》第3卷，人民出版社1993年版，第377页。
② 同上书，第319页。
③ 同上书，第348页。

国际问题，后果难以想象。只有稳定，才能有发展。“人民看到稳定带来的实在的好处，看到现行制度、政策的好处，这样才能真正稳定下来。无论国际大气候怎样变化，只要我们争得了这一条，就稳如泰山。”①

自从1978年十一届三中全会决定贯彻改革开放政策以来，国际形势变化很大，世界上国与国关系的变化起伏不停，各种力量分化组合，形成巨大的冲击波。但我国做到冷静观察，稳住阵脚，沉着应付，趋利避害，坚持以经济建设为中心，始终保持政治稳定，经济高速发展。1978年贯彻改革开放20年以来，使我国从“文化大革命”十年国民经济濒临崩溃边缘，到发生了举世瞩目的变化。

截至1997年，我国国内生产总值为9020亿美元，经济总量居世界第七位。在这期间，我国经济年均增长率为9.8%，是新中国历史上发展最快的时期，比同期发展中国家高4.8个百分点，比发达国家高7.3个百分点，比世界经济年均增长率高6.5个百分点。

1997年，我国主要工农业产品产量跃居世界第一位。在世界贸易中的地位由第32位上升到第10位。外汇储备1399亿美元，居世界第二位。实际利用外资2500亿美元，年利用外资额连续五年居发展中国家首位，跃居世界第二位，仅次于美国。

20年中，我国城乡居民收入水平成倍增长。农村居民纯收入由1978年的133.6元人民币提高到1997年的2090元；城镇居民由343.5元增加到5160元，扣除价格上涨因素，年均增长8.1%和6.2%。

我国居民消费水平从1978年的184元增加到2677元，按可

---

①《邓小平文选》第3卷，人民出版社1993年版，第355页。

比价格计算，每年增长7.7%。1997年底，城乡居民储蓄存款共46280亿元人民币，比1978年的211亿元增长218倍，年均递增32.8%。

韬光养晦，有所作为

“韬光养晦，有所作为”，是从国际形势发展和中国国情出发的切实可行的政策。这两者之间是辩证的统一，不能顾此失彼，也不能偏重其中的一点。“韬光养晦”根据《辞海》上讲，它的含意是“把声名才华掩藏起来”或“收敛锋芒，隐藏才能行迹”。但是从邓小平外交思想和中国的外交实践来看，邓小平同志谈的“韬光养晦”更准确的含意是指谦虚谨慎，不说空话，多做实事，不事张扬，不当头，不称霸。在国际风云激变的时刻，中国始终坚持独立自主的和平外交政策，作为发展中国家的一员，伸张正义，重视发展和第三世界国家的关系，维护发展中国家的权益。

“韬光养晦，有所作为”的一个重要内涵，就是不能当头，原因是我们当不起，自己力量也不够。在苏联解体之后，发展中国家面临巨大压力。此时，邓小平同志曾经讲过：“第三世界有一些国家希望中国当头。但是我们千万不要当头，这是一个根本国策。这个头我们当不起，自己力量也不够。当了绝无好处，许多主动都失掉了。中国永远站在第三世界一边，中国永远不称霸，中国也永远不当头。”①

“韬光养晦，有所作为”还有一层含意：中国是个大国，是

① 《邓小平文选》第3卷，人民出版社1993年版，第363页。

个发展中国家，是个社会主义国家，要少说多干，认真地把中国自己的经济搞上去。1989年9月16日，邓小平同志在会见美籍华裔学者李政道教授时就讲过，“别国的事情，我们管不了，中国的事情我们就得管。中国不搞社会主义不行，不坚持社会主义不行。”① 这句话的核心是“别国的事情，我们管不了”。“管不了”不是一时权宜之计，从我国的历史来看，不论在革命战争的年代，还是进行社会主义建设的年代，别的国家总想来管我们的事。过去有苏联，现在有美国，还有一些国家，自己事还没有管好，就想来管中国的事。在我们看来，这叫“干涉别国内政”。就从共产主义运动的历史来看，过去有过共产国际，后来又以苏联为中心，想要管别人的事，大部分是不成功的。

“韬光养晦，有所作为”的第三层意思是不随便批评别人，指责别人，过头的话不要讲，过头的事不要做。尽管东欧、苏联出了问题，尽管西方七国制裁我们，我们坚持一个方针：“同苏联继续打交道，搞好关系；同美国继续打交道，搞好关系；同日本、欧洲国家也继续打交道，搞好关系。这一方针，一天都没有动摇过。中国度量是够大的，这点小风波吹不倒我们。”②

“韬光养晦，有所作为”的前提是对中国的经济、中国的力量、中国的影响有个实事求是的估计。我们一方面看到，中国改革开放20年来，经济增长始终保持了高速度。现在中国有不少产品的产量在世界是位居第一的，但是中国有12亿多人口，按人均计算就并不处于领先的地位。世界上有不少西方国家在1992年、1993年左右，开始倾向于将中国的经济实力估计得很高。美国《世界观察》双月刊1996年9—10月发表美国世

---

① 《邓小平文选》第3卷，人民出版社1993年版，第326页。

② 同上书，第359页。

界观察研究所所长莱斯特·布朗和副所长克里斯托弗·弗莱文等的一篇文章，题为《中国对美国和全世界提出的挑战》。文章中说：如果以购买力平价来衡量，1995年中国的国民生产总值已高于3万亿美元，超过了日本的2.6万亿美元，仅次于美国的6.7万亿美元。如果中国经济继续像自80年代以来以每八年翻一番的速度增长，它将于2010年超过美国，成为世界上经济实力最强大的国家。在这里先不谈购买力平价的计算方法不尽科学，也不合理，而事实上多年以来，西方国家有些人，利用这种对中国经济实力过高估计作为依据，宣传“中国威胁论”。我们必须保持清醒的头脑，既要看到中国取得的巨大成就，也要认识中国和美、欧、日等发达的西方工业国家还存在巨大的差距。据世界银行《1997年发展报告》称，1995年中国人均国民生产总值（均以美元汇率计算）为1620美元，美国人均国民生产总值为26980美元，日本为39640美元，德国为27510美元，法国为24990美元，英国为18700美元。在这份报告统计的世界133个国家和地区经济排名表中，按人均国民生产总值计算，中国位居第91位。根据世界银行这份报告，1995年中国国民生产总值约7440亿美元，美国为71000亿美元。如按照中国经济增长率保持在8%，美国为2%，中国需要40年才能赶上美国。而从国民生产人均产值来计算，中国要赶上美国至少需要七八十年的时间。美国经济学家瑟罗（Lester Thurow）在其专著《资本主义的前途》中估计，在今后一百年里，中国国民生产总值年均增长率为6%，并称中国需要一百年时间才可能在国民生产人均产值方面赶上美国。

而根据日本经济研究中心1994年2月发表的2000—2010年经济展望的数据，1992年世界国民生产总值约为20余万亿美元，美国国民生产总值为4.87万亿美元，占世界国民生产总值的24.2%，日本为3.23万亿美元，占16%，中国则为0.36万亿美元，仅占1.8%。预计到2020年，世界国民生产总值将达34万亿美元，美国国民生产总值将达到7.7万亿多美元，占世界国民生产总值的22.7%，日本国民生产总值为7.5万余亿美元，占世界国民总值的22.1%，中国国民总值将达到1.58万亿美元，占世界国民生产总值的4.7%。这是日本在1994年发表的预测数据，从近几年来看，美国发展较为迅速，而日本则滞后，显然这个预测已经不十分准确了。但是从这个数据可以看出，中国即使到2010年和美国和日本还保持着很大的差距。1998年，亚太经合组织年会在马来西亚召开，根据当地发表的1998年预测数字，中国国民生产人均产值为738美元，在亚太经合组织的22个成员国中，仅比越南高一些，位居倒数第二。而日本、美国、新加坡等国均是超过3万美元或近3万美元。

从此，我们应该看到中国的经济实力和西方工业发达国家相比还有很大差距，我们充满信心，会迎头赶上的。但也要实事求是地看到，距离这个目标还是“任重而道远”。

但是，我们不能只讲“韬光养晦”，而不讲“有所作为”。两者是辩证的统一，任何时候都要根据国际形势的发展和我国的国情，做出最佳的战略选择。我们不能强调前者，忽略后者，也不能突出后者，淡化前者。这首先应该全面地认识中国的作用和地位，这就是：一、中国发展很快，在世界上处于领先地位；二、从经济上看中国和西方工业发达国家仍有很大差距；三、但是中国地位仍是举足轻重，影响日增。邓小平同志对外谈话时，总是谦虚谨慎地说明中国的力量，同时又实事求是地对中国地位和作用做出说明。1985年，他和日本商工会议所访华团曾谈到过，“世界上的人在议论国际局势的大三角。坦率地说，我们这一角力量是很单薄的。我们算是一个大国，这个大国又是小国。大是地多人多，地多还不如说是山多，可耕地面积并不多。另一方面实际上是个小国，是不发达国家或叫发展中国家。”[①]与此同时，我们也不否认，中国作为联合国安理会常任理事国，一个拥有12亿人口的大国，一个蒸蒸日上的社会主义国家在世界上有举足轻重的影响。1990年，邓小平同志就指出，世界政治格局在变化之中，将来三极也好，四极也好，五极也好，中国总是一极。中国不要贬低自己，怎么样也算一极。邓小平同志指出，“在国际问题上无所作为不可能，还是要有所作为。作什么？我看要积极推动建立国际政治经济新秩序。我们谁也不怕，但谁也不得罪，按和平共处五项原则办事，在原则立场上把握住。”[②]邓小平同志的讲话是针对冷战结束以后，国际形势发展而言的。当时一些西方国家利用东欧剧变、苏联解体出现的复杂形势，企图用自己的政治制度、经济模式、意识形态和价值观念一统天下。它们利用“人权”问题，向一些发展中国家开刀，侵犯别国主权，干涉别国内政。特别是1989年后对待中国不仅采取制裁措施，还一再利用台湾、西藏、香港等问题，向中国施加压力，干涉我国内政。和平共处五项原则为：互相尊重主权和领土完整、互不侵犯、互不干涉内政、平等互利、和平共处。我国积极推动以和平共处五项原则为基础建立国际政治和经济新秩序，其最中心的目的是为了维护我国和发展中国家的主权独立，反对外国干涉一国内政。

① 《邓小平文选》第3卷，人民出版社1993年版，第105页。

② 同上书，第363页。

维护独立和主权是一项长期任务

邓小平同志提出“有所作为”，在这一特定条件下，实质上是要抓住两个关键的问题，一是维护国家的主权独立，二是反对外国干涉我国内政。面对西方国家的压力，中国固如磐石，坚定不动摇，为了维护国家的统一，保持政治稳定，利用时机，发展自己的国民经济。但树欲静而风不止，西方国家力图以压促变，采取了种种方式和手段，企图牵制我国。而其中最主要的手段则是利用台湾和人权两个问题。

维护独立自主，反对外来干涉

在这个时期，邓小平同志再三指出：“中国是独立自主的国家。为什么说我们是独立自主的？就是因为我们坚持有中国特色的社会主义道路。否则只能看美国人的脸色行事，或者看苏联人的脸色行事。那还有什么独立性啊？在国际言论压我们的时候，我们泰然处之，不受他们的挑动。”“中国永远不会接受别人干涉内政。我们的社会制度是根据自己的情况决定的，人民拥护，怎么能接受外国干涉加以改变呢？”对于像中国这样一个发展中的大国，始终要将维护国家主权和安全放在第一位。此前在1989年的3月，邓小平在会见乌干达共和国总统穆塞韦尼时说："中国革命胜利后，一直奉行反对霸权主义、维护世界和平、支持一切被压迫民族独立和解放斗争的政策。这个任务还没有结束，可能至少还要进行一个世纪的斗争。反对霸权主义不是一件容易的事。一九四九年毛泽东主席宣布中国人民从此站起来了。中国取得了一个资格：人们不敢轻视我们。霸权主义和帝国主义总是欺侮包括非洲国家在内的发展中国家，经常干预这些国家为摆脱控制、发展经济、争取政治独立与自主所做的努力。他们对中国也是这样。有的大国的议会今天通过这样一个决议，明天通过那样一个决议，干涉我们的内政。""这些干涉对我们来说，没有什么了不起，我们可以置之不理，也可以提出抗议。我们还有一个台湾问题没有解决，仍然面临着完成国家统一的任务。所以说，连中国这样一个发展中的大国，都还有维护主权、独立和领土完整的任务，可见第三世界发展中国家维护独立、主权的任务还面临着严峻的局面。"①

中国作为一个主权独立的国家，坚持反对外国干涉一国内政，坚持反对任何外国干涉中国的内政。对于这个问题，邓小平同志做出一系列精辟的论述。他说："国家关系应该遵守一个原则，就是不要干涉别国的内政。中华人民共和国决不会容许任何国家来干涉自己的内政。外国的干涉在某个时候可以给我们造成困难，甚至造成动乱，但动摇不了中华人民共和国。"②

"中国永远不会接受别人干涉内政。我们的社会制度是根

① 《邓小平文选》第3卷，人民出版社1993年版，第289页。

② 同上书，第332页。

据自己的情况决定的，人民拥护，怎么能够接受外国干涉加以改变呢？国际关系新秩序的最主要的原则，应该是不干涉别国的内政，不干涉别国的社会制度。要求全世界所有国家都照搬美、英、法的模式是办不到的。世界上那么多伊斯兰国家就根本不可能实行美国的所谓民主制度，穆斯林人口占了世界人口的五分之一。中华人民共和国不会向美国学习资本主义制度，中国人口也占了世界人口的五分之一。还有非洲，非洲统一组织的强烈的普遍的呼声就是要求别国不要干涉他们的内政。这是世界局势的一个大背景。在这样的背景下，如果西方发达国家坚持干涉别国内政，干涉别国的社会制度，那就会形成国际动乱，特别是第三世界不发达国家的动乱。”①

“西方国家说我们侵犯了人权，其实他们才是真正的侵犯人权。美国帮助蒋介石打内战，中国人伤亡了多少？美国支持南朝鲜进行战争，中国人民志愿军伤亡了多少？还不说一个多世纪以来殖民主义、帝国主义（包括美国在内）的侵略使中国人民遭受的损失有多大！所以他们谈人权是没有资格的。”②

“真正说起来，国权比人权重要得多。贫弱国家、第三世界国家的国权经常被他们侵犯。他们那一套人权、自由、民主，是维护恃强凌弱的强国、富国的利益，维护霸权主义者、强权主义者利益的。我们从来不听那一套。”③

“西方的一些国家拿什么人权、什么社会主义制度不合理不合法等做幌子，实际上是要损害我们的国权，搞强权政治的国家根本就没有资格讲人权，他们伤害了世界上多少人的

---

① 《邓小平文选》第3卷，人民出版社1993年版，第359—360页。

② 同上书，第345页。

③ 同上。

人权！从鸦片战争侵略中国开始，他们伤害了中国多少人的人权！”①

在国家统一的主权问题上没有回旋余地

1989年后，西方国家除了对我国进行制裁外，美国、法国纷纷向台湾出售武器。法国于1991年和1992年向台湾出售了护卫舰和60架战斗机。对此我国做出了强烈反应，关闭了法国驻广州领事馆，中法贸易受到很大影响，法国争取在中国进行的几个大项目都遭到了失败。中法双边关系出现了全面倒退。在这一期间，德国政界、经济界也有一些人想仿效，鼓吹向台湾出售潜艇。最后，德国政府决定不向台湾出售潜水艇并做出决断，加快和我国发展经济关系。美国在继续向台湾出售武器的同时，还于1992年向台湾出售150架先进的F-16战斗机。对此我国做出了强烈反应，中美关系一度陷入低潮。这几年来，中国和西方国家关系中严重问题之一就是台湾问题。不仅是售台武器问题，还有违反中国和这些国家已经达成的协议，明里或暗里提升和台湾的关系。而最为严重的则为1995年，美国政府同意台湾李登辉以“私人身份”访美，使中美关系降到两国建交以来的最低点。早在1995年初，美国国会就有人一再放风声主张邀请李登辉访美。白宫和国务院，包括美国国务卿克里斯托弗都公开表示过，李登辉以任何名义访问美国都不符合美台维持非官方关系的一贯政策。但在美国众议院和参议院于5月初分别通过邀请李登辉访美决议案后，美国国务院于5月

---

① 《邓小平文选》第3卷，人民出版社1993年版，第348页。

22日授权宣布，克林顿总统决定允许李登辉于6月到美国进行“私人访问”。中国外交部在5月23日立即发表声明，强烈抗议美国政府公然违背中美三个联合公报的行径。随后中国决定召中国驻美大使回国述职，停止中美之间高层互访。

为了维护我国主权独立，反对外国干涉我国内政，破坏我国的统一大业，我国始终进行坚决的斗争，有力地挫败了一些国家利用台湾问题干涉我内政、对我进行牵制的企图。通过多年的斗争，终于使美国政府认识到台湾问题对中国的敏感性。美国官方人士，直到美国总统克林顿，公开重申在台湾问题上“三不”的承诺。但是美国和一些西方国家在台湾问题上并没有实质性的变化。自从1982年中美达成“八·一七公报”后，美国政府对公报进行片面的解释，从未认真、全面地履行。因此我国今后在和美国等西方国家打交道时，台湾问题始终是必须高度重视的一个问题。

围绕人权问题的斗争

在维护我国主权独立、反对外国干涉我国内政最为集中的表现则为围绕着人权问题和西方国家展开的斗争。

冷战结束以后，邓小平同志说过：我看一个冷战结束，两个冷战又开始了。这是指在苏联解体以后，西方继续对社会主义国家和第三世界国家进行冷战。西方国家把人权作为对外政策的一个支柱，利用人权问题进行这种冷战。他们把自己的人权观强加于人，把人权问题政治化、国际化，用来干涉别国内政。

我国在国际会议等各种场合下，进行了坚决的斗争。我们积极宣传我国在人权问题上的基本原则和主张，有力地打退了西方国家的进攻。我国认为人权既包括公民权利和政治权利，也包括经济、社会和文化权利，对发展中国家来说，发展权是首要的人权。我们主张发展民主，健全法制，从实际出发，不断扩大公民的民主权利。针对西方国家人权无国界之说，我们表示，人权从本质上说属于各国的内政范畴，主要是各国通过立法、执法来实现的事。西方国家把人权观普遍化、绝对化，哪个国家违反了他们的人权标准，他们就干预。有些西方国家还主张提供援助要同有关国家的所谓“人权状况”挂钩，企图利用这种援助作为诱压受援国接受其社会制度模式和价值观念的手段。

现在国际上人权问题已超出了人权本身的意义，变成了一场国际政治斗争。中国在这场斗争中，主要得到发展中国家的支持，在事关各国独立自主、生存发展的重大问题上团结一致，维护了自己的利益。

从1990年开始，西方国家除爆发海湾战争的1991年外，每年都在联合国日内瓦人权会上提出反华提案。在这一时期，美国等西方国家提出过七次反华决议草案，最后一次是在1997年，每次都以失败而告终。联合国日内瓦人权会议本来是各国代表每年一次就人权问题进行对话、交流看法、探讨合作的场合。但是近年来，西方国家利用人权会议，恣意攻击发展中国家，策划指责发展中国家所谓践踏人权的决议草案。1997年的世界人权会前，法国外交部发言人3月28日宣布，经同德国、意大利、西班牙三国磋商，四国一致决定不参加反华提案。随后在4月，历年均为提案国的日本、希腊、澳大利亚和加拿大也宣布不参加反华提案。美国只能在事先动员丹麦挑头搞反华提案。

我国代表在这次人权会上义正词严地提出，绝大多数发达国家历史上的人权记录并不光彩。西方国家在长达几个世纪的贩卖黑奴和殖民战争中大规模地、系统地、长期地侵犯人权。

西方一些国家攻击中国人权记录是对中国现实的最大歪曲。中国人民为争取人权，起来革命，奋斗了一个多世纪。现在中国政府为促进人权，包括政治、公民权利和经济、社会文化权利做出了巨大努力。少数西方国家在人权会上不断攻击中国，其真正目的是不喜欢中国的发展模式，不喜欢中国走自己的道路，妄图改变中国的发展道路。这次人权会上，如以往的六次人权会议一样，中国得到了广大亚洲、非洲和拉丁美洲发展中国家代表有力的支持。发展中国家坚决支持中国，反对丹麦等国提出的所谓“中国人权状况”决议草案。在讨论后，中国代表提出对这一决议草案不采取行动。4月15日晚，会议对中国提出的动议进行唱名表决，结果以27票赞成，17票反对，9票弃权获得通过。这是中国在广大发展中国家支持下，第七次挫败少数西方国家的反华提案。

1998年3月16日至4月24日，联合国人权委员会第54届会议在日内瓦召开，此前先是欧盟外长理事会在布鲁塞尔宣布，欧盟作为整体以及各个单个成员国都不向人权委员会提出有关中国人权问题的议案。随后，美国也宣布不再支持提反华决议案。这次会上在中国和西方国家对话中，对抗的气氛有所减弱。中国和西方国家在人权问题上的争斗减弱是由于多种因素造成的：一是西方国家为了摆脱孤立处境，无意再顽固坚持下去；二是相互关系有所改善，首脑之间频繁的会晤，也有助增进了解；三是中国已先后签署了《经济、社会和文化权利公约》和《公民权利和政治权利公约》。在这次会上，西方国家虽没有点名攻击中国，但却影射中国仍需全面改善现存的人权问题。而且在本届人权会议的辩论中，南北双方在人权观、价值观和人权标准上的分歧依然存在。可以预计今后南北双方在人权问题上的斗争将继续下去。

中国是维护世界和平的进步力量

邓小平同志在1985年讲过："我可以大胆地说，到本世纪末，中国能达到国民生产总值翻两番的目标，也就是我曾经跟大平正芳先生讲的达到小康水平，那时中国对于世界和平和国际局势的稳定肯定会起比较显著的作用。"今天，邓小平同志的这一愿望已经接近于实现。中国在世界上的作用和地位与20年前决定推行改革开放政策时有了巨大的变化。特别是在近年来，在亚洲金融危机冲击下，国际形势中政治、经济不稳定因素不断增加。面对这一形势中国始终坚持独立自主的和平外交政策，国际地位有了加强，被赞誉为一个"负责任的大国"。中国积极参与处理国际上发生的各种政治危机和冲突，体现了中国作为发展中国家一员的鲜明外交特点。中国坚定地主张各国主权和领土完整不容侵犯；反对干涉别国内政；主张和平解决争端，反对诉诸武力或以武力相威胁。中国重视调整与各大国的关系，期望在进入21世纪前，奠定发展相互关系的良好基础。继中俄1996年宣布建立战略协作伙伴关系、中美1997年决定致力于建立建设性战略伙伴关系以后，1998年中国又和欧盟决定建立长期稳定的建设性伙伴关系，和日本一致同意建立致力于和平与发展的友好合作伙伴关系。特别是在世界政治、经济动荡加剧的情况下，中国始终保持国内政治稳定，保持人民币不贬值，向受金融危机严重打击的一些国家提供援助，刺激内需，使经济增长率持续名列世界前茅。

改革开放20年来，中国坚持独立自主的和平外交政策取得巨大成就，是贯彻邓小平外交思想的结果。在世界即将进入21世纪的前夕，国际形势出现前所未有的变化，在新形势下，只有坚持邓小平外交思想，反对霸权主义和强权政治，加强和第三世界国家的团结，争取有利的和平环境，善于韬光养晦、有所作为，才能把握机遇，认真贯彻我国国际战略和外交政策，使我国立于不败之地。